내러티브 탐구

- 교육에서의 질적 연구의 경험과 사례 -

D. Jean Clandinin · F. Michael Connelly 지음
소경희 · 강현석 · 조덕주 · 박민정 옮김

교육과학사

역자 서문

이 책은 D. Jean Clandinin과 F. Michael Connelly의 『*Narrative Inquiry: Experience and Story in Qualitative Research(2000)*』를 우리말로 옮긴 것이다. 내러티브 탐구는 개인의 경험에 관심을 갖는 탐구방식이라고 할 수 있다. 개인의 경험을 이해하는 데 관심이 있는 학문 분야에서는 일찍이 개인의 경험적 이야기라고 할 수 있는 내러티브에 관심을 두어왔다. 교육 분야의 경우, 내러티브는 학교현장과 교사를 연구하기 위해서 활용되기 시작했다. 그러나 최근 들어 내러티브가 개인의 경험을 이해하는 데 가장 적합한 탐구양식으로 인식되면서 내러티브 탐구는 질적인 연구방식의 하나로 주목받고 있다. 내러티브 탐구가 이러한 주목을 받는 데 있어서 가장 큰 공헌을 한 사람은 바로 이 책의 저자인 Clandinin과 Connelly이다.

최근 들어 우리 교육계에서도 내러티브 탐구가 많이 회자되고 있으며 이에 관심을 가진 연구자들이 늘고 있으나 안타깝게도 내러티브 탐구에 대한 체계적인 입문서를 발견하기는 쉽지 않은 듯 하다. 이는 내러티브 탐구에 대한 관심이 최근에야 등장한 데도 그 이유가 있지만, 내러티브 탐구가 가지고 있는 탐구의 특성상 어떤 하나의 틀로 정리하여 소개하기가 쉽지 않은 데 더 큰 이유가 있는 것으로 보인다. 이러한 상황에서 이 책은 이 분야의 연구를 오랫동안 수행해온 저자들이 자신들의 연구 경험을 바탕으로 내러티브 탐구를 위한 연구 틀을 본격적이고 체계적으로 소개하고 있다는 점에서 우리의 관심을 끌기에 충분하다. 이 책은 내러티브 탐구를 이론적인 측면이나 방법론적인 측면에서 이해하는 데 가장 기본이 될 수 있는 내용을 담고 있으며, 이러한 이유로 내러티브 탐구를 활발히 활용하고 있는 연구자들 사이에서는 가장 영향력이 있는 책으로 평가받고 있다.

내러티브 탐구가 무엇인가에 대한 분명한 정의를 내리기는 쉽지 않다. 이 책에서도 내러티브 탐구가 무엇인가를 직접적으로 정의하는 데에는 별로 관심이 없다. 오히려 저자들은 내러티브 탐구가 무엇이 아닌지를 규명함으로써, 그리고 자신들을 포함한 내러티브 탐구자들이 연구를 위해 구체적으로 어떤 일을 하는지를 드러냄으로써 독자들로 하여금 내러티브 탐구가 무엇인지를 알아가게 하는 방식을 택하고 있다. 그럼에도 불구하고 이 책에 담겨진 내용은 내러티브 탐구를 수행하는 과정에서 거쳐야 할 절차에 대한 체계적인 소개로 인하여 독자들을 내러티브 탐구로 초대하는 데 매우 친절한 안내자의 역할을 하는 것으로 보인다. 이 책에 담겨 있는 내용을 간략히 소개하면 다음과 같다.

이 책은 다른 책과 달리 다소 긴 프롤로그로 시작하며, 프롤로그에서는 저자들이 경험을 이해하는 하나의 방식으로서 측정적 · 통계적인 접근 대신에 내러티브적인 접근에 관심을 두게 된 이유를 소개한다. 1장에서는 저자들의 내러티브 탐구에 영향을 주었던 학자들의 이론을 소개한다. Dewey의 이론을 비롯하여, 인류학, 심리학, 정신분석, 조직이론 등과 같은 분야에서 내러티브에 관심을 가졌던 여러 학자들의 이론들이 소개되며, 이러한 이론들이 저자들의 연구에 어떠한 영향을 주었는지가 논의된다. 2장과 3장에서는 내러티브 탐구 관점이 전통적인 탐구 방식인 거대 담론(grand narrative) 관점과 어떻게 다른지를 검토한다. 특히 내러티브 탐구자가 거대 담론의 환원주의적(reductionistic)이고 형식주의적(formalistic) 탐구와 만나는 경계에서 일하게 될 때 경험하게 되는 긴장이 다루어진다. 4장에서는 내러티브 탐구자가 무엇을 하는지를 자세히 보여 줌으로써 내러티브 탐구의 구체적 윤곽을 보여준다. 특히 이 장에서는 내러티브 탐구 과정에서 사용되는 용어들을 중심으로 내러티브 탐구의 연구틀이라고 할 수 있는 3차원적 탐구 공간을 소개한다. 5장에서부터 9장까지는 내러티브 탐구 과정을 그 절차상의 순서에 따라 구체적으로 소개한다. 즉 현장(field)에 들어가는 것으로부터 시작해서 현장 텍스트(field text)를 구성하고, 이를 연구 텍스트(research text)로 만들어내는 것에 이르기까지 각 단계에서 고려해야 할 사항과 구체적인 방법을 소개한다. 10장에서는 내러티브 탐구를 진행하는 동안 지속적으로 제기될 수 있는 쟁점인 윤리, 소유권, 익명성, 사실과 허구 등의 문제를 다룬다.

이 책의 특징은 각 장의 필요한 부분에 저자들이 실제로 수행한 내러티브 탐구 경험에 대한 자신들의 이야기를 많이 제시하고 있다는 점이다. 특히 저자들의 탐구 경험 이야기는 연구에 공동으로 참여한 연구자들의 이야기와 엮여서 제시되며, 이 이야기는 시간적으로는 과거 – 현재 – 미래를, 공간적으로는 세계의 여러 지역을 넘나들면서 소개된다. 이러한 저술 방식은 저자들의 탐구 경험을 구체적인 맥락 속에서 볼 수 있게 함으로써 내러티브 탐구가 무엇인지를 이해하는 데 큰 도움을 주리라고 본다. 그러나 이 책이 가지고 있는 이러한 장점은 이 책에 소개된 이야기의 전체적인 맥락을 파악하기 어려운 역자들에겐 각 이야기의 내용을 충분히 전달하는 데 어려움으로 작용했다. 이러한 연유로 역자들이 여러 번 읽고 고치기를 거듭하였으나, 그럼에도 불구하고 이 번역본에는 저자들의 이야기가 충실히 전달되지 않은 부분이 많이 있을 것으로 본다. 이에 대한 독자들의 지적과 충고를 바라마지 않는다. 끝으로 번역 과정에 도움을 주신 모든 분들과 이 책의 출판을 도와주신 교육과학사의 임직원께 감사드린다.

2007년 8월

역자를 대표하여 소경희 씀

저자 서문

이 책, 『*Narrative Inquiry: Experience and Story in Qualitative Research*』는 연구에 대한 내러티브 탐구 접근을 이해시키기 위해 설계된 것이다. 즉 내러티브 탐구란 무엇이며, 그것은 어떻게 연구하는 것인가를 소개하기 위한 것이다. 우리가 생각하기에, 연구문제를 형성하고 탐구 현장에 들어가서 현장 텍스트와 연구 텍스트를 만들 때, 이야기(stories)는 내러티브적으로 학습하고 사고하는 것이 중요함을 보여준다. 우리의 접근은, 내러티브 탐구가 무엇인지를 그것을 정의함으로써 말하고자 하는 것이 아니다. 오히려 우리는 내러티브 탐구자가 무엇을 하는가를 자세히 열거함으로써 내러티브 탐구가 무엇인가를 맥락적으로 정의 내리려고 한다. 그리고 이를 통해 우리는 내러티브가 무엇인지를 여러분에게 보여주고자 한다. 이 책에 소개된 장들에는 특정 연구 관심사를 다룬 내러티브 탐구로부터 추출한 이야기 사례들이 많이 제시되어 있다. 우리는 우리 자신의 이야기로부터 출발하여, 다른 사람의 내러티브 탐구 여정에 대한 대표적 이야기를 포함하게 될 것이다.

우리가 내러티브 탐구에 관심을 가지게 된 계기를 설명하기 위해, 1장에서는 우리 연구에 영향을 준 사람들의 연구를 간략하게 소개하고 다른 사람의 경험이 어떻게 우리 자신의 견해에 영향을 주었는지 논한다. 먼저 우리 연구에 상당한 영향을 준 John Dewey를 소개한다. 그는 경험을 검토하는 것이 교육의 핵심이라고 주장한 바 있다. 우리는 여러 가지 형태로 표현된 메타포와 내러티브에 대한 현대 연구물의 영향에 대해서도 검토한다. 우리는 또한 인류학, 심리학, 정신분석, 조직이론 등과 같은 다른 분야에서의 새로운 탐구 형식의 영향도 검토하고, 이들이 우리 연구에 어떻게 영향을 주었는지도 논의한다.

2장에서는 내러티브 탐구 관점과 거대 담론 관점 간의 차이를 검토한다. 이는 Bloom의 분류학을 개정하는 연구팀에 우리가 참여했을 때, 그 연구에서 경험한 바를 검토함으로써 해보고자 한다. 우리의 경험은 내러티브 탐구라는 어떤 하나의 접근이 좀 더 전통적인 다른 접근과 맞붙었을 때 야기되는 긴장을 보여준다.

3장에서는 전문적 실제 분야에 좀 더 직접적으로 초점을 맞춘다. 우리는 내러티브 탐구자와 다른 관점에서 연구하는 탐구자 간에 불가피하게 야기될 수 밖에 없는 긴장을 다룬다. 우리는 탐구의 2가지 경계(boundaries)를 밝힌다. 그것은 형식주의적(formalistic) 경계와 환원주의적(reductionistic) 경계이다. 전자는 거대하고 지배적인 아이디어, 개념, 이론들로 형성된 탐구이며, 후자는 부분, 요소, 하위과정 등의 측면에서 형성된 탐구이다. 우리는 이러한 경계 각각에서 야기될 수 있는 이론의 위치, 사람의 성격과 역할 등과 같은 구체적 긴장을 탐색한다.

4장에서는 내러티브 탐구자가 무엇을 하는지를 보여준다. 내러티브 탐구를 정의하는 것이 아니라 내러티브 탐구자가 무엇을 하는지를 자세히 열거함으로써 내러티브 탐구가 무엇인지를 보여주려는 것이 우리의 의도이다. 우리는 내러티브 탐구의 용어들에 관심이 있으며, 이들이 탐구 과정에서 어떻게 정의되고 사용되는지에 관심이 있다. 따라서 우리는 우리의 탐구를 형성하는 데 사용되는 용어들에 대해 논의한다. 여기서 우리는 우리의 연구 틀인 3차원적 탐구 공간을 소개한다. 우리는 또한 우리 자신이 수행한 연구에서 추출한 2가지 사례를 제공한다. 이 사례는 내러티브 탐구가 실제에서 어떻게 작용하는지를 보여줄 것이다.

5장에서는 연구자들이 있는 현장(field) 속으로 들어가 본다. 우리는 내러티브 탐구가 연구 참여자의 이야기뿐만 아니라 연구자의 이야기를 말하고 다시 말하는 역동적인 과정이라는 점을 직접 보게 된다. 우리는 또한 연구자들이 탐구과정 내내 협상해야만 하는 구체적 문제들을 검토한다.

6장은 현장 텍스트(field text)를 쓰는 것과 관련된 문제를 다룬다. 탐구자들이 객관성을 잃고 있다고 생각할 때 직면하게 되는 어려움을 논의하고, 현장 텍스트가 어떻게 그들의 입장을 명료하게 해 줄 수 있는지를 보여준다. 현장 텍스트는 망각된 사건(외부 경험)과 느낌(내부 경험)의 공간을 채우는 기억 강화물이다.

7장은 탐구자와 연구 참여자가 다양한 측면의 현장 경험을 제시하기 위해 창출한 다양한 유형의 현장 텍스트들을 기술한다. 우리는 연구자와 연구 참여자 간의 관계의 질이 창출된 현장 텍스트의 유형뿐만 아니라 현장 텍스트의 성격을 어떻게 형성하게 되는지를 검토한다. 마지막으로 현장 텍스트를 신중하고 주의깊게 배열하는 것이 해당 연구의 최종 모습에 얼마나 중요한지를 탐색한다.

초보 내러티브 탐구자들은 현장 텍스트로부터 연구 텍스트(research text)로 움직이는 것이 가장 어려운 이행 중의 하나임을 발견한다. 8장에서는 최종 "산물", 즉 연구 텍스트에 주의깊게 고려되고 기술적으로 잘 엮어질 필요가 있는 몇 가지 주제를 소개한다.

9장에서는 연구 텍스트를 쓰는 것과 관련된 복잡성을 검토한다. 우리는 이 과정이 어떻게 연구자를 탐구과정의 초기에 직면한 바 있었던 환원주의적이고 형식주의적 경계로 되돌리는지를 검토한다. 우리는 이 단계의 탐구자가 거의 불가피하게 직면하는 연구 텍스트의 목적에 대한 의문과 불확실성의 느낌을 탐색한다. 또한 연구 텍스트를 쓰고 있는 동안, 연구자가 어떻게 하여 탐구를 시작할 때는 명료하게 보였던 목표의 일부를 정련하거나 심지어 수정해야 함을 느끼게 되는지를 탐색한다. 이 장의 마지막 부분에서는 하나의 연구 텍스트를 위한 최선의 내러티브 형식을 선택하는 것과 관련된 여러 고려 사항을 논의한다.

마지막으로 10장은 탐구 아이디어를 떠올리는 순간부터 최종 연구 텍스트가 구성될 때까지 탐구하는 과정 동안 지속적으로 제기될 수 있는 쟁점을 제시한다. 그러한 쟁점은 윤리, 소유권, 익명성 등과 같은 것이다. 이 장은 내러티브 탐구자들에게 가장 중요한 것으로 보이는 준거, 즉 늘 깨어있음을 논함으로써 끝난다.

Edmonton, Canada D. Jean Clandinin
Toronto, Canada F. Michael Connelly
1999년 8월

c.o.n.t.e.n.t.s

차 례

역자 서문 3
저자 서문 7
감사의 글 15
저자 소개 17
프롤로그 19

chapter 01 왜 내러티브인가? · 29

서론 · 31
John Dewey · 32
Mark Johnson과 Alasdair MacIntyre · 33
새로운 사고방식: 탐구의 기여 · 35
Clifford Geertz의 『*After the fact: Two Countries, Four Decades, One Anthropologist*』 · 37
Mary Catherine Bateson의 『*Peripheral Visions: Learning Along the Way*』 · 41
Barbara Czarniawska의 『*Narrating the Organization: Dreams of Institutional Identity*』 · 46
Robert Coles의 『*The Call of Stories: Teaching and the Moral Imagination*』 · 49
Donald Polkinghorne의 『*Narrative Knowing and the Human Sciences*』 · 55
이 저자들을 내러티브 탐구로 데려오기 · 58
왜 내러티브로 전환하는가? · 59
내러티브적으로 연구하기 · 63

chapter 02 내러티브적으로 사고하기: 탐구 경계에 놓여 있는 한 사례 · 65

서론 · 67
Bloom의 분류학 · 67
분류학 팀과의 연구 · 72
내러티브 개정에 대한 반응 · 75
경계에서의 탐구 생활 · 78
요약 · 83

chapter 03 내러티브적으로 사고하기: 환원주의적 경계와 형식주의적 경계 · 85

서론 · 87
Schön, Oakeshott, 그리고 Johnson의 아이디어 · 88
형식주의적 경계에서의 내러티브 사고 · 92
형식주의적 경계에서의 탐구 생활 · 95
요약 · 105

chapter 04 내러티브 탐구자들은 무엇을 하는가? · 107

서론 · 109
내러티브 탐구 용어 및 내러티브 탐구 공간 · 111
Ming Fang He의 3차원적 내러티브 탐구 공간에서의 연구 이야기 · 113
3차원적 내러티브 탐구 공간 · 117
3차원적 내러티브 탐구 공간에서 Karen Whelan과 함께 일한 이야기 · 122
반성 노트 · 127

chapter 05 현장에 존재하기: 이야기 속으로 들어가기 · 131

서론 · 133
현장 한 가운데에서 연구를 시작하기 · 133
Bay Street School의 현장 한 가운데에서 연구를 시작하기 · 134
연구 현장 한 가운데에 존재하는 것은 사람마다 다르다 · 140

이야기를 살아가기, 말하기, 다시 말하기 그리고 다시 살아가기 · 145
현장에 있는 우리는 이제 무엇을 해야 하는가? · 146
전경에서 삶을 살아가는 것 · 156

chapter 06 현장에서 현장 텍스트로 이동: 이야기 공간에 존재하기 · 159
서론 · 161
사랑에 빠지기, 냉담한 관찰자 되기 · 162
개략적인 윤곽을 기억하기, 상세한 것으로 들어가기 · 165
내러티브 진실과 내러티브 상대주의 · 169
내부로 돌아오기, 외부를 관찰하기 · 170
3차원적 탐구 공간에서 연구하기의 모호성 · 174

chapter 07 현장 텍스트 구성하기 · 179
서론 · 181
현장 텍스트를 구성하는 것은 해석적 과정이다 · 182
현장 텍스트의 기록은 연구자와 연구 참여자의 관계를 표현한다 · 184
3차원적 탐구 공간 속에서 구성된 현장 텍스트 · 185
혼합되어 구성된 현장 텍스트 · 186
교사들의 이야기 형태의 현장 텍스트 · 189
자서전적 글쓰기 형태의 현장 텍스트 · 194
일지 형태의 현장 텍스트 · 196
현장 노트 형태의 현장 텍스트 · 199
편지 형태의 현장 텍스트 · 202
대화 형태의 현장 텍스트 · 206
연구 면담 형태의 현장 텍스트 · 208
가정사와 가족에 대한 이야기 형태의 현장 텍스트 · 212
문서 형태의 현장 텍스트 · 213
사진, 기억상자, 기타 개인적 가족적 사회적 문서 가공물 형태의 현장 텍스트 · 214
현장 텍스트의 원천으로서의 삶의 경험 · 216
연구자가 현장 텍스트를 이해하는데 있어서 중요한 것이 무엇인가? · 217

chapter 08 현장 텍스트에서 연구 텍스트로: 경험에 대한 의미 구성 · 221

서론 · 223
내러티브 탐구자들은 무엇을 하는가? · 224
정당화(왜?) · 226
현상(무엇?) · 231
방법(어떻게?) · 235
이론과 문헌 · 247
의도된 텍스트의 종류 · 249

chapter 09 연구 텍스트 작성하기 · 251

서론 · 253
쓰기를 시작하면서 경험하는 긴장 · 253
경계(boundaries)에서 연구 텍스트 기술하기 · 255
쓰기, 기억, 그리고 연구 텍스트 · 260
불명료한 가운데 연구 텍스트 기술하기 · 262
내러티브 형식 · 272
내러티브 형식을 찾아서 · 289
청중과 연구 텍스트의 구성 · 297

chapter 10 내러티브 탐구에서 지속적으로 제기되는 질문 · 299

서론 · 301
윤리성 · 302
윤리와 익명성 · 307
소유권과 관계에 대한 책임 · 310
연구자로서 우리는 어떻게 이야기되는가? · 313
사실과 허구 · 315
위험, 장애, 그리고 남용: "비판적 연구자로서의 나" · 318
깨어있음 · 322

에필로그 327
참고문헌 333
찾아보기 341

감사의 글

많은 사람들이 경험과 내러티브라는 우리의 여행에 동참했다. 우리는 이들 여행자들을 진심으로 존경하고 신뢰한다. 시간, 장소, 학문적 환경의 이유로 우리는 일부 만을 그들의 저작을 통해서 만났다. 일부는 그들이 내러티브 탐구자가 아니었음에도, 내러티브 탐구 가능성을 상상하는 데 도움이 되는 관련 저작물을 통해 우리를 지원했다. 일부는 학교, 대학, 보건소 등의 실천가들이었으며, 이들은 계속된 연구에서 그들의 전문적 삶을 볼 수 있도록 해 주었다. 대다수는 우리 코스를 신청해서 우리에게 내러티브를 가르치는 방법과 내러티브적으로 가르치는 방법을 가르쳐 주었던 학생들이었다. 석사와 박사 논문을 준비하는 학생들도 많은 도움을 주었으며, 이들은 서로 다른 문화와 서로 다른 사회적 전문적 분야 출신으로 내러티브 탐구 측면에서 다양한 주제들에 대한 논문을 썼다.

아마도 내러티브 탐구에 대한 우리의 일상적 사고에 가장 중요한 영향을 미친 사람은 박사과정 학생들인 것 같다. 이들은 우리의 연구 팀에 가담했으며, 그들의 연구를 우리의 것과 혼합하여 결국에는 누가 한 것인지 분간이 어려울 정도로 긴밀하게 참여했다. 우리는 이 책의 내용을 통해 이들이 내러티브 탐구에 대한 우리의 아이디어 발전에 기여한 의미 있는 공헌에 감사하고자 한다.

내러티브 탐구는 늘 복잡하고 많은 것이 얽혀 있다. 이러한 복잡성의 느낌을 전달하기 위해, 그리고 말해지고 경험되고 공동으로 구성되고 결과적으로 연구 텍스트에 담겨진 이야기의 세트적 특성을 전달하기 위해 우리는 우리 자신을 우리의 박사과정 학생과 함께 공동 연구자로 위치지우려고 한다. 우리가 이렇게 할 때 우리 자신 및 우리의 연구는 그들의 연구 및 그들의 연구 참여자들과 나란히 놓이게 된다. 이러한 한 세트의 인물들, 즉 이 책의 저자인 우리, 연구팀 구성원들, 그리고 그들의 연구 참여자들이 삶, 이야기, 퍼즐, 퍼즐에 따른 내러티브 탐구 등으로 짜여진 공간을 형성한다.

우리의 다른 책에서와 마찬가지로, 기술공학적 자원을 능숙하게 활용하여 많은 초안, 그에 대한 반응, 그리고 수정본을 꼼꼼하게 검토해 준 Gary Pyper에게 감사의 마음을 전한다.

D. J. C.

F. M.C.

저자 소개

D. Jean Clandinin은 현재 Alberta 대학교 교사교육연구센터의 교수이자 소장이다. 그녀는 Alberta 대학교에서 심리학과 역사로 학사학위를, 동대학교에서 상담으로 교육학 석사학위를, 그리고 Toronto 대학교에서 박사학위를 받았다. 그녀는 교사, 카운슬러, 학교 심리학자로서의 경력을 가지고 있다. 그녀는 『*Curriculum Inquiry*』, 『*Teaching and Teacher Education*』, 『*Cambridge Journal of Education*』 등과 같은 저널에 많은 글을 단독 혹은 공동으로 기고한 바 있다. 그녀의 가장 최근의 책으로는 F. Michael Connelly와 공동으로 저술하여 Teachers College Press에서 출판한 『*Teachers' Professional Knowledge Landscapes*』(1995)와, 『*Shaping a Professional Identity*』(1999)가 있다. 그녀는 미국교육학회(American Educational Research Association: AERA)의 부회장도 지낸 바 있다. 그녀는 AERA의 Early Career Development Award의 1993년 수상자이기도 하다.

F. Michael Connelly는 Alberta 대학교, Columbia 대학교, 그리고 Chicago 대학교에서 공부했다. 그는 Alberta 대학교에서 이학사, 이학석사, 교육학사를, 그리고 Chicago 대학교에서 박사학위를 받았다. 그는 현재 Toronto 대학교의 Ontario 교육연구소 교사개발센터의 교수이자 소장이다. 그는 Alberta 중등학교에서의 교사 경력과, Alberta, Illinois, Chicago 대학교에서의 강의 경력이 있

다. 그는 제2차 과학 성취도 국제비교연구의 캐나다 지부를 조직하는 역할을 맡은 바 있으며, 현재 『*Curriculum Inquiry*』의 편집위원이자 교육문화연구를 위한 John Dewey 학회의 이사이다. 그는 Clandinin과 공동으로, 교사들의 개인적 실천적 지식과 교사들의 전문적 지식 전경(landscapes)에 대한 장기 연구과제의 책임자로 있다. Connelly와 Clandinin은 공헌도가 높은 여러 저서에 수많은 글을 공동으로 집필했을 뿐만 아니라 『*Teachers as Curriculum Planners: Narratives of Experience*』(1988)의 공동 저자이기도 한다. Connelly는 1987년에 캐나다 교육연구학회가 주는 탁월한 캐나다 교육과정학자상을, 1991년에는 캐나다 교육연합회상을, 그리고 1999년에는 AERA B분과에서 Lifetime Achievement Award를 받았다.

프 롤 로 그

우리는 필리핀 대학(The University of the Philippines)의 어느 회의실에 앉아 있었다. 1년 전 이 모임은 일본에서 있었으며, 1년 후에는 이탈리아의 한 포도주 산지에서 다시 하기로 예정되어 있었다. 우리는 그 대학이 주최한 멋진 오찬을 마치고, Manila와 그 주변에서의 부분 여행 및 온종일 여행을 기대하고 있었다. 우리 모두는, 특히 Michael의 경우는 그 지역의 토속 요리와 새로운 지역을 답사할 기회를 즐겼던 것 같다.

우리는 약 40개 이상의 국가에서 실시한 어떤 도달점에 대한 국제 비교 교육연구의 하나인 국제교육성취도평가협회(International Association for the Evaluation of Educational Achievement)가 주최한 제2차 과학 성취도 국제 비교 연구에 참여하는 동안 Manila에 있었다. 이 때는 1980년대 후반이었다.

갖가지 국제적인 자유무역 협정이 열리고 있으며, 세계 전쟁이라고 불릴만한 사건들이 없을 만큼 평화롭고, 특정 지역이 다른 지역에 미치는 영향이 점차 증대되어가는 세계 속에서 교육은 흥미로운 주제가 되어왔다. 이 당시 세계는 독일과 일본의 생산 및 마케팅에서의 대성공, 미국의 정치적 영향력의 증대, 중국의 성장 등이 두드러졌다. 이러한 세계적 추세 속에서 교육이 어떻게 이루어지고, 학교는 어떤 모습이며, 서로 다른 문화의 사람들은 무엇을 배우는지가 주된 흥미거리이면서 관심사가 되었다. 취재 기자들은 일본 교육체제의 예견된 성공을 우려했다. 그리고 다른 사람들은 소위 제3세계와 개발도상국에서의 교육의 역할과 발전에 대해 놀라워했다.

서부 캐나다에 소재한 교실이 하나뿐인 시골 학교에서 교육을 받은 Michael에게 지도책과 지구의, 신문, 그리고 라디오에나 나오는 이전에는 단지 상상 속에만 존재했던 사람들의 삶에서의 교육의 아이디어와 그것의 위치는 그의 흥미를 유발시키기에 충분하였다. 우리는 Manila에 있는 여러 학교들을 방문하였으며, 이 학교들은 그들의 기강과 엄격성 측면에서 신중하게 선택된 것이었다. 우리들이 타고 있는 차가 학교로 들어가는 길과 학교에서 나오는 길의 교차로에 정지했을 때 거리의 부랑아들이 우리들에게 하찮은 물건을 팔고 있는 모습을 보면서, 우리는 대비되는 어떤 삶의 측면들을 볼 수 있었다.

우리는 회의실에서 2주 동안 연구에 전력을 다하였는데, 참여국의 3학년 학생들에게 주어지게 되는 선다형 검사 문항에 대한 학생들의 반응을 비교할 수 있는 표로 작성하고 표현하는 데 있어 가장 정확하고 실행 가능한 방법에 관하여 논쟁하면서 시간을 보냈다. Michael은 회의가 진행되면서 그 회의가 당시 그에게는 다소 무의미했고, 무엇이 일어날 지에 대해 충분히 알 수 있는 것이었으며, 논리나 조리도 없이 상당히 시시한 것이었음을 기억한다. 다만 그 곳에 있는 동안 세계의 다른 지역에서의 삶과 교육에 관하여 무언가를 배울 기회가 있었기 때문에 기뻤었다.

그 당시에 그 회의실에서 그리고 다른 날의 다른 모임에서 일어났던 것은 교육탐구에서는 매우 자주, 최소한 우리의 연구 취향으로 인해 매우 자주 일어나는 것이다. 이것은 교육에 대한 일반 대중의 관심이 연구자들에 의해 처리가능한 하찮은 실재로 둔갑되어버리는 것이며, 이 과정에서 연구자들의 개인적 관심은 연구의 정확성을 위해 가리어지게 된다.

교육학자들은 삶에 관심을 두고 있다. John Dewey의 메타포를 빌리자면 삶은 곧 교육이다. 교육학자들은 교수 · 학습, 그리고 이것이 어떻게 일어나는지에 관심을 두고 있다. 그리고 그들은 다양한 삶, 가치, 태도, 신념, 사회 제도, 관례, 그리고 구조 등으로부터 야기되는 것과 이들 모두가 교수 · 학습과 관련되는 방법에 관심을 두고 있다. 우선 교육 연구자들은 교육학자들이며, 우리 또한 사람들에 관심을 두고 있다. 사람들에 대하여 관심을 두고 있는 교육 연구자들은 그러한 의미에 있어서는 사회 과학에서 연구를 수행하고 있는 어느 누구와도 다를 바가 없다. 사회 과학 사람들을 대상으로 하는 학문이다. 사람들의 삶과 이러한 삶이 어떻게 구성되고 경험되는가 하는 문제가 주된 관심사이다. 우리 사회 과학자들은 대규모의 이야기꾼들이며, 평범한 사람들의 행동과 사건(goings-on)에 대하여 관찰하고 참여하고 생각하고 이야기하고 글 쓰는 데 관심이 있다. Manila 회의실에 있는 이야기꾼들은 몹시 따분하고 지루했었다.

하지만 만일 연구자로서 우리들의 관심이 살아있는 생생한 경험, 즉 삶과 삶이 경험되는 방식에 있다고 한다면, 우리의 연구 대화가 어떻게 학생 반응을 측정하는 것에 초점을 두게 되었단 말인가? 교육 경험이 어떻게 이런 식으로 측정될 수 있는 것으로 여겨질 수 있단 말인가? 이러한 것은 삶과 경험에 관심을 두는 연구에서는 넌센스이며, 학생 반응의 측정으로 경험을 이해할 수는 없는 노릇이다.

모든 사물, 사람, 그리고 사건 등을 이해할 때, 경험에 관한 연구를 측정의 이슈를 고려하는 문제로 환원시켜버리는 것은 현재도 진행 중인 흐름이며, 교육 연구나 아마도 사회과학 연구의 강력한 흐름의 일부이다. Manila 모임은 고립되고 단절된 사태가 아니다. 그 모임은 교육 연구에 관한 거대 담론의 일부였다.

Lagemann(1996)은 그녀의 에세이인 "Contested Terrain: A History of Educational Research in the United States, 1890-1990,"에서 비슷한 점을 지적하고 있다. 이 에세이는 집필 중인 그녀의 저서 『*John Dewey's Defeat: Studying Education in the Research University 1890-1990*』를 토대로 하였다. 이 책 제목 자체는 경험(Dewey의 교육에 관한 견해에서 핵심에 해당하는)에 관한 아이디어가 어떻게 교육 연구에 관한 연구 활동에서 방향을 잃어버리게 되었는지에 대하여 말해주고 있다.

Lagemann에 따르면, 1900년대 초의 교육 연구는 "경험적 데이터로부터 일반화를 도출하는 것을 가치롭게 여기고, 논리나 사색에 기반을 둔 지식을 경멸하는"(1996, p. 5) 풍토가 되었다. 이러한 풍토에서 기대할 수 있었던 초기의 교육 연구물들은 상당히 포괄적이고 인구 통계 조사와 같은 탐구가 되는 경향이 있었다. Lagemann에 따르면, 이러한 초기 연구 활동들을 가능하게 한 것은 검사와 통계 도구였다. "연구자들은 이것들을 활용하여 학생들의 성취도와 수업 비용을 측정하고, 통계적인 비교 분석을 통하여 어떠한 수업이 가장 효과적이고, 가장 적은 비용이 드는지, 그리고 가장 효율적인지를 결정하였다"(1996, p. 6).

교육 연구에서 최근 부상하고 있는 흐름은 "숫자에 대한 경외심"을 가진 사회 과학 연구의 맥락 내에 자리잡았다. 사회과학 연구로 중요하게 간주되기 시작했던 것은, 1980년대 후반 Manila의 그 회의실에서 논의되었던 것과 같은 연구를 이끈 것이었다. 검사와 통계 도구들이 그러한 연구를 가능하게 만들었으며, 이것들은 정부 기관 정책 결정자들, 그리고 연구자들에게 연구를 하는 하나의 방식으로서 관심을 끌었다. 경험, 즉 삶은 교육연구자들이 선다형 검사 결과를 평가함으로써 여러 다른 나라 학생들의 성취를 비교 연구하기 훨씬 오래 전부터 그러한 방식으로 연구되기 시작했던 것이다. 이것이 바로 당시 교육 연구의 흐름, 즉 1900년대 초에 확립된 많은 사회과학 연구의 흐름이었다.

Dewey가 했던 것처럼 만일 우리가 연구를 경험에 관한 연구로 생각한다면, 사회과학 연구를 위한 흐름은 어떤 것이 될 수 있을까? 사회과학은 인간 그리고 인간간의 관계 및 인간의 환경과의 관계에 관심이 있다. 그 자체로 사회과학은 경험에 관한 연구에 근거를 두고 있다. 그러므로 경험은 모든 사회과학 탐구의 출발점이며 핵심 용어이다.

우리의 연구에서는 주기적으로 Dewey의 저서(예를 들면, [1916] 1961, 1934, 1938)를 참고함으로써 경험을 최전면에 내세우고자 한다. Dewey에게 있어서 교육, 경험, 그리고 삶은 복잡하게 뒤얽혀 있다. 교육을 연구한다는 것이 무엇을 의미하는가를 물었을 때, 가장 일반적인 의미에서 그 대답은 경험을 연구하는 것이다. Dewey에 따르면, 교육에 관한 연구는 삶에 관한 연구이다. 예를 들면 그것은 어떤 사물이나 본질에 대한 직관이나 통찰, 전례나 풍습, 관례, 메타포, 그리고 일상의 행동들에 관한 연구이다. 우리는 삶에 관한 사고로부터 교육에 대하여 배우며, 교육에 관한 사고로부터 삶에 대하여 배운다. 경험에 대한 이러한 관심과 교육을 경험으로서 생각하는 것은 교육자들이 학교에서 하고 있는 일의 일부이다.

우리는 둘 다 학교에서 교육자로 일하고 있었다. Jean은 초등학교 두 곳에서 상담교사로 2~3년간 일했다. 그 곳에서 그녀는 아이들, 아이들의 부모들, 아이들의 교사들이 자신들의 삶에 관하여, 그리고 그들에게 중요한 것에 대해서 말하는 것을 들으면서 지냈다. 이러한 일을 하는 도중에, 그녀는 석사 논문을 위하여 연구를 할 필요가 있음을 스스로 깨닫게 되었다. 그녀는 자신이 지금 하고 있는 것과 관련된 것을 하고자 했다. Jean은 학교에서 "자신들의 삶을 살아가는" 아이들과 교사들 사이에 있는 한 사람의 교육자로서 "자신의 삶을 살아가고" 있었기 때문에, 그 삶과 삶을 연구하는 일을 연계짓는 것이 가능할지가 궁금했다.

그녀가 계속적으로 직면했던 문제는 읽기의 어려움을 경험하고 있는 아이들과 함께 일하는 방법이었다. 대개 "읽기" 문제는 초등학교 후기에 교사들이나 학부모들에게 드러나게 되며, 이와 관련된 공통적인 의견은 어떤 아동들이 이러한 문제들을 겪는지를 미리 예측할 수 있다면 얼마나 좋을까 하는 것이었다. 이러한 경험들을 연구하는 일은 의미가 있어 보였다. 문제는 아이들의 경험을 어떻게 연구할 것인가, 그리고 그러한 문제를 겪게 될 아이들을 좀 더 일찍 집중적으로 연구하려면 어떻게 해야 하는가 하는 것이었다. 분명한 것은, 연구를 위해서는 아이들의 경험이 검사와 통계 도구에 의해 측정될 수 있는 것으로 환원될 필요가 있다는 것이었다. 이 연구는 아이들의 경험을 잘 알려진 지능검사와 흔히 실시되는 읽기 조사표(reading inventory)를 통해 측정하는 연구였다. 확실히 어떤 관계가 있었으며, 읽기 어려움을 겪을 가능성이 높은 아이들이 누구인지를 예언하는 방식이 있었다.

Jean이 그녀와 함께 학교에서 생활하고 있었던 사람들을 연구했으나, 이 연구는 그들의 삶이나 그녀의 삶과는 거리가 멀어 보였다. 아이들의 경험은 두 검사에서 서로 관계가 있는 점수로 환원되었고, 그 상관관계에 근거하여 그 아이들이 학교에서 어떤 경험을 하게 될지가 알려졌다. Jean이 통계적인 상관관계를 읽고 다시 읽어 갈 때 그녀에게 무언가가 일어났다. 그녀는 이 아이들을 알고 있었고, 아이들이 그녀에게 말해 준 그들의 이야기들에 대하여 알고 있었으며, 그들의 교사들과 학부모들이 그 아이들에 대해 말해 준 이야기들을 알고 있었다. 그러한 이야기들이 그들의 검사 점수보다 훨씬 더 많았다. 그들의 삶은 복잡성, 희망, 꿈, 바램, 그리고 의도로 채워져 있었다. 숫자에 대한 경외심을 지닌 연구 단체는 상관관계에 초점을 두었지만, Jean은 아이들의 삶에 대해 생각했다. 예상한 대로 점수가 산출되지 않은 한 아이가 있었다. 그 아이는 검사 점수 상에서 "돌연변이"였다. 그 연구에서, 그 아이는 표준 범위 바깥에 있는 예외였다. Jean은 이것을 제시한 연구 텍스트에서 그 아이에 관해 한 줄을 기술하였다. Jean은 학교에서, 삶에서, 그 아이가 겪은 경험의 복잡성을 이해하는 데 많은 시간을 보냈다.

서로 다른 시간과 장소에서 나오는 우리들의 모든 이야기들은 교육연구라는 보다 큰 이야기 속에 들어있는 것이다. 첫 번째 이야기(Michael의 이야기)에서는, 개인적이고 교육적인 삶에 관심을 지닌 연구자가 성취도 비교를 위한 선다형 문항과 전략의 밑그림을 그리는 것을 돕는다. 다른 이야기(Jean의 이야기)에서는, 학생들의 삶에 관심을 가진 교사가 대학원 연구 프로그램을 통해 아이들의 삶을 검사 점수 간의 상관관계로 보게 된다. 그러나 이러한 이야기들은 우리 자신의 개인적 이야기 이상의 영향력을 지닌다. 즉 이 이야기들은 우리의 교수(teaching)와 경험에 대한 연구 관심을 정확성과 오차 추정치를 가진 측정가능하고 처리하기 쉬운 전략으로 전환시키는 법을 알게 되었다는 것 이상의 의미를 지닌다. 우리의 이야기는 사회과학 연구 전체에 걸쳐 영향을 미친다. 이것이 바로 연구자들이 교육받는 방법이요, 연구자들이 자신의 연구를 수행하는 방법이며, 교사들이 그들의 삶에서의 연구 역할에 관하여 생각하도록 배우는 방법이다.

Lagemann(1989)은 다음과 같이 썼다. "나는 종종 학생들에게 Thorndike가 이기고 Dewey가 졌다는 점을 깨닫지 못한다면, 20세기 미국 교육사를 이해할 수 없다고 주장했다"(1989, p. 85). Thorndike는 행동의 관찰에 토대를 둔 교육과학의 아이디어를 대중화시킨 교육 심리학자였다. Cuban(1992)에 따르면, 그는 북미 교육연구계의 주도적인 인물이었다. Doyle(1992)은 Thorndike가 사회학, 경영학, 그리고 전문화 분야에서 제기된 Rice와 Taylor의 사회적 효율성 운동(social efficiency movement)에 심리학적 기반을 제공했다고 언급했다. 우리는 Dewey와 Thorndike 간의 경쟁을 사회과학 연구를 하는 방법에 관한 두 이야기 간의 경쟁으로 본다. Thorndike가 만든 이야기는 유일하게 타당한 이야기로서 널리 인정되고 당연시되었기 때문에 우리는 그것을 사회과학 탐구의 "거대 담론"(grand narrative)이라고 부른다.

교육연구를 진행할 때 우리는 이와 같은 경험을 외면하는 상황에 처해 있었다(그 당시에는 이것을 깨닫지 못했었다). 우리는 우리가 관심을 갖는 것을 양화시키고 있다는 점을 깨달았다. 물론 우리가 경험을 양화시켰기 때문에 그 경험의 풍부함과 표현은 제거되었다. 하지만 이유가 무엇이든 간에, 즉 형식적인 교육 때문이든, 양육 때문이든, 우리 각자가 삶을 살아가는 방식 때문이든, 혹은 또 다른 이유 때문이든 간에 경험에 대한 우리의 관심은 여전했었다. 교육연구와 매우 유사해 보이는 분야인 심리학, 사회학, 행정학, 철학 등의 연구에는 우리의 삶과 연구의 경험을 이해하려고 하는 우리의 지속적인 관심을 뒷받침해줄 만한 것이 거의 없었다.

결국, 1장에서 일부 제시하겠지만, 내러티브가 경험을 이해하는 하나의 방식이 되었다. 내러티브에 대한 우리의 흥분과 관심은 경험에 대한 우리의 관심에 그 기원을 두고 있다. 내러티브를 우리의 관점으로 채택하여 우리는 경험이 무엇이고, 그것이 어떻게 연구되어 연구자들의 텍스트에 표현될 수 있을지를 생각해보는데 기초가 되는 평가 기준, 삶, 그리고 근거 등을 살펴볼 것이다. 이러한 관점에서 보면, 경험은 사람이 살아가는 이야기다. 사람들은 이야기를 살아가며, 이러한 이야기를 말하면서 그 이야기를 다시 재확인하고 수정하며 새로운 이야기를 만들어낸다. 체험되고 말해진 이야기는 젊은이들이나 신진 연구자들과 같은 사람들을 포함하여 자신과 다른 사람들을 교육시킨다(Clandinin and Connelly, 1994).

c.h.a.p.t.e.r 01

왜 내러티브인가?

이 책의 출발점은 가르치는 일과 교사 지식에 대한 우리 자신의 탐구이다. 지난 30년 간 우리는 교육적 전경에 관한 상이한 장소와 상이한 이야기 줄거리에서 교사로서, 교사 교육자로서, 대학교에서 가르치는 교사로서, 교육 연구자로서 다양한 모습으로 자리잡아 왔다. 연구에서 해결해야 할 난제인 연구문제들(questions)은 다음의 세 가지 문제들, 즉 각 개인들이 어떻게 가르치고 배우는가 하는 문제, 시간성(시간의 맥락 속에 사물을 위치지우는 것)이 어떻게 변화와 학습에 관련되는가 하는 문제, 그리고 사회 제도가 우리 삶의 틀을 어떻게 잡고 조직하는지에 대한 광범위한 문제에 초점을 두어왔다.

서론

이 장에서 우리는 가장 많은 영향을 많이 준 John Dewey로부터 시작되는 내러티브 탐구의 여행에 대한 우리의 관점을 형성하는데 도움을 주어 온 몇 가지의 역사적 영향력에 대하여 검토한다. 이와 동시에 우리는 Johnson과 Lakoff의 구체화된 메타포에 관한 연구와 MacIntyre의 내러티브 통일성(narrative unity)에 관한 연구 등 오늘날의 영향력에 대해서도 논의한다. 또한 인류학에서 Geertz와 Bateson, 심리학에서 Polkinghorne, 심리치료학에서 Coles, 그리고 조직 이론에서 Czarniawska의 연구를 검토함으로써, 이 새로운 탐구 형태가 다른 학문 분야에 미친 영향을 고찰하고자 한다. 우리는 이 장에서 내러티브 탐구가 어떠한 것이고 우리에게 무슨 의미를 던져주는지에 대하여 폭넓은 작업 개념(working concept)을 가지고 결론을 내리고자 한다.

John Dewey

우리의 연구는 교육분야의 위대한 사상가인 John Dewey에 의해 많은 영향을 받았다. Dewey는 우리의 연구에 있어서 우리가 중요한 것으로 보고 있는 문제, 즉 우리가 지속적으로 되돌아봐야 할 문제들을 제기하고 논의하였다. 우리의 연구 관심은 수 년 간에 걸쳐 학생과 학생의 학습을 최전면에 내세웠던 것에서부터 교사와 교수를 부각시키는 것으로, 일상적인 일과 규칙적으로 반복되는 일을 처리하는 학교의 전경, 가치, 사람들을 부각시키는 쪽으로, 학교의 변화와 개혁을 부각시키는 쪽으로 바뀌었다. 하지만 하나의 문제를 전면에 부각시키고 또 다른 문제를 그 배경에 두면서 우리의 연구 초점을 변화시켜오는 과정에서, 경험의 본질에 관한 Dewey의 연구는 아직도 우리들에게 개념적이고 상상력이 풍부한 배경이 되고 있다.

경험은 이러한 다양한 탐구에서 핵심 용어이다. Dewey는 우리들을 위하여 교육자들의 언어에서 경험이라는 평범한 용어를 탐구 용어로 바꾸어 놓았으며, 우리들에게 교육적인 삶을 보다 잘 이해할 수 있도록 해 주는 용어를 제공해준다. Dewey에게 있어서 경험은 개인적인 동시에 사회적인 것이다. 개인적인 경험과 사회적인 경험 둘 다 항상 존재한다. 사람들은 개개인이며, 그렇게 각 개인으로서 이해될 필요가 있다. 하지만 사람들은 단지 개인으로만 이해될 수는 없다. 사람들은 항상 사회적 관계와 사회적 맥락 내에서 존재한다. 학습이, 다른 아동과, 교사들과 더불어 교실과 지역 사회 등에서 일어난다는 점을 이해한다면, ***경험***이라는 용어는 우리가 개별 아동들의 학습과 같은 문제들을 충분하고도 면밀하게 생각하도록 도와준다.

더욱이 Dewey는 경험의 특징 중 하나가 ***연속성***이라고 여겼다.

다시 말해서, 경험은 다른 경험으로부터 생겨나며, 또 다른 경험을 이끌어낸다는 견해이다. 경험은 스스로 이러한 연속선상, 즉 현재 상상하는 것, 과거에 상상했던 것, 미래를 상상하는 것의 어디에 위치하든지 그 지점은 과거의 경험에 토대를 지니고 있고, 미래의 경험을 이끌어 낸다. 이러한 연속성은 또한 교육에 관한 사고에 있어서 핵심이다. 왜냐하면 우리가 아동들의 학습이나 학교, 또는 특정한 정책에 대하여 생각할 때에도, 역사는 항상 존재하며, 이것은 항상 변화해가고, 항상 어딘가로 진행되어가고 있기 때문이다. 탐구의 제약과 실천성에 비추어 보면, 하나 혹은 또 다른 특정한 탐구는 이러한 폭 넓은 경험 이론 내에서의 하나 혹은 또 다른 경험의 측면에 초점을 두는 것처럼 보일 수도 있다. 우리는 탐구의 삶에서 교육적 퍼즐과 문제를 깊이 생각해왔기 때문에 마음 속에 이러한 모든 문제들을 간직하여 수용하려고 노력하였다. 우리는 과거, 현재, 미래에 대하여 사고하면서 이와 동시에 개인적 경험과 사회적 경험 사이를 오가며 학습하고, 늘 확장되어 가는 사회적 환경(social milieus)에서도 그렇게 경험 사이를 오가면서 학습해 나간다.

Mark Johnson과 Alasdair MacIntyre

우리들이 개별 교사의 지식을 전면에 부각시키려 시도하였던 1980년대 초기에, 우리의 관심을 끌었던 경험적이고 구체화된 메타포에 관하여 연구한 철학자인 Mark Johnson을 만났다. 그 당시 우리는 경험적 이미지(experiential image)가 교사들에게 있어 지식의 역할을 한다는 부분을 이해하려고 노력하는 중이었다. 우리는 3년 동안

Stephanie와 Aileen 두 선생님과 수행한 연구를 마쳤다. 우리는 그들의 교실 수업과 그들과의 대화에 많은 시간을 보냈으며, 경험적 이미지에 관하여 글을 썼고, 그것들에 관하여 함께 이야기도 나누었으며 이로 인해 이들 두 선생님을 잘 알게 되었다. 우리는 관심의 초점을 다분히 우리가 무엇을 ***개인적 · 실천적 지식***이라고 말하는지를 이해하려는 데 두고 있었다. 우리가 경험적 지식을 이해하는 중요한 방법 중의 하나는 교수에 있어서 경험적 이미지의 본질에 관한 탐구이다. 하지만 우리들이 Stephanie와 Aileen의 이미지에 관한 글을 썼을 때에는, 분리되고 단편적인 추상적 이미지로 보일 수 있는 것에 너무 분석적 초점을 두게 되면 사람들 개개인의 전체적인 의미와 그들이 가지게 되는 경험적 지식의 의미를 놓치게 될 수 있다는 점에 대해 특히 걱정을 많이 했다. 처음에 우리의 난제는 표현방법 중의 하나인 것처럼 보였다. Mark Johnson과 동료학자인 George Lakoff의 연구가 우리들의 관심을 끈 것은 경험적 지식에 관한 사고 방식이었다. Lakoff와 함께 한 Johnson의 메타포에 관한 연구는 우리들의 경험에 초점을 두는 것과 직접적으로 관련이 있는 것처럼 여겨졌으며, 우리들의 생각으로는 Dewey의 연구와 연결되는 것으로 보여졌다(Lakoff & Johnson, 1980).

마음 속에 이러한 어렵고 혼란스런 난제를 지닌 채, 우리들이 이 문제를 끝까지 생각할 수 있도록 도움을 받기 위하여 Toronto에서 함께 하루 이틀 정도를 보내려고 우리들은 Johnson을 초대하였다. 지방의 한 호텔에서 있었던 Johnson과의 대담에서, 그는 우리들에게 "당신들이 지식을 어떻게 문화 내에서 구체화되고, 문화에 내장되어 있고, 그리고 내러티브 통일성에 근거를 두는 것으로 보는가 하는 점에 관하여 보다 많이 말하도록"(1983년 2월 17일, 저자와의 대담) 자극하고 요구하였다. 호텔의 메모장에 끼적거려 놓은 요약된 이야기를 이용하여, 그는 Alasdair MacIntyre의 연구(1981)와 우리들의 사고에 있어서의 ***내러티브 통일성***에 관한 견해를 소개하였다. 내러티브 통일성은 개개인의 삶에서 연속성의 일반적인 구인에 관한 보다 상세하고 유익한 방식에 대하여 생각하는 방법을 우리들에게 제공해준다. 연속성은 우리들의 아이디어와 가능성의 문을 열어주는 내러티브 구조가 된다. 우리는 다른 내러티브 문헌으로 관심을 돌렸으며, 내러티브와 삶의 연계에 관하여 연구한 저자들에게로 주의를 돌렸다.

우리는 내러티브를 대략 연구 현상이면서 동시에 연구 방법으로 인식하고 있으면서 ***내러티브 탐구***라는 제목 하에 이러한 연구들을 수행해오고 있다. 우리는 교수와 교사 지식을 구체적인 개인적 이야기와 사회적 이야기의 표현으로 보며, 교사들과 연구 관계가 이루어질 때, 내러티브적으로 생각하고, ***현장 텍스트***를 만들며, 그리고 교육 활동에 관한 이야기를 쓴다(현장 텍스트는 현장에서 수집된 자료에 관한 용어이다. 이 전문 용어는 7장에서 논의하게 된다).

새로운 사고방식: 탐구의 기여

우리가 20년 정도 쯤 수행해 온 이러한 종류의 연구를 뒤돌아보면, 우리 자신들이 초기에 우리의 분야에서 이미 확립된 탐구 전통의 중심부에서 밀려난 가장자리에서 종종 연구를 하였다는 느낌이 들기도 한다. 하지만 이제 교육 연구라는 우리들의 분야에서 바라보면, 교육 연구에 있어서 내러티브 탐구는 담론의 한 부분으로까지 느껴질 정도로 우리는 강한 인상을 받으면서 그것에 매료되고 있다. 많은 교육 연구자들이 내러티브를 활용할 것을 주장하고 있지만, 내러티브를 활용하지 않는 많은 사람들은 그것에 대하여 비판을 한다.

이와 같은 일은 사실 다른 사회과학 분야에서도 마찬가지이다. 인류학과 심리학, 정신의학과 같은 학문 분야의 텍스트를 살펴보면, 이들 분야의 탐구들 간에 유사하게 반성적인 측면들이 있다는 사실에 우리는 강한 인상을 받고 있으며, 동시에 탐구와 이들 학문 분야에서 현상의 지식에 대한 탐구의 기여가 어떻게 변하는지에 대해서도 깊은 감동을 받고 있다. Clifford Geertz(1995)의 『*After the Fact*』, Mary Catherine Bateson(1994)의 『*Peripheral Visions*』, Norman Denzin(1997)의 『*Interpretive Ethnography*』, Donald Polkinghorne (1998)의 『*Narrative Knowing and the Human Sciences*』, Roy Schafer(1992)의 『*Retelling a Life*』, Robert Coles(1989)의 『*The Call of Stories*』와 Barbara Czarniawska(1997)의 『*Narrating the Organiza-tion*』은 모두 그 실례라 할 수 있다.

비록 우리의 관심이 주로 사회과학에 있지만, 이와 유사한 일들은 인문과학에서도 일어나고 있는 것 같다. 예를 들면, Donald Spence (1982)의 『*Narrative Truth and Historical Method*』, David Carr (1986)의 『*Time, Narrative, and History*』, Carolyn Heilburn(1988)의 『*Writing a Woman's Life*』가 그것이다. 또한 이들 저자들은 변화하는 현상들과 변화하는 탐구를 새로운 사고 방식으로 가져오기 위하여 그 분야들을 교차시켜 통섭(統攝)하여 본다. 이것들은 비교적 최근의 설명들인데, 어떤 것은 신중하게 역사적인 방식으로 이루어진 것이고, 다른 것들은 더욱 일화적이고 내러티브적인 방식으로 이루어진 것으로서, 이것들은 주목을 끄는 두드러진 새로운 탐구 형식에 따른 변화 속에서 현장의 모습을 묘사하고 있다. 1986년, Marcus와 Fisher는 이것을 인문과학 탐구의 삶에서 "실험적 시기"(experimental moment)라고 하였다. 이것은 현재의 탐구 시대를 "제5의 시기"(the fifth moment)라고 이름 붙인 Denzin과 Licoln(1994)도 공감하는 아이디어이다.

또 다른 사회과학과 인문학에서 이들 변화하는 탐구와 변화하는 현상들에 대한 통찰력을 위하여 우리가 관련 텍스트들을 읽어 보는 것은 유익한 일이다. 변화하는 이러한 탐구와 현상들은 우리 자신들이 관심을 갖고 있는 내러티브 탐구와 조화가 잘 되며 내러티브 탐구에 대해 정통하게 해준다. 자신들의 탐구 분야의 역사에 관한 이 저자들의 설명을 이해하기 위해서, 그리고 그들 자신의 분야에 소개하고 싶어 하는 것이 무엇인지(만약 있다면)와 그리고 그 이유를 이해하기 위해서 우리는 이들 텍스트들을 읽어보도록 제시하였다.

다음 절에서 우리는 몇 가지 텍스트, 즉 인류학에서 Geertz와 Bateson, 심리학에서 Polkinghorne, 심리 치료학에서 Coles, 그리고 조직 이론에서 Czarniawska의 연구를 선정하고, 이들 저자들이 그들의 분야에서 일어나고 있는 것으로 알고 있는 어떤 것의 모습에 관하여 묘사하기 위하여 이 텍스트들을 면밀히 분석할 것이다. 그렇게 함으로써, 우리는 교육 연구에서 우리의 내러티브 탐구에 정통하게 할 수 있는 통찰을 제시하고자 한다.

Clifford Geertz의 『*After the fact: Two Countries, Four Decades, One Anthropologist*』

『*After the Fact*』에서, Geertz(1995) 자신이 인도네시아와 모로코의 Pare와 Sefrou라는 두 도시에서 다시 연구를 할 때, 자신이 수행해 온 지난 40년 간의 인류학적 탐구를 성찰하였다. 그가 이러한 회고적인 탐구를 수행했을 때, 그는 다음과 같이 비평을 하였다.

> 문제는 처음 상상하는 것보다 더욱 많이 변화하고 지리멸렬하게 되어버렸다는 것이다. 물론 코스의 두 도시가 외형상으로는 여러 면에서, 그리고 다소 크게 변화하여 왔다. 하지만 인류학자들도 또한 변해갔다. 인류학자들이 연구하는 학문 분야와 그 학문 분야에 존재하는 지적인 환경, 그리고 지적인 환경이 근거를 두고 있는 도덕적 기반도 변화하여 왔다. 두 도시를 둘러싸고 있는 나라들과 그 두 나라를 둘러싸고 있는 국제 사회도 변화하여 왔다. 정말로 삶으로부터 가용하고 유효한 것이 무엇인가에 대한 모든 사람들의 감각도 변화하여 왔다. 모든 것들이 작고 직접적인 것에서 거대하고 추상적인 것으로, 즉 연구 대상에서 연구 대상을 바로 직접 둘러싸고 있는 세계로, 학생에서 학생을 바로 직접 둘러싸고 있는 세계로, 연구 대상과 학생을 둘러싸고 있는 더 넓은 세계로 변화할 때, 거기에는 바로 무엇이 변화했는지 그리고 어떻게 변화했는지를 밝히기 위하여 지탱할 수 있는 여지가 없는 것처럼 보인다.[pp. 1-2]

이 인용문에서 직접적으로 우리의 시선을 끄는 것은 불안정한 상태와 ***변화***의 경향에 관한 것이다. Geertz에 따르면, 변화라는 것이 이제 중요한 특징이라는 것이다. 두 도시, 국가, 세계가 변화하였을 뿐만 아니라 연구자도 변화해 왔다. 학문 분야가 변화했을 뿐만 아니라 그 분야의 도덕적 기반도 변화해 왔다. 학문 분야와 그 분야의 근거가 되는 도덕적 기반뿐만 아니라 Geertz가 그것의 "지적인 환경", 즉 혹자는 그것에 대한 전망, 관점, 본체적인 구조라고 부를 수도 있는 것이라고 말하는 것까지도 변화해 왔다. 여기저기서 일어나고 있는 변화들을 이해하기 위한 그의 입지가 더 이상 분명하지 않았기 때문에, 연구자로서 Geertz는 이 모두를 이해하기가 어려웠다. 이러한 변화하는 세계에서의 인류학자들의 입지와, 그리고 그것에 대해 변화하는 인류학적인 연구는 Geertz에게는 불확실한 것이다.

변화, 즉 세상의 변화, 탐구의 변화, 탐구자의 변화, 관점의 변화, 결과의 변화는 Geertz가 반성하고 숙고하며 주목한 것이다. 이것은 그가 "문제"(the problem)라고 부른 것이다. 만일 이러한 문제에 직면하게 되는 경우, Geertz는 탐구를 위하여 무엇을 제안하겠는가? 우선 그는 다음과 같이 말한다. "만일 우리가 주목하고 생존하려면, 우리가 구성할 수 있는 것은 일어났을지도 모르는 것들 간의 관련성에 관한 뒷이야기이다. 즉, 사후에....... 연결하고 종합하여 유형화짓는 것(patternings)이다. 그것은 여기저기서 마주치게 되고 발전해 가는, 즉 변화하는 어떠한 특별한 사건과 독특한 경우들이 다양한 사실들과 일련의 해석들과 함께 어떻게 엮어 맞추어 질 수 있는가(이야기를 꾸며낼 수 있는가)를 보여줄 것을 요구한다. 이는 사태가 어떻게 진행되고(현재), 어떻게 진행되어 오고 있으며(과거), 그리고 어떻게 진행되어 갈지를(미래) 알게 해준다"(pp. 2-3).

이러한 두가지 언급(중요한 특징인 문제로서의 변화, 변화에 대한 탐구)에서 우리가 읽을 수 있는 것은, Geertz가 탐구에서 무엇을 수행할 수 있고, 무엇을 해야 하는지에 대하여 애매모호함을 가지고 있다는 것이다. 그는 사물들 간의 관련성에 대한 설명이나 이야기 제시하기를 희망하면서 인류학자들이 여러 가지 현장 텍스트를 수집하는 정확한 관찰자가 되기를 바란다. 여기에서조차도 이것들이 일어났던 것들이라고 말하는 대신에, 그는 "일어났을 것 같다"고 기록한다.

Geertz에 따르면, 인류학자들은 "***임시변통적이고 잠정적으로***, 3주간에 이루어진 학살 사건을 통해 1000년 역사의 이야기를 조합하고, 국내의 환경 생태 보전에 대한 문제를 가지고 국제적 분쟁의 이야기를 조합한다. 쌀이나 올리브의 경제학, 민족성이나 종교의 정치학, 언어나 전쟁의 기능이 어느 정도까지 최종적인 구성물에 결합되어야 한다. 지리학, 무역, 예술, 그리고 과학 기술도 결합되어야 한다. 그 결과는 불가피하게 불만족스럽고 잡다하고, 불확실하며 서툴게 형성된다. 즉, 하나의 거대한 고안물이 된다"(p. 20).

Geertz에게 있어서, 인류학자는 사람들이 일어났을 것이라고 별로 확신하지도 않는 일들을 연구하고, 관련이 있을지도 모르는 관계를 성립시키며, 이론적인 정확성을 지니기는커녕 "하나의 거대한 고안물"이라는 포괄적이고 짜임새 없이 구성된 이야기를 만들어낸다. Geertz에게는 인류학자들이 만들어낸 것은 어떠한 것이라도 기껏해야 "잡다하고, 불확실하며 서툴게 형성된 것이다."

이러한 하나의 거대한 고안물인 인류학 논문들은 어떻게 구성되는가? 내러티브적인 이해가 중요하다는 점이 바로 여기에 있다. Geertz에 따르면, 사진이나 서문, 부록들은 "매우 부적절하며", "핵심적이고 중요한 것을 주변화시킨다. 정작 필요하고 소용이 있는 것은 회화적인 묘사, 일화, 우화(寓話), 이야기들이다. 즉, 그 속에 이야기하는 사람들을 동반하는 미니 내러티브가 필요하다"(p. 65).

Mary Catherine Bateson의 『*Peripheral Visions: Learning along the Way*』

인류학자로서의 Bateson의 삶은 Geertz의 삶과 시간적으로 상당히 중복되고 있다. 『*Peripheral Visions*』(1994)에서 그녀는 Geertz가 수행한 것과 유사한 과제를 수행하였다. 그녀도 역시 인류학자의 한 사람으로서 자신의 삶에 대한 성찰적인 개요의 글을 썼다. Bateson도 역시 인류학에 가장 적절한 탐구의 형식으로서 내러티브에 천착하게 된다. 그리고 교육 연구의 내러티브 탐구에 대한 우리의 연구에 있어서 통찰력을 얻기 위하여 우리는 그녀의 글을 읽는다. Bateson은 ***학습***에 초점을 두며, 연속성과 즉흥성이라는 주제를 중심으로 자신의 책을 신중하게 엮어서 꾸민다. 그녀는 다음과 같은 것을 특성화하는 것으로서 즉흥성에 관하여 글을 쓰고 있다. "오늘날 사람들은 점점 더 어렴풋한 대안들로 가득찬 불확실성 속에서 살고 있다.... 적응은 혼돈과 무질서한 것처럼 보일 수 있는 새로운 신기한 것들과의 마주침으로부터 나온다. 우리가 어떤 것에 적응하고자 시도할 때에, 우리는 지금까지 소중하게 간직해온 가치, 가까스로 어렴풋하게 알고 있는 방식으로 행동하는 것, 단편적인 단서를 붙잡는 것으로부터 벗어날 필요가 있다"(p. 8).

Bateson에게 있어서, 즉흥성은 삶에서의 불확실성에 대한 반응이며, 그것은 무의미하고 설명할 수도 없으며 "무질서한" 것처럼 보일 수 있는 새로운 경험에 대한 반응인 것이다. 우리의 삶이 이런 혼란 속에 놓여 있고 즉흥성을 필연적인 반응으로서 이해할 경우에 그녀의 핵심적인 주제 중의 하나로서 연속성을 보는 것이 어떻게 가능할까? 이러한 연속성은 Bateson에게 있어 학습은 인간들의 노력이기 때문에 가능한 것이다. Geertz와 마찬가지로 Bateson에게 있어서도 변화가 삶의 특징 중의 하나라는 사실은 의심할 여지가 없다. 그렇지만 Bateson에게 있어서 변화와 연속성은 인간 행위자(human agency)에 의해 결합된다. 즉흥성과 변화에 대한 적응은 과거와 연결시켜 주고 미래와의 연속성을 지니게 해준다.

이 책은 또한 변화에 관하여 쓴 책이며, 이러한 변화는 학습에서 나오는 변화이다. Bateson에게 있어서 학습은 변화이다. 사람들은 즉석에서 행동하고 적응하기 때문에, 즉 학습하기 때문에 연속성이 발생하게 된다.

Geertz의 세계와 같이 Bateson의 세계 역시 변화의 세계임이 분명하다. 그러나 그들이 독자들을 위하여 변화가 무엇인지에 대한 아이디어와 변화가 인류학 탐구 분야에 대해 지니는 중요성을 구축할 때에는, 분명히 변화에 대한 매우 상이한 측면을 강조하고 있다. Bateson과 Geertz의 텍스트에서는 모든 것들, 즉 현상, 학문 분야, 에이전트, 방법들, 결과들이 변화하고 있다. Geertz는 인류학자들이 연구한 변화하고 있는 현상과 변화하고 있는 세계를 강조하고 있는 반면에, Bateson은 때로는 연구 참여자이고 때로는 연구자인 사람, 즉 이 둘은 항상 분리될 수 없는 것인데, 이러한 연구 참여자이면서 연구자인 사람을 강조한다. 이들이 쓴 두 가지 책, 『*After the Fact*』와 『*Peripheral Visions*』의 출발점은 변화에 대한 그들의 상이한 이해와 인류학에서의 변화의 역할을 강조한다. Geertz는 지난 40년 간 인류학 연구 현장에서 변화와 함께 시작하고 있다. 그는 이러한 인류학 연구 분야에서 변화를 기술하는 방법을 깊이 생각하였다. Bateson은 그녀의 딸과 함께 페르시아 정원(Persian garden)에서 연구를 시작하였다. 수 년 후에 그녀는 딸을 가르치는 방법과 이러한 교수법을 이해하는 방법에 관하여 이야기함으로써 때때로 자신과 딸의 이해의 변화에 관하여 깊이 생각하였다.[1] Geertz가 변화하는 세계를 이해하는 데 초점을 두었다면, Bateson은 사람들이 변화하는 세계를 이해하는 방법을 파악하는 데 초점을 두었다.

Geertz는 핵심 용어로 변화를 계속 사용하며, 변화에 관한 인류학적인 탐구와 그리고 그 속에서의 내러티브의 역할에 관한 자신의 견해를 수립하였다. Bateson은 핵심 용어를 학습으로 바꾸었지만, 그녀 역시 내러티브에 천착하게 된다. 그녀는 "우리 인류 종은 메타포를 사용하여 사고하고 이야기를 통하여 학습한다"(p. 11)고 말한다. 두 사람은 인류학자로서의 삶과 일반적인 삶 사이에서 서로 유사하며 심지어 동일하기까지 한다. Bateson에게 있어서 인류학적인 탐구는 차이점과 조우하여 조정하는 것이며, 그 차이점에 적응하고 학습하는 것이다. 그녀는 "이것은 인생이나 존재의 방식, 특히 변화의 세계에 적응해 가는 방법이라고 말한다. 수많은 전통과 문화를 지니고 있는 사회는 삶의 학교가 될 수 있다"(pp. 7-8).

한 명의 인류학자로서 Bateson이 학습하도록 해주는 것은 내러티브이며, 우리 모두가 학습하도록 해주는 것도 내러티브이다. "스토리를 통한" 학습과는 별도로 그녀가 의미하는 내러티브는 무엇인가? 그녀에게 있어 내러티브는 우리가 스토리를 통하여 서로 의사소통하며, 우리들의 경험이 스토리 형태로 기록되고 전달된다고 간단하게 말하는 사람들보다 훨씬 더 많은 것들을 의미하고 있다. Bateson에게

1) Bateson은 인류학자인 Margaret Mead의 딸이며, 회고록으로 『With a Daughter's Eye』에서 어머니의 훌륭한 가르침에 대해 쓰고 있다(역자 주).

있어서, 우리 인류학자들 모두가 이야기된 삶을 이야기된 전경으로 이끈다는 점은 분명하다. 탐구에 관한 이러한 관점은 삶에 관한 하나의 관점, 스토리에 관한 하나의 관점, 그리고 선량한 사람과 나쁜 악당, 변화에 대한 선동가들(provocateur) 등 모든 것에 관하여 인류학자들이 엮어내는 줄거리(plotline)들이다. 인류학자들은 "잘못 이끌"(p. 83) 수도 있고, 변할 수도 있고, 그리고 "더욱 복잡하고 애매모호하게"(p. 83) 될 수도 있고, "단일의 진실한 해석"(p. 84)을 동반하지 않는 "하나 이상의 의미를 지니게"(p. 11) 될 수도 있다.

어떤 인류학적 탐구가 Bateson의 경우와 같은 지에 대한 문제를 탐구하는 데 있어서 우리는 그녀의 예에 의해서 그녀가 말한 것보다 더 많은 것을 배운다. 그녀의 저서는 구조와 내용에 있어서 분명히 내러티브이다. Geertz의 말을 빌리자면, 이 책은 구조와 내용에 있어서 내러티브 속에 있는 나레이터가 이야기하는 일련의 미니 내러티브로 구성되어 있다.

Bateson은 또한 우리가 내러티브 탐구의 한 유형이라고 부를 수 있는 인류학적 탐구의 작업을 어떻게 수행하는가 하는 문제에서 교훈을 제안하고 있다. 가장 중요한 것은 학습을 촉진시키게 될 태도로서, 연구 참여자에 대한 탐구자의 태도이다. 본래, 인류학자들은 참여 관찰자들이지만, 그녀가 보기에 때로는 인류학자보다는 참여 관찰자에 더 가깝다. 그녀가 쓰기를 "불협화음은 때때로 난국을 헤치고 나갈 수도 있고 당신을 열심히 참여하게 할 수도 있다"(p. 5). 그리고 그 불일치는 때때로 당신을 참여하는 태도에서 벗어난 쪽으로 나아가게 한다. 이러한 애매모호하고 변화해 가는 참여 관찰 역할에 있어 탐구자는 일어날 학습에 대해서 항상 차이에 직면하게 된다. 즉 가정, 가치, 신념들에 대해 도전하도록 차이를 허용해준다. 그리고 그 차이에 대하여 즉흥적으로 처리하고 적응하고, 그래서 내러티브 인류학자로서 학습하게 되는 것이다.

비록 경로, 즉 적어도 최종 텍스트에 대한 개념적 경로와 탐구자가 궁극적으로 말해야 할 것이 무엇인지에 대한 개념적 경로는 Bateson과 Geertz가 서로 다르지만, 그들 간에는 유사점들도 있다. Bateson에게 있어서, "애매성은 삶에 대한 뒤틀림과 편견이지 제거되어야 할 어떤 것이 아니다"(p. 9). 확실성 혹은 확실성을 추구하는 것이 목표가 될 수는 없다. 그녀는 인류학자들만이 아니라 실제로 모든 사람들이, "상호 작용을 하는 인간 마음의 산물로 인식되는 그 어떠한 것들을 모두 하찮은 것으로 여기는 단순한 수사학"을 거부할 필요가 있으며, "애매성을 수용하고 학습 여정을 인정할 필요가 있다(p. 235)"고 쓰고 있다. 마찬가지로 Geertz에게 있어서도, 확실성은 목표가 될 수 없으며 더욱이 이론적인 정확성은 가능하지도 않다. 또한 인류학자들은 잡다하고 불확실하며 거대한 고안물을 꾸며내는 사람들이다. Bateson에게 있어서 결국 쓰여지게 되는 것은 탐구하는 행위자의 구성(construction)일 뿐이다. 즉, 그것은 "***나(I)***"의 ***문서(document)***인 것이다. 구성물을 쓰는 사람은 바로 "나"이다. 왜냐하면 이러한 저자의 목소리는 소위 "시간을 초월한 권위"(pp. 75-76)가 되고, "범주화의 유혹"(pp. 75-76)에 저항하게 하기 때문이다. 내러티브 인류학자들은 또한 다음과 같이 "나"를 표현한다. 즉, 애매모호하며 변화하는 참여 관찰의 관계 속에서 성장한 "나", 이야기를 이해하고 말함으로써 과정에 따라 학습하며, 그리고 관계에 관한 이야기를 쓰는 "나"이다. 여기에는 인류학자들의 글쓰기에 대한 시간성(temporality)과 상황성(situatedness), 즉 편견, 관점, 그리고 탐구자가 관여할 수 있었던 특정한 학습을 수반하는 탐구자인 "나"와의 관계가 있다. 그러므로 비록 Bateson이 글자 그대로 말하지는 않았더라도, 인류학자들의 최종적인 저서에는 우리가 상상해 볼 수 있는 포괄적이면서 막연하게 형성된 내용들이 있다. Geertz에게는 인류학자들의 지적인 체계가 관찰된 사건과 표현된 설명 간의 관계에 달려 있고, Bateson에게는 인류학자들의 지적인 체계가 행위자인 "나"와 학습의 불확실성에 의해 수반되는 모든 것들에 근거를 두고 있다.

Barbara Czarniawska의 『*Narrating the Organization: Dreams of Institutional Identity*』[2)]

조직 연구자인 Barbara Czarniawska는 1990년대 초에 명백하게 나타난 제도적인 변형의 성격과 변화의 강도에 대하여 곰곰이 반성한다. 그녀가 말하기를 "사물들은 그들의 라벨(분류를 위해 표시한 부호

---

2) 서구사회의 가장 흔한 사회적 현상은 조직이다. 그러나 실세계를 영위해 나가는데 관여된 사람들은 항상 그들의 일상사의 혼잡한 것들이 복잡하게 얽힌 것들을 기꺼이 드러내려고 하는 것은 아니다. Czarniawska는 이런 미지의 영역들을 이해하기 위하여 우리는 제도 속의 조직적인 삶에 관한 지역적이고 구체적인 스토리들을 수집할 필요가 있으며 그 스토리들을 추상적이고 메타포적으로 해석할 필요가 있다고 주장한다. 조직 연구에 독특한 내러티브 접근을 사용하면서 Czarniawska는 조직의 숨겨진 기능을 밝히기 위하여 문학적인 장치를 활용한다. 그녀는 예를 들어, 시나리오나 영화 각본의 역동성이 어떻게 조직의 예산 논쟁을 조명하는가 하는 문제를 증명하기 위하여 스웨덴에서 공공 경영이나 행정(학)에 문화적 메타포를 적용한다. 그녀는 조직 세계에 대한 해석적인 기술이 어떻게 사회 분석의 뚜렷한 장르로서 작용하는지, 그리고 그녀의 탐구가 궁극적으로 조직의 삶의 패러독스적인 성격을 어떻게 드러내는지를 보여준다. 즉 변화하기 위하여 판에 박힌 일상이나 관례를 따르며, 통제하기 위하여 권한을 분산시킨다. 그러한 패러독스에 직면함으로써 우리는 기존의 제도에 위기를 초래하며 그것들을 변화시킬 수 있게 된다(역자 주).

나 이름표)로부터 출현하고 있었으며, 단어들은 사건의 풍부함을 담아내지 못하였다. 해석을 하려는 굉장하고도 대단한 노력들이 증가하고 있다"(1997, p. 1). 연구자로서 Czarniawska는 조직 이론에서의 기성의 어휘와 개념적 장치, 그리고 메타포를 활용하여 제도의 변형이나 변화들을 설명하지 못하여 애를 먹고 있었다. 변화하는 조직 세계와 새로운 메타포에 대한 요구에 직면하여, 그녀는 학제적 탐구에 있어서 인류학과 문학 이론 그리고 사회학 분야 내의 제도학파(制度學派: institutional school)로 그 방향을 전환하였다. Geertz와 Bateson이 채택한 접근법은 변화하는 현상과, 변화를 겪고 있는 연구자로서의 그들 자신, 그리고 영감을 위한 변화하는 학문 분야에 주목하는 것인데, 이와는 달리 Czarniawska의 전략은 다른 학문 분야에서 메타포를 차용하여 혼용하는 것이다. 그녀가 차용해 온 것이 내러티브이다. Geertz와 Bateson과 마찬가지로 Czarniawska에게 있어서도 내러티브는 조금도 현상의 본질에 내장되어 있지 않다. 그리고 그녀에게 있어서 내러티브는 발견적인 한 방책이며, 조직을 이해하는 데 유용한 하나의 메타포라고 볼 수 있다.

이론적인 프레임, 즉 적어도 메타포적이고 메타 수준(metalevel)의 프레임으로 연구 중인 내러티브를 활용하여 Czarniawska는 스웨덴의 공공 부문에 이러한 프레임을 적용하였다. 그녀는 내러티브를 적용함으로써 정부의 공공 행정 경영에 관한 3가지 이야기, 즉 "대도시에서의 새로운 예산과 회계 루틴"(A New Budget and Accounting Routine in Big City)과 "세제 개혁"(Tax Reform), "갱생 프로그램"(The Rehabilitation Program)을 지었다. 이러한 이야기 제목들을 가지고 그녀는 이들에 관하여 ***긴장감을 불러일으키는 장치***, ***패러독스***, ***방해나 가로막는 것***과 같은 내러티브 용어를 활용하여 각 이야기들을 분석하였다. 그녀는 이런 이야기들을 인사(人事)와 커뮤니케이션에 관한 주제에 연결 짓고, 일련의 제도적인 분권화, "회사화"(companyization), 그리고 컴퓨터화에 관련짓는다. 그녀는 이러한 전체 내러티브의 분석적 과정을 ***ergonography***(ethnography의 의미)라고 칭한다.

Geertz와 Bateson과 마찬가지로 Czarniawska의 연구자도 변화한다. 그러나 그녀의 연구자에서 나타나는 변화는 방법론상의 변화에 의해 움직인다. 즉, 그녀가 새로운 메타포를 사용하였기 때문에 내러티브 탐구자는 자신의 연구에 상이하게 관여한다. Geertz와 Bateson에 따르면, 탐구자는 변화하는 현상에 깊이 파묻혀 있기 때문에, 변화하는 현상과 함께 탐구자도 이미 변화하고 있다. Czarniawska에 따르면, 연구자는 일종의 문학 비평가이지만, 시스템 분석가와는 매우 다르며, 소설가와도 구별된다. 조직의 삶의 실제에 관한 이런 사례에서 문학 비평가는 실제에 주의를 기울이는 반면에, 소설가는 이러한 제약에서 자유로울 수 있을지도 모른다.

그럼에도 불구하고 Czarniawska는 다음과 같이 말한다. "조직 연구자들은 조직 분야의 저자들과 학술적인 이론가들 사이를 중재하여 화해시키는 한은 불안정한 지반에서 줄곧 살아간다...... 실행가들과 컨설턴트들은 텍스트를 쓰고 작품을 저술하느라 바쁘다. 연구자들은 이들 텍스트를 해석하는 역할을 한다(비록 이것은 아직 또 다른 텍스트의 창작을 필요로 하지만). 그들은 세상을 구성하고, 우리는 이러한 구성을 면밀히 살펴본다(비록 이것은 아직 또 다른 세상에 대한 구성을 필요로 하지만)"(pp. 203-204).

Czarniawska가 관찰한 변화하는 조직 세계와 연구자(즉, 내러티브 연구자)들의 변화된 역할은 "연구가 만들어내는 것에 관하여 재정의"(p. 202)를 하도록 만든다. Czarniawska는 사실과 허구에 비추어서 쟁점을 구성한다. 문학 이론에서 차용한다는 것은 그녀에게 "사실과 허구 사이에 명백한 차이점이 없음"(p. 203)을 의미한다. 조직에 대한 내러티브 연구자들에 의해 만들어진 이 문서들은 어느 정도 분리할 수 없을 정도로 부분적으로는 사실이고 부분적으로는 허구이기도 하다. 예를 들어 그녀의 "A New Budget and Accounting Routine in Big City" 이야기에는 이야기 구조의 적용에 관한 어떤 강렬한 의미가 들어 있다. 이 이야기에는 한 장면들이 설정되고, 문제가 도입되고, 주인공들이 묘사되고, 전개될 줄거리를 만들어내기 위한 긴장감이 도입되며, 일종의 클라이막스와 해결책이 들어 있다. 그 구조들이 불확실하고, 변하기 쉬우며, 느슨하게 형성되어 있다고 한 Geertz와 Bateson이 연구한 것과는 달리, 그녀의 연구에서 자신의 연구 결과를 어떻게 이해하고 있는가에 관해서는 또 다른 의미가 들어 있다고 볼 수 있다. Czarniawska에게 있어서, 만들어진 작품은 허구적인 특성을 지니며, 보다 부드럽고, 서투른 부분이 별로 없으며, 내러티브 구조를 분명하게 적용하고 있다.

Robert Coles의 『*The Call of Stories: Teaching and the Moral Imagination*』

Robert Coles의 『*The Call of Stories*』(1989)는 삶과 교수, 심리치료의 실제가 통합되어 있는 책이다. Coles는 이 책이 문학에 대한 학생들의 반응에 관한 탐구이며, 교수와 학습에 관한 연구라고 말한다. 이 책은 Bateson과 아주 비슷하고, Geertz와 어느 정도 동일하며, Czarniawska와는 거의 조금도 동일하지 않는 것으로, Coles의 연구에 포함되어 있는 반성적 성찰은 심리 치료와 삶 및 교수를 통합하고 있다. Coles는 그의 환자들과 학생들에게서 삶, 즉 죽음, 결혼, 도덕성에 대하여 배운다. 또한 그는 교사들로부터 배우고, 문학으로부터도 배운다. 삶과 교수, 심리 치료는 모두 교수-학습 방법에 뒤섞여 존재한다. 물론, 우리의 목적을 위하여 우리들은 하나의 탐구로서 정신 의학을 지속적으로 생각함으로써 우리들의 주제에서 벗어나지 않는다. 그리고 우리들은 Coles가 어떻게 해서 내러티브에 천착하게 되는지, 있는 그대로의 과정에 대하여 질문한다. 즉 그것은 다차원적인 텍스트에 대해 다소 1차원적인 표면적 독해를 의미한다. Coles의 연구는 우리가 던지는 단일의 질문에 의해 내포된 것보다 풍부하다.

Geertz, Bateson, Czarniawska를 내러티브로 인도하는 이론에서 중요한 원동력이라고 할 수 있는 변화는 『*The Call of Stories*』에서는 주목할 만한 역할을 하지 못하고 있다. 여기에는 변화하는 세계에 대한 감각도 없으며, 또한 한때는 성공적이었지만 이제는 실패하여 교체가 필요한 이론과 아이디어들을 제대로 인식하지도 못하고 있다. 이런 점에서, Geertz, Bateson, Czarniawska에게는 매우 분명한 탐구 분야의 일시적이고 우연적인 특성이 Coles에게는 이슈가 되지 않는다. 물론, 여기에는 정신 의학은 삶과 조화롭게 계속 진행"되어야 한다"는 설득력 있고 도덕적인 의미가 있다. 그 조화란 정신 의학이나 심리 치료 이론을 적용하여 이루어지는 그런 정신 의학과는 대조가 되는 것이다.

Coles는 삶을 통하여, 그리고 교수와 학습을 통하여 내러티브에 천착하게 된다. Coles에게 있어서 내러티브는 Czarniawska의 입장과 달리, 그의 분야에 은유적으로 적용하기 위해 발견된 어떤 것이 아니다. Coles가 쓴 책 1장의 서두에 나타난 이야기는 Coles가 심리치료 레지던트 실습 기간에 일어난 교수 - 학습 이야기이다. 이 기간 동안에 그는 Ludwig 박사와 Binger 박사 등 두 명의 지도 교수와 지냈는데, 이들의 임무는 연구에서 환자들과 함께 작성한 프로토콜을 깊이 생각할 수 있도록 도와주는 것이었다. Binger 박사는 신드롬에 비추어 행동의 증상과 유형을 분류하도록 하였으며, Ludwig 박사는 Coles가 듣도록 격려하였다. Coles가 쓰기를 "나는 각 환자를 교사로 만들라는 요청을 받았다. '너는 환자들의 나레이션에 귀 기울임으로써 배우게 될 것이다. 환자들도 훌륭한 교수자는 배우기를 열망하는 자발적인 학생이 되어봄으로써만 진정으로 배우게 된다는 것을 알게 될 것이다.'"(p. 22). Ludwig 박사는 Coles에게 "흥미로움을 주는 것은 어떤 이론에서 제공하는 연대기와 같은 확인된 사례보다는 오히려 생생한 삶을 전개한 이야기이다"(p. 22)라고 가르쳤다. Coles는 실습 기간 이후 33년이 지나서 책을 출판하였으며, 내러티브적으로 지향된 그의 지도교수인 Ludwig 박사가 "실제로는 혁명, 즉 하류 사회는 모든 말이 정말로 ***중요시되고***, 그것의 의미가 흥미로운 것으로 수용되는 그러한 사회임을 주장하고 있었던 것으로" 생각한다. 그러므로 비록 변화가 그를 내러티브로 이끈 사고의 원동력은 아니지만, Coles는 내러티브가 정신의학의 실제에서 혁명적인 변화를 제시했다고 믿는다. 그에 의하면 내러티브는 그의 분야에서 변화의 결과가 아니라 변화의 기원이다.

정신치료 레지던트 실습 기간 동안 Coles가 학습하였던 것은 이미 그의 부모에게서 배웠던 것들이었다. 그의 저서 서론에서는 자신의 부모를 이야기를 읽어주는 사람으로 묘사한다. 그것이 정신 치료에 적용이 될 때 내러티브라는 아이디어에 대하여 중요한 것은 이야기를 읽어주는 것뿐만 아니라 이야기를 중심으로 전개되는 가족들 간의 토론이었다. 그의 어머니와 아버지는 서로 읽고, 그들이 읽은 것을 토론하였으며, 그들이 ***무엇을*** 토론하였는지 뿐만 아니라 그들이 그것을 ***왜*** 토론하였는지에 대하여 Coles와 함께 논의하였다. 그는 아버지가 다음과 같이 말한 것을 기억한다. “너의 어머니와 나는 이 책으로 인하여 해방감을 느낀다. 우리는 이 책들을 기꺼이 읽는다. 너 또한 어느 날 저자들에게 고마워하게 될 것이다”(p. xii). Ludwig 박사가 Coles에게 정신 치료 탐구에 참여하는 방법에 관하여 가르쳤던 것은, 그가 이미 가르쳐왔던 것이며, 이제는 자신의 교수법 및 환자들과 함께 하는 자신의 일을 기술하는 방식이 된 것을 표현한 것이었다.

상세하게 말하면 Coles에게 있어 내러티브 탐구란 무엇인가? Czarniawska와 마찬가지로 내러티브에 관한 Coles의 개념은 용어상으로는 문학으로부터 나온다. 처음부터 끝까지 『*The Call of Stories*』는 독자, 저자, 텍스트, 환자 그리고 삶 사이의 관계를 논의한다. 특히 Coles는 Ludwig 박사에 대하여 다시 언급하면서 다음과 같이 기술했다. “그는 나에게 이야기가 요구하는 특별한 방식에 유의하는 훌륭한 청취자가 될 것을 강력히 권했다. 즉 줄거리의 전개, 등장인물, 새로운 극적인 결론의 추가, 이야기 속의 어떤 인물이나 다른 인물과 일치되는 강조점, 나레이터가 그의 설명에 부여하는 열중과 일관성의 정도 등과 같은 표현 방식에 주의하라는 것이다”(p. 23).

교수와 정신 치료의 실제에 있어 Coles가 문학에 상당히 의존하였기 때문에 사람들은 당연히 문학 이론이 내러티브에 관한 그의 사고에 있어 중요한 원천이라고 생각할지도 모른다. 그러나 그의 책에서 문학 이론가들의 역할은 분명하지 않다. 현존하는 문학 이론에 크게 의존한 Czarniawska와는 달리, Coles는 내러티브에 관한 자신의 이론적인 구조를 수립한 것으로 보인다. Coles는 우리 모두에게 삶에서 배우기를 바라는 것과 마찬가지로, 그는 문학, 즉 부모님의 취향과 의학 문학, 특히 William Carlos Williams의 문학에서 유래된 것으로 보이는 문학에서 내러티브에 관하여 배운다. Coles는 또한 그의 정신치료 연구와 그의 교수법에서 사용된 이야기에서 내러티브에 관하여 배운다. 학생들의 이야기, 환자들의 이야기, 그리고 문학으로부터 이야기가 Coles에게 내러티브를 가르치는 스승이다. 예를 들어, Coles가 다음과 같이 말할 때, 이는 William Carlos Williams의 영향 탓이다. "우리는 우리가 말하는 것에 매우 세심한 주의를 기울여야 한다. 환자들이 이야기하는 것은 우리로 하여금 그들에게 상처를 준 것에 대해서 생각해 보도록 해준다. 그리고 우리가 이야기하는 것은 우리들에게 일어나고 있는 것을 말해준다. 즉, 우리가 무엇을 생각하고 있는지, 우리에게 무엇이 문제일 수 있는지를 말해준다. 그들의 이야기, 당신의 이야기, 나의 이야기 등 이것이 바로 우리 모두가 가고자 하는 여정에 함께 데려가는 것이며, 우리들이 서로의 이야기들을 존중하고 그들로부터 배워야 하는 것은 바로 이 때문이다"(p. 30).

그러므로 Coles에게 있어 핵심 용어는 탐구자와 환자의 ***친밀성***(intimacy)이다. 즉, 학습자와 교사들은 그들의 텍스트를 공유하고, 정신과 의사와 환자들도 그들의 텍스트를 함께 공유한다. Coles는 환자의 텍스트뿐만 아니라 정신과 의사의 텍스트도 강조한다. 그에 의하면 이들 중 어느 것도 내러티브 방법에만 관심을 두지 않는다. 오히려 내러티브는 삶이요 학습이며 꾸민 이야기이다. 내러티브는 그의 분야를 발전시키기 위한 단순한 메타포가 아니다.

내러티브적 정신치료 탐구의 결과, 즉 구성물은 무엇인가? 물론 앞서 인용한 다른 저자들과 비교해 볼 때, 우리는 Coles와 다소 다른 영역에 있다. Coles는 하나의 탐구로서 정신 치료의 실제에 관하여 글을 쓰고 있지만, Bateson, Geertz, Czarniawska는 그들의 분야에서의 탐구에 관하여 메타 수준의 텍스트를 제공하고 있다. Coles는 정신 치료 연구자가 되는 법에 관한 텍스트는 쓰지 않고 있다. 그럼에도 불구하고 유사한 것이 분명히 있으며, 그것은 우리의 의도와 목적에 중요하다. 더구나 정신과 의사들은 그들 자신의 구성물을 만든다. 그러한 결과물, 즉 정신 치료 구성물이 무엇이어야 하는지를 우리에게 말해준 사람은 다시 Ludwig 교수이다. Coles는 다음과 같이 기술한다. "나는 환자들의 불만 리스트를 가지고 그의 사무실에 들어가기 보다는 오히려 환자들에 대한 간략한 전기(biographies)를 써야만 했다. 나는 또한 인터뷰에서 '흥미있는 임상적 순간' 즉, 내가 중요하다고 생각한 점에 관한 리스트를 만들어야 했다. 그 목적이 무엇인가? 그는 명확하거나 확실하게 대답하지 않았다. 그는 단지 나에게 다음과 같이 말했다. 우리가 환자에게 자신의 삶에 대해 한 두 가지 이야기를 말해보도록 할 때 '무언가가 일어나며', '우리는 이러한 방향을 계속 밀고 가되', '지나치게 엄격하거나 지나치게 조직화된 방식으로' 해서는 안된다."(p. 14).

그리하여 잠정적이나 당시 상황에 대한 최상의 추측을 담은 전기적인 텍스트가 만들어진다. 이 텍스트는 Geertz와 Bateson이 제안한 텍스트와 유사하나 Czarniawska가 제안한 텍스트와는 다른 것이다. 이 전기는 Coles가 다음과 같은 질문, 즉 학생들은 문학에 대해 어떻게 반응하는가 라는 질문을 던졌을 때 그가 발견한 특징을 지니고 있다. 처음에 그는 특정 텍스트에 대해 의대생과 경영학 전공생이 반응하는 방식이 다를 것으로 생각했으나, 이것이 "고지식하고 다소 불합리한 일반화"(p. 190)라는 것을 발견했다. 이와 달리 그는 "놀라울 정도의 반응"을 발견했으며, "결정적인 문제는 교사의 상상력이 텍스트, 즉 학생 관심의 전주곡에 해당하는 것을 어떻게 다루는가에 있다"(p. 190)는 점을 발견했다. 요컨대 산출물로 쓰여진 이러한 전기는 일종의 출발점, 즉 환자들을 성찰, 이야기, 전기에 가담시키기 위한 정신과 의사의 "전주곡"이다.

Donald Polkinghorne의 『*Narrative Knowing and the Human Sciences*』

Polkinghorne은 "연구와 실제를 통합하는 것에 관해 해결되지 않은 느낌"(1988, p. ix)에 대한 진술로 『*Narrative Knowing and the Human Sciences*』를 시작한다. 그는 연구자로서 그리고 심리 치료사로서 자신의 연구에 관하여 성찰하면서, 자기 분야의 연구가 그 분야의 실천적인 문제를 다루지 않고 있음을 깨달았다. 임상 의학자로서 그는 연구를 활용할 수 없으며, 연구자로서 그는 사회 문제에 사회과학 연구 방법론과 결과를 적용할 수 없다는 점을 발견한다. 예를 들어 그는, 연구비 지원 기관이 Great Society[3]를 목표로 한동안 인문학에 막대한 투자를 하였으나, 이제는 그 연구 사업으로부터 철수하고 있는 점을 목격한다. 문제들이 줄어든 것은 아니다. 그는 사람들이 점차 사회과학의 실천가, 즉 심리 치료사, 카운셀러, 조직 컨설턴

3) 미국의 36대 대통령 Lyndon B. Johnson이 1964년에 정책이념으로 내건 민주당의 목표(역자 주).

트에게 관심을 돌리고 있다는 점을 목격한다. 이러한 관찰 결과는 "연구가 어떻게 수행되어야 하는지에 대해 실천가들로부터 배울 수 있는 것에 주목하도록"(p. x) 그를 이끈다.

Polkinghorne은 직접적이고 신속하게 내러티브에 천착하게 되었다. 앞서 논의했던 저자들이 자신들의 논의에서 천천히 그리고 점차적으로 내러티브에 천착하게 된 것과는 달리, Polkinghorne은 실천가들에게 주목하면서 내러티브가 그들 연구의 기초라고 주장한다. 그에 따르면, "실천가들은 사람들의 이야기에 관심을 두고 있다. 즉, 그들은 개인 기록(case history)을 가지고 연구하며, 그들이 연구하는 사람들이 왜 그러한 방식으로 행동하는지를 이해하기 위하여 내러티브적인 설명을 활용한다"(p. x)고 말한다. 물론, Coles 역시 Ludwig 박사로부터 그의 일을 배웠기 때문에 내러티브를 실천했다. 그러나 실천으로 시작하고 끝나는 Coles와는 달리, Polkinghorne은 실천으로부터 이론으로 전환하면서 내러티브 연구의 형식을 개발하려고 시도하였다. 그는 "인간 세계를 이해하기 위해서는 사람들이 사용하는 내러티브를 가지고 연구할 수 있는 연구 전략이 중요함"(p. xi)을 강조한다. 결국, 그는 "우리들의 연구가 좀 더 성공적이고 유용하기를"(p. xi) 바란다. 요컨대 그는 실제와 일치하는 이론적 체계를 구축하고자 한다.

조직학(organizational science)에서의 Czarniawska와 매우 유사하게, Polkinghorne도 내러티브 이론에 대한 자신의 견해를 수립하는 과정에서 다른 학문 분야, 특히 역사, 문학 이론, 특정한 형태의 심리학 등을 차용한다. Polkinghorne이 성공적인 실제에서 내러티브를 발견하긴 하였지만, 『*Narrative Knowing and the Human Sciences*』의 대부분의 지면을 이들 세 학문 분야 및 내러티브 이론을 인간학의 실제에(p. 125) 조합하는 일에 할애하였다.

Polkinghorne의 연구에서 흥미로운 것 중의 하나는 내러티브 이론 혹은 내러티브 실제의 이론이 실천가들이 하는 것에 근거해서 구성된다는 것이다. 이러한 탐구의 윤곽은 Coles의 책에서도 볼 수 있는 바, 그 책에서 그는 자신의 환자나 학생들의 이야기로부터 내러티브에 관하여 배운다고 하였다. 이와 마찬가지로 고객들과의 상호작용에서 성공적인 실행가들의 내러티브 실제에 대한 신중한 연구는 내러티브에 관한 자신의 아이디어를 구축하기 위한 생산적인 수단이 될 수 있을 것이다.

Polkinghorne에 의하면, 내러티브 탐구는 ***기술적***(descriptive) 내러티브 탐구와 ***설명적***(explanatory) 내러티브 탐구의 2가지 유형이 있을 수 있다. 대체로 이 두 가지 탐구 형식은 인터뷰와 문서 분석과 같은 수단에 의해 수집된 동일한 종류의 내러티브 데이터를 사용한다. 기술적 내러티브에서는, "개인이나 집단이 자신의 삶이나 조직에서 일어난 사건의 계열을 의미있게 만들기 위해 사용하는 해석적인 내러티브 설명을 정확하게 기술하는 데 그 목적이 있다"(p. 161-162). 설명적 내러티브에서는 사건들 사이의 관계를 인과적 의미로 설명하고, 그 관계를 보완하는데 필요한 내러티브 설명을 제공하는 데 관심이 있다. 비록 Polkinghorne이 이러한 방식에 따라 구체적인 제안을 하고 있지만, 그에 따르면 내러티브 연구는 "아직 초기 단계에 있는 연구이다. 그것은 그 조직 구조에 시간적인 차원을 포함하고 있기 때문에, '사실'을 범주화하는 공식적인 조직과는 매우 다르다"(p. 184).

그는 내러티브 연구 텍스트들이 어떤 것인지에 대한 연구까지는 하지 않았다(그리고 그에 해당하는 예도 제시하지 않았다). Polkinghorne에게 있어서 내러티브 연구는, Bateson과 Geertz의 연구에서 볼 수 있는 바와 같은 잠정적이고 개인적인 문서들을 만들어내는 것인지,

아니면 Czarniawska의 연구에서 만들어질 것으로 생각되는 세련된 문학적 특성을 지닌 연구 문서에 가까운 것인지, 그 어느 쪽인지를 생각해 보는 것은 우리의 몫이다.

이 저자들을 내러티브 탐구로 데려오기

지금까지 논의한 다섯 명의 저자들 각자는 그들의 연구에 내러티브를 활용하였다. 그렇게 함으로써 그들은 내러티브 탐구자로서 우리들이 고려해야할 새로운 차원을 제시하고 있다.

Geertz는 인류학과 40년에 걸친 인류학에서의 자신의 위치를 회고하면서 시간에 따라 전체 속에서 일어나는 변화를 포착하는 방식인 퍼레이드(parade)라는 메타포를 제안하였다. Geertz는 자신이 제안한 메타포인 퍼레이드라는 전체 속에 담긴 사건이나 시간을 들여다 봄이 없이 하나의 사건이나 시간을 고찰하는 것은 불가능하다는 것을 우리에게 일깨워 주었다. 그는 잠정성(tentativeness)을 최소한 2가지 방식으로 내러티브 탐구자로서의 우리의 사고에 도입하였다. 잠정성의 첫 번째 의미는 사람들이 퍼레이드 속에 놓여 있는 방식과 관련된다. 우리는 우리가 처한 입장에 의해 우리가 무엇을 알고 있는지를 인식하게 된다. 만일 우리가 퍼레이드에서 우리의 위치를 바꾼다면 우리의 인식도 바뀌게 된다. 잠정성의 두 번째 의미는 Geertz가 말하는 것처럼, 퍼레이드가 변함에 따라 우리의 상대적인 위치가 변하기 때문에 생겨난다. 우리가 특정 시간의 어느 지점에서 알았던 것은, 시간이 흐르면서 퍼레이드가 다른 지점으로 나아감에 따라 바뀌게 된다.

Bateson 또한 우리에게 잠정성을 제시하고 있으나, 그녀가 제시하는 잠정성은 연구자로서의 우리가 사람과 사건들에 관하여 쓰게 될 것과 관련된 잠정성이다. 우리가 쓰는 것은 늘 잠정적이고 늘 수정이 가능하다. Bateson은 Geertz보다 더욱 분명하게, 연구자들에게 삶과의 관련을 제안한다. 삶과 연구를 관련 지으면서 그녀는 관계적 측면을 강조한다. 요컨대 그녀는 우리들이 훌륭한 연구를 하기 위해서는 훌륭한 인간이 될 필요가 있다는 견해를 제시한다.

Bateson과 마찬가지로 Coles도 연구자로서 우리에게 삶을 신뢰하길 제안하며, 우리의 교수, 즉 우리 자신과 우리가 가르치는 사람들이 말하는 이야기에 귀 기울일 것을 권고한다.

Czarniawska와 Polkinghorne은 우리에게 우리의 연구와 실제를 연결하는 하나의 방법으로서 다른 학문 분야로부터 이론과 메타포, 용어들을 빌려올 수 있음을 제안한다.

종합해 보자면, 이들 저자들은 내러티브 연구자로서의 우리에게 학문적이고 고유한 내러티브 개념이 있을 수 있다는 것(Geertz, Bateson, Coles)과, 다른 학문 분야로부터의 각색이 가능할 수 있다는 것(Czarniawska, Polkinghorne)을 제안한다.

왜 내러티브로 전환하는가?

프롤로그에서 그리고 이 장을 시작할 때, 우리 자신의 연구에서 관심을 갖게 된 내러티브에 대해 그것의 의미가 무엇인지를 제공하고자 노력했다. 우리가 세계를 내러티브적으로 이해한다면, 세계를 내러티브적으로 연구한다는 것이 의미가 있을 것이다. 우리에게 있어서 삶은 이야기된 순간의 시간과 공간 속에서 실행되고, 내러티브 통일성과 불연속성 측면에서 반성되고 이해된 내러티브 조각들로 채워져 있다.

우리는 경험을 이해하려고 노력하는 데 초점을 두었다는 점을 회상하면서 이 책을 시작하였다. 우리는 개개인의 삶의 경험의 연속성과 총체성을 생각해 보려는 것을 우리의 연구 문제로 보았다. 교육 연구에 있어서 이러한 연구 문제는 결국 우리들을 내러티브로 이끌었다. 다음에 우리는 인간 경험에 대한 관심을 가지고 사회과학 전체를 곰곰이 성찰하기 시작했다. 사회과학자들과, 그리고 결과적으로 우리에게 있어서 경험은 하나의 핵심 용어이다. 교육과 교육 연구는 경험의 한 형태이다. 우리에게 있어서 내러티브는 경험을 표현하고 이해하는 최선의 방법이다. 우리가 연구하는 것은 경험이며, 우리는 그것을 내러티브적으로 연구한다. 왜냐하면 내러티브 사고는 경험의 핵심 형식이고 그에 대해 기술하고 사고하는 방식이기 때문이다. 요컨대, 내러티브 사고는 내러티브 현상의 일부분이다. 내러티브 방법은 내러티브 현상의 일부 또는 한 측면이라고 할 수 있다. 그러므로 내러티브는 사회과학의 현상이자 방법이라고 말할 수 있다.

그러나 이것이 우리가 내러티브에 천착하게 된 논거는 아니었다. 우리는 경험에 대한 내러티브적 관점을 지니고 시작하지 않았다. 우리는 수 년 간 교실에서의 삶, 학교 생활에서의 삶, 그리고 다른 교육적 전경에서의 삶을 수반한 용어에 좀 더 직관적인 방식으로 다가가기 위해 노력했다. Bateson의 참여자 관찰에서처럼 우리에게 있어서 내러티브는 우리와 우리의 연구 참여자들이 건전하고, 생산적이며, 인간적인 관계로 본 것을 표현하기 위한 용어로 발전하였다. 내러티브 통일성에 대해 연구한 MacIntyre의 것과 같은 이론적인 연구들은 우리에게 큰 영향을 주었다. 왜냐하면 우리는 경험에 이름을 붙이고 그러한 명명 작업을 하면서 우리가 이미 진행한 연구를 확장시킬 수 있었기 때문이다.

우리는 Geertz, Bateson, Czarniawska, Coles, Polkinghorne 등의 글을 읽어 가면서 내러티브에 대한 우리의 어설픔이 다른 학문 분야에서도 각양각색으로 발생한다는 것을 알았다. Geertz는 매우 복잡한 현상을 존중하면서 ***임시변통적이고 잠정적인*** 인류학이라는 그가 꾸준히 추구해온 내러티브적 해석의 의미를 제공한다. Bateson과 Coles는, Geertz가 『*After the fact*』에서 했던 것 이상으로 자신들의 학문 분야에서 좀 더 일반적으로 삶을 의미있게 하는 이해를 구축하기 위해 힘썼다. 그들은 또한 "우리가 그렇게 해왔기 때문에 경험이 먼저이고 다음에 내러티브"라고 말하는 것 같다. Czarniawska와 Polkinghorne은 다른 사람들보다 방법론자의 편의주의 감각을 가지고 있다. 그들은, 삶과 내러티브 간에 연관성이 작용하는 것 같기 때문에 그들 간에 연관성이 있다고 말하고 있는 것으로 보인다. 그들은 또한 내러티브가 그들의 학문에 경험을 가져오는 것으로 보나, 그들에게 내러티브는 사전적이기보다는 사후적인 것 같다. 연구 텍스트에 표현된 Czarniawska의 조직은 사람들이 사는 곳이다. 물론 이 경우에 삶의 경험이 어느 만큼이고, 문학적 구성이 어느 만큼인지는 독자인 우리에게 남겨져 있다. 즉, 사람들과 그들이 놓여 있는 장소가 연구 텍스트에 얼마나 제시되는가? 허구적인 문학적 형식의 표현은 어느 정도인가?

우리가 연구를 시작했을 당시에는 우리가 속한 사회과학 연구의 내러티브에 대해서 자주 생각해 보지 못했지만, 그것은 우리의 연구와 다른 사람들의 연구를 적절히 배치하는 중에 우리에게 중요한 것이 되었다. 과학과 그것의 방법은 객관적이라고 주장하는 입장의 관점에서 보면, 우리 자신의 주장뿐만 아니라 앞서 언급한 5명의 저자들의 주장의 논조를 탐색하는 것은 다소 이상하다. 5명의 저자 중 어느 누구도 내러티브에 관한 자신의 해석만을 기술하지는 않았으며, 오히려 많은 것들이 내러티브적으로 행해져야 한다고 말한다(또는 최소한 강하게 암시한다). 우리의 연구에서는, 우리가 속했던 거대 담론적 사회 탐구가 경험을 환원시켰으며, 따라서 (우리가 보기에) 호응을 얻지 못할 것이라고 말했다. Geertz, Coles와 Bateson은 "이것이 바로 세계가 존재하는 방식이고, 따라서 이것이 바로 세계에 대해서 생각하는 방법이다"라는 입장을 따르면서 자연스럽게 주장하였다. 우리의 논의는 그들의 것과 매우 유사해 보인다. 경험은 내러티브적으로 일어난다. 내러티브 탐구는 내러티브 경험의 한 형태이다. 그러므로 교육 경험은 내러티브적으로 연구되어야 한다. Czarniawska와 Polkinghorne 중에서 Czarniawska가 조직학을 위한 문학적 메타포로서 내러티브를 주장했기 때문에 좀 더 그런 것 같긴 하나, 두 사람 모두 그들의 주장을 보면 실용주의자인 것 같다. Polkinghorne 저서도 비슷한 형태를 활용하여 구성되어 있다. 비록 그는 그의 책 서두에서, 사람들이 내러티브적으로 일하는 심리 치료사들에게 끌리며 따라서 실천가들이 실제로 생각하고 행동한 것에 기초하여 내러티브 심리학에 관한 이론을 개발할 수 있을 것으로 생각했다고 지적하고 있긴 하다. 그러나 그는 실제에 기초를 둔 이론을 형성하지 않았으며, 그 대신에 Czarniawska가 했던 것처럼, 아이디어를 차용한다. 그가 초기에 관심을 둔 접근을 계속 했더라면 좀 더 많은 자연스런 논의를 발전시켰을 것이다.

우리가 앞서 언급하였듯이, 우리에게 있어 핵심 용어는 ***시간성***

이다. 물론 이것은 부분적으로 하나의 경험이 시간적이라는 것을 의미한다. 그러나 이것은 또한 집단적으로 얻어진 경험이 시간적임을 의미하기도 한다. 그러므로 우리는 여기에서 경험된 삶뿐만 아니라, 시간적 연속석 상에서 경험되는 삶, 즉 사람들의 삶, 제도적 삶, 사건들의 삶에 대해서도 관심을 갖는다. 우리가 사회과학 탐구라는 보다 거대한 내러티브 속에 파묻혀 있는 우리 자신의 삶을 발견하는 것처럼, 우리가 연구하는 사람들과 학교, 그리고 교육 전경은 오랜 기간의 역사적 내러티브 내에서 맥락 지워진 일상적 경험을 겪는다. 우리가 지금 사람이나 학교, 또는 어떤 다른 것에 관하여 말할 수 있는 것은, 보다 더 큰 맥락 측면에서 의미가 주어진 것이며, 이러한 의미는 시간이 지남에 따라 변할 것이다. 우리가 연구한 것들과 마찬가지로, 우리의 사회과학 지식은 "시간이 지남에 따라 흘러가고 변하는" 것이다. Coles, Czarniawska, 그리고 Polkinghorne은 시간성에 관하여 거의 글을 쓰지 않았으며, 내러티브를 통해 알 수 있는 것은 바로 그것이라는 느낌만을 우리에게 남긴다. Geertz는 시간성에 대하여 가장 설득력 있는 의미를 제공한다. 사실 이것은 그의 핵심 용어이다. 시간에 따른 변화는 Geertz의 세계를 특징 짓는 것이며. 그가 보기에 인류학의 두드러진 특징이 되는 것은 바로 이러한 시간적 변화이다.

내러티브적으로 연구하기

이 책의 1장에서 우리는 인류학, 심리학, 그리고 조직학 분야의 일부 저자들이 왜, 그리고 어떤 방식으로 내러티브에 천착하게 되었는지를 강조하고자 했다. 우리는 내러티브에 천착하게 된 우리 자신의 이야기를 회상하며, 왜 내러티브인가라는 물음에 대하여 스스로 답하려고 노력하였다.

여기에서 논의한 것과 과거 약 20년 간 우리가 진행해 온 연구의 영향력으로 인해, 내러티브 탐구는 우리의 연구에서 중요하게 되었으며, 그 결과 우리는 이제 다른 방식으로 연구를 수행하는 것을 상상할 수 없게 되었다. 중요한 점이 바로 그것이다. 우리의 의도는, 이 책에서 내러티브 탐구자들이 무엇을 하는지를 "말하기"(telling)보다는 오히려 "보여줌"(showing)으로써 내러티브 탐구의 정의(definition)에 천천히 다가가려는 것이다. 그러나 현 상황에서 볼 때 그 개념을 구성하는 몇 가지 특징이 있다. 그것은, 내러티브 탐구는 경험을 이해하는 하나의 방식이라는 것이다. 이것은 특정 장소 또는 여러 장소에서, 그리고 환경과의 사회적 상호 작용 속에서 시간이 경과하면서 이루어지는 연구자와 연구 참여자들 간의 협동 연구이다. 탐구자는 현장의 이러한 매트릭스에 들어가서 탐구를 진행해 나가며, 결과적으로 그 탐구는 여전히 사람들의 개인적이고 사회적인 삶을 구성하는 경험에 대한 이야기를 살아가고, 말하고, 다시 살아가고, 다시 말하는 가운데 끝나게 된다. 간단히 말하면, 프롤로그에서 우리가 언급한 것처럼, 내러티브 탐구는 체험되고 말해진 이야기이다. 즉 사람들은 이야기를 살아간다. 사람들은 이러한 이야기를 말하면서 그 이야기를 다시 재확인하고 수정하며 새로운 이야기를 만들어낸다.

다음 장에서 우리는 내러티브적으로 사고하는 것을 배우게 될 것이다. 이후의 장에서는 현장에서의 내러티브 과정, 글쓰기 과정의 복잡성, 그리고 그 과정에서 내러티브 탐구자들이 매 단계마다 계속적으로 직면하게 되는 도전들을 검토하게 될 것이다.

c.h.a.p.t.e.r 02

내러티브적으로 사고하기

– 탐구 경계에 놓여 있는 한 사례

이전 장에서는 경험을 이해하는 하나의 방식으로서 내러티브 탐구를 한다는 것이 무엇인지를 탐색했다.

서론

이 장에서는 내러티브 탐구가 다른 지적인 사고 방식의 영역 속으로 들어가게 되는 특정 장소들을 탐색하려고 한다. 우리는 이러한 장소를 ***경계***(boundaries)라고 부르며, 우리 자신의 생생한 경험을 통해 "경계에서의 삶"(life at the boundaries)을 조명한다. 경험에 대한 Dewey의 2가지 준거, 즉 ***계속성***(continuity)과 ***상호 작용***(interaction)은 경계에서의 긴장을 밝혀주는 이론적 틀을 제공한다. 이 장에서 서술된 경험에 의해 야기된 긴장 가운데 계속성과 관련된 긴장은 ***시간성***(temporality), ***사람***(people), ***행동***(action), ***확실성***(certainty)이며, 상호 작용과 관련된 긴장은 ***맥락***(context), ***사람***(people), ***행동***(action), ***확실성***(certainty)이다.

Bloom의 분류학

필리핀 대학에서의 마닐라 회의 이후 10년 만에, 다른 평가 관련 프로젝트에 참여해 달라는 초대장이 도착했다. 이번에 그 초대는 교육계에 Bloom의 분류학(Bloom, 1956)으로 널리 알려진 것을 개정하는 연구 팀에 가담해 달라는 것이었다. 분류학은 프롤로그에서 언급한 바 있는 교육 연구의 거대 담론 내에서는 매우 성공한 성취라고 할 수 있다. 즉 그것은 교육 연구를 생각하는 방식에 대한 Thorndike와 Dewey 간의 싸움과 관련된 것으로 Lagemann이 지적한 탐구 담론에서는 성공적이었다.

되풀이하여 말하자면, Thorndike는 행위에 대한 관찰과 수량화에 기반을 둔 교육 과학의 아이디어를 보급시킨 측정 지향적 심리학자였다. 교육 연구를 보는 이러한 방식이 "고유한"(the) 방식이 되었을 때, 그것은 사물을 보는 의심의 여지가 없는 방식이라고 할 수 있는 소위 거대 담론(grand narrative)이 된다. Bloom은 Thorndike의 아이디어 내에서 연구하면서 관찰 가능하고 분류 가능한 행동에 기반을 둔 교육 목표 분류학을 개발했다. 얼마 후 Bloom은 분류학으로 국제교육성취도평가협회(the International Association for the Evaluation of Educational Achievement)를 설립하는 데 핵심 인물이 되었다. 이 협회는 성취도를 비교 연구하는 기관으로서, Michael을 과학 교육 성취도에 대한 국제 연구와 마닐라 회의에 끌어들인 곳이다. 10년이 흐른 뒤의 초대는 분류학을 업그레이드하고 현대화시키려는 팀에 가담하라는 것이었다.

분류학의 성격과 지위는 1994년의 전국교육학회 연감의 서문에 나타나 있다. 저자들은 다음과 같이 썼다.

> 틀림없이, 지난 반세기의 가장 영향력 있는 교육 전공 서적 가운데 하나는 ***교육목표 분류학***, 즉 『*The Classification of Educational Goals, Handbook Ⅰ: Cognitive Domain*』이다. 1956년에 그것이 출판된 후 거의 40년이 지났음에도 그 책은 시험과 평가, 교육과정 개발, 그리고 교수(teaching) 및 교사 교육에 대한 논의에서 참조 틀로 남아 있다. 가장 최근의 SSCI(Social Science Citation Index)

> (1992) 검색에서도 이 Hand-book에 대한 150건 이상의 인용을 볼 수 있다. 약 200명의 행정가와 교사들이 모인 최근 모임에서 이 책의 고참 편집자는 "Bloom의 분류학을 들어본 적이 있는가?"라는 질문에 손을 들어보라고 요청한 바 있다. 모든 청중이 손을 들었다. 이렇게 오랫동안 압도적인 인지도를 즐긴 교육 출판물은 거의 없다. [Anderson and Sosniak, 1994, p. vii]

그 책의 인용 지수에 인상을 받긴 했지만, 우리는 이러한 새로운 과제에 착수하기 전에 분류학의 활용 정도를 간단히 평가해 보았으며, (교과별이 아닌) 일반적인 예비 교사 교육 교재와 일반적인 교육과정 교재가 Bloom의 분류학을 참조하고 그에 대해 설명하고 있는지를 검토했다. 흥미롭게도, 그리고 아마도 새로운 설계 팀에는 불길하게도, 분류학은 교수(Wittrock, 1986), 교사 교육(Houston, 1990), 그리고 교육과정(Jackson, 1992)의 최근 교육 연구 핸드북에서는 거의 인용되지 않았다. 그래서 우리는 분류학에 대한 Bloom의 이론적 희망이 실현되어 오지 못했다고 결론 내렸다. 그는 분류학이 행동 이론을 위한 근거가 되기를 기대했다(Bloom, 1956). 그러나 교사 교육과 학교 목표 설정에 그것을 적용하려는 그의 희망만이 실현된 것으로 나타났다. 분류학이, 교육 이론은 아니더라도 교육 실제를 다르게 만들 수 있을 것으로 보였기 때문에, 우리는 그 개정에 참여해서 변화를 유발하기로 하고 그 팀에 가담하기로 했다.

분류학은 6개 수준의 인지적 행동, 즉 ***지식, 이해, 적용, 분석, 종합, 평가***로 구성된다. 예컨대 지식은 "인지나 회상을 통해서 아이디어, 자료, 혹은 현상의 기억을 강조하는 행동 및 시험 상황"(Anderson and Sosniak, 1994, p. 18)으로 정의된다. 한 가지 더 예를 들어 보면,

종합은 "전체를 형성할 수 있도록 요소와 부분을 엮는 것"(p. 23)으로 정의된다. 범주들은 단순한 것으로부터 복잡한 것 순으로 위계적으로 배열되며, 각 범주는 상위 범주에 포섭된다. 이러한 범주들은 사물의 질서에 내재된 "자연적인" 것이며, 따라서 분류학이라는 용어 및 생물학적 분류학의 틀을 활용한 그것의 정당화도 자연적인 것이다(Bloom, 1956).

우리는 분류학을 현대화하는 데 도와달라는 초대를 분류학에 내러티브 사고를 도입해 달라는 것으로 해석했다. 즉 분류학에 따라 채택된 교육 목표를 보는 특별한 방식에 내러티브 사고를 도입하고자 한 것으로 해석한 것이다. 우리는 곧 다른 문제들을 검토해 보았으며, 그 가운데 문화 간 과학 성취도를 비교 연구하기 위해 분류학을 활용한 이전 경험이 가장 주목되었다.

우리는 그것의 표면적 가치 때문에 그 과제를 해야 하는 것으로 보았다. 우리는 그 과제에 착수하는 것을 분류학 범주 및 그것의 가능한 활용을 내러티브 측면에서 재고하기 위한 하나의 도전으로 보았다. 우리의 과제는 처음에 단순한 것이었다. 우리에게 있어서 내러티브는 경험을 이해하는 데 핵심이며, 따라서 분류학과 같은 문서들에 있어서도 핵심이어야 했다. 우리는 개인을 이야기된 전경에서 이야기된 삶을 살아가고 있는 것으로 본다. 삶, 즉 경험을 내러티브적으로 이해하는 것이 우리의 연구요, 우리 삶의 프로젝트이다. 따라서 그 초대를 받았을 때, 우리는 우리가 해야 할 일이 행동과 목표가 내러티브적으로 개념화되도록 그에 대한 설명을 제공하는 것이라고 보았다.

우리가 그 일을 시작했을 때, 우리는 막연히 뭔가 다른 것을 해야 한다는 것을 알게 되었으나, 우리가 어떤 폭풍의 핵심에 있다는 것을 알게 된 것은 그 과제에 상당히 오래 가담한 후였다. 그 폭풍의 핵심이란 교육적으로 가장 성공적인 것 중의 하나인 보편적인 교육목표 구성에서의 거대 담론적 탐구가 대안적인 탐구 방식을 만나는 곳을 말한다. 그것은 거대 담론이 내러티브적 사고를 직면한 곳이었다. 거대 담론의 표현으로서 Bloom의 분류학은 단순한 적용 이상의 의미를 지닌다. 즉 그것은 Bloom이나 Thorndike와 연계되어 있다는 점뿐만이 아니라 교육계에서 그것이 가지는 독점적 지위 때문에 핵심적이다.

우리는 사회과학의 발달 단계에서 내러티브 사고가 불가피하게 일어나게 되는 맥락이 있음을 알려주기 위해 분류학 개정 팀에 관여하게 되었음을 다시 한번 말한다. Polanyi(1958)는 개인적 지식을 위한 준거 틀을 말하면서, 일관적 사고를 개발하기 위한 지적으로 안전한 장소가 필요함을 지적하기 위해 "거주하는 곳"(dwelling in)이라는 용어를 사용했다. 이러한 그의 견해는 다양한 방식으로 방법에 대한 문헌에 영향을 주었다. 예컨대 Kuhn(1970)의 패러다임 및 패러다임 전환에 대한 아이디어, Dewey([1916] 1961, 1922)의 습관적인 행동 혹은 반성적인 행동에 대한 아이디어, Schwab(1960)의 유동적 탐구와 안정적 탐구 간의 구분 등이 그 영향을 받았다. 어떤 패러다임이나 습관 혹은 안정적인 탐구 틀 내에서 연구하는 사람은 대개 다른 탐구 접근을 창출하는 대안적 준거 틀을 고려할 필요성을 느끼지 않고 연구를 추진한다.

그러나 내러티브 탐구는 그렇게 편안하게 자리하고 있지 않으며, 사회과학 세계를 탐구하고 표상하는 새로운 "포스트모던" 방식에 대한 논쟁과 출판물의 물결에 둘러싸여 있다. 사실, 이 시대에, 내러티브 탐구가 패러다임적이라면(혹은 최소한 어떤 패러다임 내에 있는 것이라면), 그것은 그동안 수용되어온 탐구 가정에 도전하는 패러다임일 것이다. Schwab(1960)에 따르면, 가정이나 전제 혹은 당연시 되어온 틀이 문제시되고 의심받고 불확실하게 되면, 꽤 오랫동안 막다른 길을 가게 된다. 내러티브에 관심을 가진 학생, 특히 내러티브 탐구를 후원하는 대학원 연구 위원회에서 그들의 탐구 실제를 배운 대학원생은 곧 그들의 내러티브 준거 틀 밖의 측면에서 그들의 연구를 옹호하고 주장하도록 배운다. 내러티브와 다른 탐구 형식 사이의 경계에서 내러티브적으로 사고하기 위한 이러한 학습은 아마도 성공적인 내러티브 사고의 가장 중요한 특징일 것이다.

분류학 팀과의 연구

우리는 행동적 언어를 채택하는 데 어려움을 가졌다. 결국 내러티브는 행위 혹은 사태와 관련되긴 하나, 어느 정도는 어떤 렌즈를 쓰느냐에 따라 영향을 받는 변화 같은 것이다. 내러티브 사고는 관찰자가 관찰한 것을 변화시킨다. 무엇이 내러티브 관점에서 본 행동인가? ***행동***이라는 단어를 사용하는 거대 담론 탐구자인 Thorndike는 내러티브적으로 사고하는 탐구자가 하는 것과는 다른 어떤 것을 본다. 이것이 초대를 받았을 때 가장 먼저 떠오르는 의문이었다. 우리는 행동을 무엇이라고 보는가? 각 수준이 의미하는 바는 무엇인가? 무엇이 보이는가? 누구에 의해서? 무엇이 기록되는가? 그것이 어떻게 해석되는가?

우리는 내러티브의 측면에서 이러한 탐구 문제 각각에 대한 답을 보았다. 예컨대 행동은 특정 시간의 특별한 맥락 내에 있는 개인 이야기의 표현이었다. 행동은 내러티브 표현이기 때문에 그 이야기를 살아가고 있는 인물들, 그 이야기를 말하고 있는 인물들, 이야기가 체험되는 시대, 이야기가 말해지는 시대, 이야기가 체험되고 말해지는 장소 등등을 고려하는 것이 중요했다. 우리가 내러티브적 시각을 가지고 새롭게 구체화된 목표(팀의 다른 구성원들에 의해 설정된 목표)에 대해 연구할 때, 우리는 매번 우리를 둘러싼 거대 담론의 감각에 빠지지 않으려고 노력했다. 이러한 감각은 행동에 대한 사고 방식에 표현되어 있는 것으로 보인다. 즉 목표의 언어로 사고한다거나, 관찰할 수 있는 행동 측면에서 사고하는 것, 수량적으로 사고하는 것, 인과적으로 사고하는 것, 신의 관점을 가지고 일반적으로 사고하는 것, 지금 여기에 대해 사고하는 것이 바로 그것이다. 이러한 감각을 벗어나려는 우리의 노력은 내러티브 탐구자와 내러티브를 가진 학생들이 매일 직면해야 할 노력이다.

Bloom의 분류학 개정 작업에 내러티브 사고를 가져 오려고 할 때, 우리는 하나의 교육적 도구로서의 목표에 대해 먼저 생각해 보았다. 『*Curriculum, Instruction and Objectives*』의 서론에서 우리는 다음과 같이 기술했다.

> 이 책의 독자와 활용자들은, 목표라는 것이 교육과정과 수업에서 자신들의 연구에 어떤 적합성을 가지는지를 물어볼 필요가 있다. 대다수 도구처럼 목표도 사람, 시간, 맥락에 따라 그 유용 방식이 다르다. 가장 흔한 목공 도구인 선반기(旋盤機)를 예로 들어 보자. 선반기는 사람, 시간, 맥락에 따라 그 유용도가 다른 도구이다. 그것은 상업적인 목수에게도, 취미로 관심을 갖는 사람에게도, 목공 도구 제작자에게도, 교사와 학생 등에게도 유용하며, 공장, 소규모 취미용품 상점, 학교 등에도 유용하다.

하나의 도구로서 선반기 비유를 소개함으로써, 우리는 우리 자신과 독자들 간의 공통된 기반을 설정하려고 했다. 우리는 내러티브의 핵심 아이디어, 즉 ***줄거리, 인물, 장면, 장소, 시간, 관점*** 등이 많은 독자들의 동조를 이끌지 못할 것이라는 점을 알았다. 우리의 첫 번째 독자는 분류학 개정 팀의 다른 구성원들이었으며, 이들은 대부분 내러티브 탐구 전통 밖의 사람들이었다. 우리는 선반기를 선택했는데, 그 이유는 그것이 관점으로부터 자유로운 것이었기 때문이다. 우리는 서로 다른 연구 전통으로 인한 방해에 구애받지 않고 우리 모두가 동의할 수 있는 그러한 방식으로 내러티브 사고의 몇 가지 중요한 요소를 확립하려고 했다. 선반기는, 도구라는 것이 서로 다른 사람, 다른 시간, 다른 맥락에 의해 사용될 수 있다는 생각, 즉 가장 기본적인 내러티브 개념을 설명할 가능성을 제공해 주었다. 우리는 선반기가 우리 자신과 우리의 독자들에게 중립적인 공통 기반을 제공해 주기를 희망했다. 우리는 우리의 분류학에 대한 내러티브 사고 방식이 팀의 다른 구성원들의 사고 방식과 얼마나 다른 지를 인식했기 때문에 이러한 공통 기반을 필요로 했다. 우리는 내러티브 사고를 설명하는 방식을 발견하려고 했다.

우리는 개인들이 서로 다른 시간, 다른 맥락에서 선반기를 사용할 수 있는 다양한 활용 방식에 대한 관심을 끌어내면서 선반기 비유를 여러 페이지에 걸쳐 정교하게 다듬었다. 예컨대 맥락과 관련하여, 우리는 다음과 같이 저술했다. "더구나 선반기와 상점이 존재하는 맥락은 그것이 어떻게 보이고 활용되는지에 대해 많은 차이를 만든다. 학교라는 장면에 선반기가 있는 이유는, 그 학교가 부유한 교외 지역이나 도심 장면에 있느냐 아니면 고립된 원주민 지역에 있느냐에 따라 다를 것이다. 이러한 서로 다른 지역 사회의 맥락에 따라 그 이유가 다를 뿐만 아니라 아동의 유형도 다를 것이며, 교사도 다르고, 선반기로 만들어진 것들도 다를 것이다. 맥락은 차이를 만들어낸다."

내러티브 사고에서 맥락은 차이를 만들어낸다. 선반기를 교육과정 맥락에서 활용하는 데 있어서 맥락이 차이를 어떻게 만들어 내는가에 대한 관심을 끌어냄으로써, 우리는 우리 독자와의 공유된 이해를 창출할 수 있다고 가정했다. 사람들이 내러티브 사고를 사용하든 하지 않든 간에, 우리는 일반적인 논점이 교육자들에게 공감을 얻을 것이라고 생각했다. 처음에 그것은 그렇게 어렵지 않은 것으로 보였다. 비유는 적절했으며, 우리가 거대 담론, 즉 과거의 분류학과 앞으로 개정될 분류학에 다리를 놓았다고 생각했다.

우리는 반응을 얻기 시작했다. 대부분의 반응은 수용과 지지를 표현하는 것이었다. 그러나 우리가 논점별 비평과 제안을 세밀하게 읽었을 때, 우리는 곧 곤란함을 느꼈다. 때로는 우리가 하려고 애쓰고 있는 것이 무엇인지에 대한 의문도 들었다. 우리가 그 과업을 실제로 이해했는가? 우리는 그것을 잘 혹은 적절히 해냈는가? 우리의 내러티브 사고가 아무래도 수용하기 어렵고, 약하고 유연하며, 엄격성이나 정밀성 혹은 확실성이 부족하다는 느낌이 들기 시작했다. 우리는 다음에서 일부 반응을 인용함으로써 이러한 느낌의 출처를 제공하려고 한다. 그러나 이렇게 하면서도 우리는 우리가 경험하는 불확실감이 무엇인지를 포착하기가 어렵다는 것을 안다.

내러티브 개정에 대한 반응

사람들이 반응을 보인 우리의 핵심 문단 가운데 하나는 다음과 같은 것이었다. "목표를 기대와 장차 나타날 결과 사이를 움직이기 위한 가장 널리 활용된 도구로 인정하면서, 우리는 서로 다른 사람, 다른 시간, 다른 맥락에 활용된 목표에 대한 사고의 틀을 개괄할 것을 제안한다. 우리는 목표의 활용에 영향을 미치는 요인들을 검토해 봄으로써 그것의 활용도를 탐색하기 시작한다."

위의 글에서, 우리는 분류학에 대한 내러티브 개정이 기대로부터 장차 나타날 결과에 이르는 과정의 움직임에 관심을 갖기를 원했다. 목표는 미리 설정되고 주어진 것으로서 기능하기 보다는, 시기에 따라 융통적인 활용을 갖는 도구로 봉사할 수 있었다. 그 글의 후반부에서 우리는 이러한 내러티브 개념을 활용하여 목표가 수업 전, 수업, 수업 후 시간에 따라 달랐다는 점을 보여주었다. 더구나 우리는 이 각각의 시기에 (시골, 도시, 도심과 같은) 서로 다른 맥락과 (출판업자, 정부 관료, 행정가, 교사, 평가자 등과 같은) 서로 다른 인물들이 목표를 다르게 사용할 것이라는 견해를 소개했다. 그러므로 시간, 맥락, 그리고 인물에 따라 목표가 적합할 수 있거나 적합하게 될 내러티브는 다를 것이다.

이에 대한 반응은 이것을 명료성의 문제로 되돌려 놓았다. 우리의 응답자에 따르면, 우리가 "목표 수준"을 구체화하면 문제가 해결될 것이라는 것이다. 우리가 동일한 의도를 가진 목표가 시간, 맥락, 인물에 따라 다를 수 있다고 생각한 반면에, ***우리의 응답자***는 그 관심을 목표의 위계 문제로 해석한 것이다. 우리의 응답자에게 있어서 "기대"는 가장 높은 수준이며, "목표"는 교육과정을 안내하는데 유용한 중간 수준이며, 마지막 수준에는 특정 교실 과업을 위한 "매우 구체적인 목표"가 있다. 이 제시 방식에서 응답자는 시간성을 제거하고 그것을 시간과 무관한 위계 형태로 대치했다. 또한 응답자의 제시방식에서는 맥락이 제거되고 위계가 맥락과 상관없이 보편적으로 적용되는 것으로 간주된다. 따라서 목표를 특정 시간, 맥락, 인물에 적용하는 것이라는 개념에서 볼 때, 우리의 응답자는 그 개념을 보편적인, 시간무관의, 그리고 맥락으로부터 자유로운 방식으로 재형성한 것이라고 할 수 있다.

또 다른 주요 설명 문단에서, 우리는 다음과 같이 저술했다. "'상황'과 '경험'이라는 Dewey의 개념은 교사를 교육과정의 설계자가 아니라 그것의 일부로 생각하도록 만들며, 맥락, 문화(Dewey의 상호 작용 개념), 시간성(Dewey의 '계속성' 개념에 함의된 과거와 미래)을 위한 여지를 생각하게 한다. 이러한 관점에서 볼 때, 목적과 수단, 교육과정과 수업 등은 서로 얽혀 있기 때문에 교사의 수업을 위해 시행할 교육과정을 설계하는 것은, 마치 수레가 말 앞에 있는 것처럼 현실적이지 못하다."

이 문단을 통해 우리는 특정의 목표가 그것의 교육과정적 맥락에 의해 정당화됨을 보여주고자 했다. 이 개념의 의미는 거대 담론 측면에서 정의된 교육과정의 개념과 대조적일 수 있다. 거대 담론에서는 교사들이 미리 설정된 목표를 충족시키고 특정 결과를 성취하기 위해 교육과정 프로그램을 시행한다. 이러한 관점에서, 학생 결과 행동의 측정은 곧 교수(teaching)가 성공했는지를 재는 것이다. 우리의 내러티브 해석에서는 이러한 방식으로 쉽게 분리될 수 있는 목적과 수단이 개념적으로 흠이 있다는 것을 보여주고자 했다. 목표와 성취가 교사와 교육과정에 의해 매개된다는 선형적 개념은 내러티브적으로 문제가 있다. 내러티브적 구성에 따르면, 교사는 단지 목표 성취의 방해물이나 촉매제로 간주되어야 할 여과 변인이나 요인이 아니다. 오히려 교사는 교육과정의 일부이며 따라서 가장 우선적으로 목표 설정의 일부이며 후속적인 성취의 일부이다. 교육과정에 대한 이러한 내러티브 개념은 분류학에 내러티브 사고를 소개하려는 우리 시도의 핵심에 해당하는 것이었다.

다소 어이없게도(우리는 교육과정에 대한 이러한 사고를 비중 있게 다루었기 때문에 어이 없다), 우리의 설명에 대한 반응은, 그 설명 부분이 다소 세부적인 것이며, 따라서 각주로 처리되어야 한다는 것이었다. 우리의 응답자에 따르면, 그 부분은 학문적 텍스트에 조예가 깊은 몇몇 특별한 독자들에게만 관심이 있는 이해하기 어려운 참조 사항이었던 것이다.

경계에서의 탐구 생활

분류학 개정 팀에서의 우리의 연구는 불가피하게 우리를 내러티브 탐구에 따른 사고와 거대 담론에 따른 사고 사이의 경계로 이끈다. 그 경계의 어느 한 측면에서 볼 때, 사람들은 다른 측면의 사람들, 즉 초점에서 벗어나고 아주 명료하게 말할 수 없으며, 다소 빗나간 아이디어나 사고 혹은 제안을 표시하는 사람들과 의사 소통하고 있는 것으로 보인다. 우리는 개정 팀의 다른 구성원들의 반응에 어리둥절했으며, 그들 역시 우리의 목표 다루는 방식에 대해 어리둥절해 했다. 우리는 그들이 약간 완고하고 변화하려고 하지 않은 것으로 생각했으며, 반면에 그들은 그들 입장에서 우리를 난해하고 타협하려고 하지 않는 것으로 보았을 것이다. 내러티브적으로 사고하는 것과 거대 담론 측면에서 사고하는 것 사이의 경계에서 의사 소통을 그렇게 어렵게 만드는 것은 무엇인가? 분류학 개정 팀에 대한 우리의 연구는 이 문제의 일부를 드러낸다. 이하에서는 이 문제들을 다룬다.

시간성

분류학 개정 팀과 함께 한 우리 연구에서 가장 두드러진 긴장은 시간성에 대한 것이었다. 내러티브 사고에서 시간성은 핵심 특징이다. 우리는 일을 시간의 맥락에 놓는 것이 그 일에 대해 생각하는 방식이라는 점을 당연시 여긴다. 어떤 사건을 볼 때, 우리는 그것을 그 순간에 일어나고 있는 것으로서가 아니라 시간에 걸쳐 일어나고 있는 어떤 것의 표현으로 생각한다. 어떤 사건이나 일이든지 그것이 우리에게 나타날 때는 과거, 현재, 그리고 예상되는 미래를 가진다.

적어도 분류학 개정 팀과 일한 경험에 따르면, 거대 담론 관점에서는 사건과 일이 그 자체로 특징 지워진다. 그들은 그들에 대한 초시간적 의미를 가지는 것으로 간주된다. 우리의 응답자들은 시간성에 대한 우리의 대화에서 무언가가 쟁점이 되고 있다는 것을 알았으나, 그것을 목표의 위계적 수준 측면에서 재설정하였으며, 그에 따라 시간의 개념을 제거해 버렸다. 사태를 시간 속에서 보는 것과 사태를 있는 그대로 보는 것 간의 이러한 긴장은 우리가 관심을 가진 모든 영역에서 쟁점이 되었다. 즉 수업 전, 수업 중, 그리고 수업 후별로 목표가 다르게 활용된다는 우리의 개념을 둘러싸고 긴장이 있었다. 교사의 경험적 내러티브가 교육과정을 형성할 것이라는 아이디어와 결부된 교육과정에 대한 우리의 개념에 대해서도 긴장이 있었다. 또한 학생과 교사의 내러티브 역사라는 쟁점과 이러한 역사가 성취 점수의 해석에 어떠한 영향을 줄 것인지에 대해서도 긴장이 있었다.

사람

시간성에 의해 야기된 것과 밀접하게 연계된 긴장은 사람, 즉 학생과 교사 양자와 관련된 것이었다. 우리는 시간의 어느 지점에서든, 사람이 개인적 변화의 과정에 있으며, 교육적 관점에서 볼 때 사람을 그러한 과정 측면에서 서술하는 것이 중요하다는 것을 당연시 여겨왔다. 아동이 가장 최근에 받은 교육의 일부, 예컨대 아동이 과거로부터 현재와 미래로 나아갈 때 각 아동이 갖게 되는 내러티브 역사뿐만 아니라 최근에 그가 받은 수업을 안다는 것은 내러티브 교육적 사고에 중요하다. 우리는 교육과정, 목표 설정, 성취 측정 등이 이러한 내러티브 역사를 염두에 두어야 한다고 생각한다.

이와 대조적으로, 거대 담론은 우리의 응답자를 본질적으로 사람과 무관한 개념의 구성으로 이끈다. 개정 팀에서는 많은 경우에, 연령이나 학년별로 보편적으로 적용 가능한 특정 수준의 사고와 내용이 목표에 구체화되었다. 사람의 내러티브 역사는 부적절한 것으로 간주되었으며, 설사 그렇지 않다 하더라도 우리 개정 팀이 고려하기에는 현실적으로 어려운 것으로 간주되었다.

행동

세 번째 긴장은 행동이 어떻게 이해되는가에 초점이 있다. 내러티브 사고에서는 행동이 내러티브 신호로 간주된다. 우리의 경우에, 교육과정 행위란 교사와 학생들이 교실에서 자신들의 내러티브 역사를 표현한 것이라고 간주한다. 예컨대 성취 시험에서 아동의 특정 수준의 수행은 어떤 것에 대한 내러티브 신호이다. 의미가 그것에 부여

될 수 있기 이전에 그 신호에 대한 내러티브 해석이 제공될 필요가 있다. 그 아동의 내러티브 역사를 이해하지 않는다면, 그 수행, 즉 신호의 의미는 알려지지 않은 채로 남는다. 시험에서의 학생 성취는, 그 학생의 학습사에 대한 내러티브를 수행과 결부시킬 때까지는 시험관이나 교사들에게 그 자체로 많은 것을 말하지 못한다. 예컨대 학생의 특정 수행은 알고리즘의 기계적인 적용일 수도 있고, 특정 문제의 해결을 위한 일련의 단서의 적용일 수도 있으며, 고차원적인 인지적 수행일 수도 있다.

이와 대조적으로 (분류학 개정 팀과 일한 경험에 따르면) 거대 담론 관점에서는, 학생의 성취도 시험에서의 수행은 학생이 획득한 인지적 수준을 직접적으로 보여주는 것이라고 본다. 수행 행위가 복잡하면 할수록 좀 더 고차원적인 수준의 인지적 목표를 성취한 것이라는 것이다. 그러므로 분류학 팀에게 있어서 행동은 직접적인 증거로 간주된다. 행동과 의미를 연계시키고 수행과 인지적 수준을 연계시키는 동등화가 이루어진다. 그러나 내러티브 사고에는 내러티브 역사 측면에서 상세하게 나타낸 행동과 의미 간의 해석 경로가 있다.

확실성

네 번째 긴장은 확실성에 초점이 있다. 내러티브 사고에서 사건의 해석은 항상 다를 수 있다. 사건의 의미에 대해서는 대개 일종의 불확실성이라고 표현된 임의성(tentativeness)이 있다. 예컨대 앞에서 언급한 행동에 대한 논의의 학생 성취 측정에서, 우리는 수행이 어떻게 세 가지 다른 방식으로 해석될 수 있는지를 보았다. 어떤 해석이든지 그것은 시험적인 것으로 다루어질 필요가 있다. 그러므로 내러티브 시각에서 바람직한 태도는, 다른 가능성, 다른 해석, 다른 설명 방식이 가능하다는 점을 인식하면서, 주어진 상황 하에서 "자신의 최선"을 다하는 것이다. Geertz의 용어로 표현하면, 내러티브 탐구자는 "불확실하고 서투르게 형성된"(1995, p. 20) 구성이라고 할 수 있는 교수 · 학습에 대한 이야기를 창출한다.

개정 팀의 거대 담론과 함께 일한 우리 경험의 관점에서 보면, 인과 관계, 그리고 그에 따른 확실성이 그 담론의 특징이다. 앞에서 언급한 성취도 시험에서의 학생 수행의 예에서, 수행과 인지적 수준 간의 동등화는 인과 관계를 가정함으로써 가능한 것이다. 즉 특정 인지적 수준의 사고는 시험에서 특정 수행을 야기한다고 본다. 이러한 관계는 교사나 평가자 혹은 다른 사람들에게 학생 수행에 대한 특정 지식을 제공하며, 교육과정과 교수(teaching)의 성공을 위한 특정 지식을 시사한다.

맥락

다섯 번째 긴장은 맥락에 초점이 있다. 내러티브 사고에서 맥락은 항상 존재한다. 그것은 시간적 맥락, 정신적 맥락, 다른 사람의 맥락 등과 같은 개념을 포함한다. 맥락은 어떤 사람, 사건, 일을 의미있게 만들기 위해 필요하다. 예컨대 우리가 분류학에 대한 우리의 개정에 맥락을 도입하는 한 가지 방식은 학교 전경에서 교실 안과 밖의 장소 간을 구분하는 것이었다. 이러한 맥락화는, 어떤 교수 장면의 교실에 있는 사람을 위해서 목표가 하는 역할이 다른 장면의 교실로부터 온 사람들에게 하는 것과는 다르다는 점을 보여줄 수 있었다.

개정 팀의 거대 담론과 함께 일한 우리 경험의 관점에서 보면,

그 구성원들에게 있어서 맥락은 어디에나 있는 것으로 가정되었다. 우리 모두는 맥락을 가지고 있다는 것이다. 맥락을 인정하긴 했으나, 분류학 팀 구성원들은 탈맥락적인 방식으로 일을 추진해 갔다. 중요한 것은 모든 맥락에 적용될 수 있는 분류학을 만들어 내는 것이었다. 예컨대 그 적용에 있어서 학생 수행이 일어나는 인지적 수준이 가장 중요한 것으로 가정되었다. 맥락적 상황은 중요하지 않았다. 좀 더 일반적으로 말해서, 거대 담론에서 맥락은 다양한 맥락적 요인들이 가지는 중요성을 따지는 변수와 양으로 분석될 수 있다. 예컨대 수행과 변인(즉 사회경제적 지위) 간의 상관 관계가 규명될 수 있다. 거대 담론에서는 보편적인 사례가 가장 중요한 관심사이다. 반면 내러티브 사고에서는 맥락에 놓여 있는 사람이 가장 중요한 관심사이다.

요약

거대 담론과 내러티브 사고 사이의 경계에서 주요 긴장을 탐색할 때, 우리는 그 경계에서의 긴장을 규명하기 위한 이론적 틀이 경험에 대한 Dewey의 2가지 준거, 즉 ***계속성***과 ***상호작용***으로부터 나온 것임을 상기시킨 바 있다. 분류학 개정 팀과의 연구에서 계속성의 문제는 시간성, 사람, 행동, 확실성 등의 긴장을 이끌었으며, 상호작용의 문제는 맥락, 사람, 행동, 확실성 등의 긴장을 이끌었다. Dewey에게 있어서 이 2가지 준거는 분리할 수 없는 것이다. 따라서 우리는 경계에서 나타나는 여러 긴장들을 독립적인 요인들로 보다는 상호관련된 것으로 본다.

다음 장에서는 내러티브 사고와 다른 탐구 형식 사이에 있는 또 다른 경계를 탐색하게 될 것이다. 우리는 이것을 내러티브 사고와 형식주의 사이의 경계라는 큰 제목 하에 다룰 것이다.

c.h.a.p.t.e.r 03

내러티브적으로 사고하기

– 환원주의적 경계와 형식주의적 경계

2장에서 우리는 내러티브적으로 사고하는 것과 거대 담론에 따라 사고하는 것으로 정의된 경계들에서 작동하는 우리 경험에 대해 내러티브적인 설명을 했다. 대부분 지금까지 우리의 주요 초점은 내러티브 탐구와 거대 담론 간의 긴장에 대한 것이었다. 그러나 2장에서 우리는 탐구(inquiry)로서의 내러티브와 전문적 실제(professional practice)로서의 내러티브 간, 그리고 거대 담론에 따른 연구와 거대 담론에 따른 전문적 실제 간을 이리저리 왔다 갔다 했다. 대개 우리의 사례는 전문적 실제 측면에서 일어난 것이다. 일찍이 지적한 바 있듯이, 우리는 분류학(taxonomy)이 전문적인 교육 실제에서 널리 사용된다는 근거에서 분류학 개정팀에 가담하는 것을 정당화했다.

서론

우리는 이 장을 시작하면서 전문적 실제(professional practice)를 좀 더 직접적으로 다루려고 한다. 왜냐하면, 우리가 전문적 실제 및 그것의 이론에 대한 관계의 관점에서 경계의 문제를 바라볼 때, 거대 담론은 좀 더 초점이 분명하게 되기 때문이다.

이 장은 내러티브 사고와 탐구적 삶이 환원주의적이고 형식주의적인 이론적 경계를 직면하게 될 때 야기되는 긴장에 관심을 갖는다. 우리 자신의 연구를 준거 틀로 활용하여, 우리는 내러티브 탐구와 형식주의적 탐구 간의 경계에서 경험하는 4가지 긴장을 규명하고 논의할 것이다. 여기서 말하고자 하는 4가지 긴장은 이론의 위치, 이론의 균형, 사람, 그리고 연구자의 위치이다.

Schön, Oakeshott, 그리고 Johnson의 아이디어

우리는 우리의 탐색을 시작하는 데 있어 Schön의 저술(1983, 1987, 1991)을 활용한다. Schön은 전문적 실제(professional practice)에서의 사고에 대한 그의 설명에서 거대 담론에 의해 야기된 경계에 대해 다른 의미를 창출했다. ***기술적 합리주의***(technical rationalism)는 우리가 거대 담론이라고 불러왔던 것에 대한 Schön의 명칭이다. 만약 Schön이 경계에 대해 썼다면 그는 그 경계를 기술적 합리주의와 ***행위 중 반성***(reflection-in-action) 간의 경계라고 명명했을 것이다. 그에 의하면, "일단 수단적 결정에 지식을 적용하는 것을 지적인 실제로 보는 기술적 합리주의 모델을 버린다면, 인식에 해당하는 것이 지적인 행위에 내재한다는 생각에 하등의 이상할 것이 없다"(1983, p. 50).

Schön에게 있어서 인식은 ***행위 중 인식***(knowing-in-action)이며, 그것은 그로 하여금 행위 중 반성(reflection-in-action)이라는 아이디어에 기반을 둔 실제(practice)에 대한 인식론으로 이끈다. 그는 행위 중 반성(reflection-in-action)을 실제 맥락에서의 연구로 서술한다. 여기서 행위 중인 연구자는 "미리 정해진 이론과 기술의 범주에 의존하지 않고, 독특한 사례에 대한 새로운 이론을 구성한다. 그의 탐구는 사전에 합의된 목표에 의존하는 수단을 숙의하는 데에 한정되지 않는다. 그는 목표와 수단을 분리시키려고 하기보다는 이들을 문제 상황을 구조화해 가면서 상호 작용적으로 규정한다. 그는 사고하는 것을 행하는 것으로부터 분리시키지 않는다. … 그러므로 행위 중 반성(reflection-in-action)은 불확실성이나 독특성을 가진 상황에서조차도 행해질 수 있다. 그것은 기술적 합리주의의 이분법에 의해 움직이지 않기 때문이다"(1983, pp. 68-69).

Schön의 연구는 급속히 다른 전문 분야뿐만 아니라 교육 연구에도 스며들었다. 교육 분야에서 Schön의 급속한 수용은, 반성적 실제에 대한 그의 아이디어를 거대 담론, 즉 Schön의 용어로 말하면, 기술적 합리주의가 인정하지 않은 실제와 관련 지었기 때문인 것으로 보인다. 이러한 그동안 인정받지 못한 실제는 교사 교육자의 마음속에 교사 교육이 합리적이지 못했던 시절에 수용되었던 교육 유형으로 남아 있다. Schön의 저술은 이러한 전문적인 기억에 새로운 가치를 부여해 주었다.

Schön은 그의 사례를 구성하는 데 있어서 시간성, 역사, 기억 등을 활용하지 않는다. 그의 논리는 기술적 합리주의에 대항해서 그 직업에서 훌륭한 교육 실제에 대한 사례 증거를 제시하는 것과 같은 타당한 사례로 구성된다. 그러나 교육 분야에서의 그의 수사학적 영향이 왜 그가 논의한 내용의 일부로부터 나왔는지에 대한 설명은 내러티브적으로 설명될 수 있다. Schön은 우리 대다수가 지금까지 지원하고 연구해 온 기술적인 교사 교육과는 반대되는 방식으로 교사 교육에 대한 이야기를 말할 수 있게 해주며, 그 이야기가 반성적 실제에 대한 우리의 전문적 기억을 합법화할 수 있도록 해준다.

그 이야기를 이와 같이 다시 말할 수 있게 하는 것은 기술적 합리주의의 아이디어에 수반되어 있는 환원주의의 감각이다. 전문적 기억에 수용된, 그리고 합리주의적 거대 담론에서 거부된 전문적 실제에 대한 이미지는 환원되어 온 것이다. 풍부한 전문적 기억은 기술적 합리주의를 통해 "책에 쓰여질 수 있는"(Oakeshott, 1962, p. 12) 형식화된 규칙들로 환원되어 왔다.

철학자 Johnson(1987)은 ***객관주의***(objectivism)라는 용어를 사용한다. 그에 의하면, 객관주의는 세계가 진정 어떤 모습인가에 대해 "신의 관점"(god's-eye-view)에서 정의한 것으로서, 전체를 형식화된 일련의 규칙으로 환원하는 것을 의미한다. 이것은 어떤 특정 사람이 믿는가와 상관없이 세계에 대한 옳고 진실한 관점이 있다는 것을 함의한다. 이것은 진리와 의미에 대한 객관화된(depersonalized) 관점이다.

Oakeshott과 Schön에 따르면, 신의 관점은 실제(practice)에 대한 연구에서 기술적 합리주의가 되어 왔다. Oakeshott가 우리에게 말한 바에 따르면, 기술적 합리주의는 "'실천적 지식'(practical knowledge)이라는 것이 전혀 지식이 아니라는 주장, 좀 더 적절히 말한다면 기술적 지식(technical knowledge)이 아닌 지식은 있을 수 없다는 주장이다. 합리주의자의 주장에 따르면, 인간 활동에 관련된 지식의 유일한 요소는 기술적 지식이며, '실천적 지식'은 적극적으로 유해하지는 않다고 하더라도 무시되어야 할 일종의 무지에 불과한 것이다. 합리주의자에게 있어서 '이성'(reason)의 통치란 기술(technique)의 통치를 의미한다. 이 문제의 핵심에 합리주의자의 확실성(certainty)에 대한 집착이 있다"(1962, p. 11).

Johnson은 신의 관점과 기술적 합리주의가 분리시키고 환원시켜 온 것을 재통합하는 길은 "신체를 마음으로 되돌리는 것"(1987, p. xxxvi)이라고 본다. 신체에서 분리된 마음은 기술적 합리주의가 필요로 하는 확실성을 허용한다. 신체를 마음으로 되돌리는 것은 확실성을 파괴하는 것이다. 감정, 가치, 세계에서 느낀 경험, 기억, 그리고 자신의 과거에 대한 내러티브 설명 등은 확실성을 허용하는 길에는 있을 수 없다.

지금까지 언급하지는 않았지만, 여러분들은 Schön, Oakeshott, Johnson의 논의와 입장에서 경험이 핵심이라는 점을 목격할 것이다. Schön에게 있어서 경험은 전문직에 대한 그의 반성적 실제 이론과 제안의 핵심이다. 그는 반성된 경험에 대해서 행위 중 인식(knowing-in-action), 즉 "일상적인 실천적 지식의 특징적 양식"이 되어가는 것이라고 저술한다. Oakeshott가 보기에, 경험을 구성하는 선입견, 편견, 관점, 태도를 가진 사람들은 확실성의 적이다. 그에 따르면, 기술적 합리성은 확실성의 요구에 기반을 두고 있는 것이다. Johnson에게 있어서 『*The Body in the Mind*』라는 그의 책 제목은 그가 "신체"라고 언급한 경험을 자신의 철학의 핵심에 두고자 함을 보여준다.

기술적 합리주의에서 보여주는 경험에 대한 의심은 과학적 사고로부터 나온 것이 아니다. Oakeshott가 언급한 바 있듯이, 과학은 예술과 마찬가지로 기술(technique)로 환원될 수 없으며, 책을 통해 가르쳐질 수도 없다. 실제(practice)에 대한 연구, 그리고 그에 따른 상상적이고 내러티브적으로 야기된 다양성에 대해 반대하는 사람들은 흔히 실제를 기능(skill)의 실행으로 규정한다. 아이러니컬하게도, 그들은 흔히 기능을 발견하고 명명하는 것을 과학을 ***하는*** 것이라고 주장한다. 그러나 그것은 환원주의이며, Dewey(1929)가 "확실성의 추구"(quest for certainty)라고 부르는 것으로서, 그것은 기술적 합리주의를 나타내는 것이지 과학 행위가 아니다. 과학 행위는 내러티브 및 상상 가능한 매우 복잡한 상황에 있는 실제에 대한 연구와 양립 가능하다.

Oakeshott(1962)에 따르면, "합리주의자는 교육에 대해 바람직하지 않은 관심을 취해 왔다. 합리주의자는 '지식인들'에 대한 존경심을 가지면서 그들을 훈련시킬 수 있다고 보며, 현명함이 중요시되고 그에 따른 보상을 받게 될 것이라고 확신한다"(p. 32). 이것은 바람직하지 않다. 왜냐하면 합리주의자는 "경험의 축적을 중요시하지 않으며, 법칙(formular)으로 전환될 수 있는 경험인가에만 관심을 가지기 때문이다. 합리주의자에게 있어서 과거는 단지 방해물로서 만의 의미를 지닌다"(p. 2). 경험을 가진 사람은 기술적 합리주의자에 의해 "부정적 능력"을 가진 것으로 고려된다. 만약 "백지설이 전통적인 조상들의 비합리적인 낙서에 의해(그리고 지금까지의 삶의 경험에 의해) 손상되어 왔다면"(p. 5), 합리주의자의 첫 번째 교육적 과업은 "슬레이트를 깨끗이 지우는 것일 것이다"(p. 5). 교육에서 기술적 합리주의의 관심은, 그것이 경험을 무시했기 때문이 아니라 경험을 "참된"(true) 전문적 교육의 방해물로 간주했기 때문에 바람직하지 않다. 교육의 기초로서의 경험의 재구성이라는 자신의 아이디어와 관련하여 듀이(1938)가 저술해 온 것과 같은 맥락에서, Oakeshott는 다음과 같이 기술한다. "모든 다른 종류의 지식에서처럼, 기술(technique)을 배운다는 것은 무지를 제거하는 것이 아니라 이미 있는 지식을 재형성하는 것으로 이루어진다"(p. 12).

Schön은 이 주제를 전문가 교육에 대한 그의 연구에서 다루며, 여기서 그는 우리의 전문적 기억을 합법화하고, 경험을 정신적 슬레이트상의 오점이 아니라 전문가 교육을 위한 자원으로 복귀시킬 수 있도록 했다.

형식주의적 경계에서의 내러티브 사고

Schön과 Oakeshott는 우리로 하여금 "마음 속의 신체"(the body

in the mind)에 대한 Johnson의 이야기를 상상하도록 하며, 비유적으로 기술적 합리주의의 환원적 세계로부터 전체 쪽으로 "상향"하도록 한다. 그러나 Schön, Oakeshott, Johnson 등은 우리의 관심을 내러티브 사고와 환원주의적 성격을 가진 거대 담론 사이의 경계에 초점을 두도록 한다.

내러티브 사고를 가지고 다른 경계에서 일하는 또 다른 이야기가 있다. 이것은 패러다임적 사회 정치적 분석으로부터 전체 쪽으로 "하향"하는 이야기이다.

환원주의가 전체를 축소된 어떤 것으로 만든 것처럼, 사회 정치적 분석 또한 추상화(abstraction)와 형식주의(formalism)를 통해 전체를 축소시킬 수 있다. 내러티브 탐구자와 그러한 형식주의적 탐구를 주장하는 사람 간의 논쟁은, 훨씬 덜 알려져 있긴 하지만, 내러티브 탐구자와 거대 담론 탐구자 간의 논쟁만큼 드라마틱하다. 후자의 논쟁은 연구문헌을 통해서 좀 더 널리 알려져 있다. 이는 부분적으로 내러티브 탐구자들이 거대 담론의 탐구자들을 사회과학의 연구와 행위에서 경험을 비판하는 유일한 혹은 최소한 주된 사람들로 생각해 왔기 때문이다. 그러나 우리의 관점에서 보면, 경험과 내러티브는 거대 담론뿐만 아니라 형식주의에서도 의심받는 것이다.

형식주의자의 주장은 문학 연구과 과학 철학이라는 두 가지 서로 매우 다른 자원으로부터 지지를 받아 왔다. 이 문제에 대한 논의에서 Bernstein은 다음과 같이 지적한다. "우리 시대를 '포스트 시대'(postera), 즉 '포스트 현대성'(postmodernity), '포스트 구조주의'(poststructuralist), '포스트 경험주의'(postempiricist), '포스트 서구적'(postwestern), 그리고 심지어 '포스트 철학적'(postphilosophic)이라고까지 말하는 것이 점차 유행이 되어 왔다. 그러나 어느 누구도 이러한 '포스트 시대'(postera)를 적절하게 특징 지울 수 없는 것으로 보이며, 따라서 그것을 적절하게 명명하는데 있어서는 무력감과 불안감이 있다"(1987, pp. 516-517). Bernstein에 따르면, 이론적 마인드의 이러한 혼란은 "거의 열광에 가깝게 다원주의가 확산되고 있는 우리의 일상 생활에서 일어나고 있는 것을 반영한다"(p. 517). ***열광적인 다원주의***는, 문학 비평에서 Booth(1986)를 괴롭힌, 그리고 Popper가 소위 '준거 틀의 미신'(myth of the framework)이라고 한 상대주의를 다른 방식으로 부른 것이다(Bernstein, 1987, p. 56). Dewey는 준거 틀의 미신을 중요시하는 것에 반대했다. 준거 틀의 미신은 " '우리가 우리의 이론, 우리의 기대, 우리의 과거 경험, 우리의 언어 틀에 사로잡혀 있는 죄수'라는 점을 제시하는 것이다"(Bernstein, 1987, p. 51).

'준거 틀'(framework)은 형식주의적 관점이다. 그것은 사물을 있는 그대로 보지 않고, 사물을 우리의 틀이나 관점, 시각, 혹은 전망이 그것에 대해 만드는 어떤 것으로 보는 관점이다. 더구나 어떤 것도 있는 그대로가 아니기 때문에 주목할 가치가 있는 유일한 것은 사물을 지각하게 하는 조건, 즉 형식적 구조이다. 사람은 가르치지 않으며, 사람은 사회적 구조를 분별없이 재생산한다. 사람은 감정적으로 신봉하는 의도를 가지고 있지 않으며, 사람은 미리 정해진 기대를 가지고 있다. 사람은 자신 만의 경험을 가지고 있지 않으며, 사람은 단지 맥락적인 설계에 의해서만 앞으로 나아간다. 형식주의자들에 따르면, 사례가 가지고 있는 사실, 사람이 가질 것이라고 주장하는 경험, 혹은 경험주의 연구자들에 의해 수집된 자료 등은 그들의 주장에 거의 영향을 미치지 않는다. 그들에 의하면, 사람들은 결코 자신들을 있는 그대로 볼 수 없다. 그들은 항상 다른 무엇이기 때문이다. 구체적으로 그들은 탐구 과정에서 어떤 사회 구조, 이데올로기, 이론,

틀이 작용하는가에 따라 영향을 받는다. 내러티브 탐구는 다른 사람이나 사회적 환경과의 관계 속에서 자기 자신의 경험을 재구성하는 것을 수반하기 때문에, 형식주의자들은 이것이 맥락의 참모습이나 적절한 "포스트 시대"(postera)를 나타내지 못한다고 의심한다.

따라서 우리가 경험과 내러티브라고 부르는 것은, 거대 담론의 탐구자에게 그런 것처럼 형식주의자에게도 의심쩍은 것이다. 양자 간의 차이는 제공된 경험의 위치(place)이다. 거대 담론 내의 탐구자들에게 경험은 깨끗이 치워져야 할 슬레이트 위의 까만 점인 반면, 형식주의자에게 있어서 경험은 무시되어야 할 어떤 것이다. 결국 형식주의자에게는 경험의 기능이 없으며, 단지 형식의 기능만이 있다. 형식주의자들에게 사람은 단지 정치, 문화, 성, 틀의 헤게모니를 연기할 뿐인 것이다.

형식주의적 경계에서의 탐구 생활

내러티브적으로 사고하는 것과 형식주의적으로 사고하는 것 사이의 경계에서 삶에 대한 우리의 고려는 몇 가지 긴장을 고조시킨다. 내러티브 탐구와 거대 담론에 따른 탐구 사이의 경계에서의 삶이 그런 것처럼, 사람들은 초점이 다르고, 서로 다른 아이디어나 사고 혹은 제안을 표현하는 것으로 보이는 다른 편의 사람들과 의사 소통하고 있는 것으로 보인다.

이론의 위치

이 경계에서 핵심적인 긴장 중의 하나는 탐구에서 이론의 위치이다. 형식주의자들은 이론에서 탐구를 시작한다. 반면에 내러티브 탐구자들은 체험되어 말해진 이야기에 표현된 경험을 가지고 탐구를 시작하는 경향이 있다. 내러티브 탐구에서 우리 연구의 초기에 Jean은 형식주의자와 공동으로 글쓰는 일에 참여했다. 과제는 수필 책 리뷰를 쓰는 것이었다. 그들은 각자 책을 읽은 후에 그들의 쓰기 방식을 논의하기 위해 만났다. Jean은 책을 보고 교실에 대한 이야기를 가지고 모임에 왔으며, 책 리뷰는 책 저자가 개발하고자 하고 그들이 리뷰에서 토론하고자 하는 주제들과 관련된 하나 이상의 이야기를 가지고 시작해야 한다고 주장했다. Jean의 동료는 책과 무관한, 잘 알려진 철학자의 이론적 틀을 가지고 그 과제에 접근하려고 했다. Jean은 책 저자가 말하고자 하는 학교 생활 모습에 대해 충분히 생각해 보기 위해 이야기를 활용하기를 희망했다. 그녀의 동료는 책의 아이디어를 분석하기 위한 해석적 틀을 세우기 위해 철학자를 활용하기를 희망했다. 경계에서의 긴장은 쓰는 과정에서도 계속 나타났다.

신참 내러티브 탐구자들과 함께 한 우리의 연구에서도 이와 비슷한 것을 본다. 이들 또한 입장을 취할 이론적 틀을 개발하고 그리고 나서 그들의 탐구를 시작한다. Skinner(1985)의 『*Return of Grand Theory in the Human Sciences*』에서 논의된 저자들, 즉 ***Althusser, the Annales Historians, Derrida, Foucault, Gadamer, Habermas, Kuhn, Levi-Strauss, Rawls*** 등은 형식주의적 전통으로부터 내러티브 탐구를 하는 사람들의 연구에서 흔히 발견된다. 내러티브 탐구는 ***연구 퍼즐***(research puzzle)(연구 문제나 연구 질문으로 불리기도 하는 것으로 8장에서 논의됨)과 관련된 연구자의 자서전적인 내러티브로 시작하는 것이 특징이다. 형식주의적 탐구로부터 내러티브 탐구로 경계를 넘어 움직이는 사람들에게 이런 탐구가 야기하는 긴장은, 대학원생 연구에서 학생과 지도 위원 간의 긴장으로 나타나며, 지도 위원들마다 서로 다른 조언을 하는 것으로 나타난다. 즉 도서관에 가라, 네가 그것과 관련하여 어떤 경험을 가졌느냐? Gadamer를 읽어라, 학교에 가라 등.

이론의 위치에 대한 이러한 긴장은 탐구 초기뿐만 아니라 탐구를 하는 동안 계속 존재한다. 긴장은 문헌 리뷰를 쓰는 방법에 대한 논의에서, 그리고 탐구 종결 시에 독립적인 문헌 리뷰의 장(chapter)이 어떤 모습이어야 할 것인가에 대한 논의에서 나타난다. 지도 위원회 위원들은, 흔히 이론이 하나의 독립적인 장(chapter)으로 설계되어, 탐구를 구조화하고, 문헌 속의 괴리를 밝히고, 사고의 주요 이론적 흐름을 개괄하고, 잠재적인 연구 가능성을 창출하길 희망한다. 다른 한편으로 내러티브 탐구를 하는 우리 학생들은 흔히 구체적인 문헌 리뷰를 하는 장(chapter)이 없는 논문을 쓴다. 그들은 탐구에 구체화된 이론과 실제 간의 매끄러운 연결을 창출하기 위해 논문 전체에 걸쳐서 처음부터 끝까지 문헌을 엮는다.

탐구 틀로서 이론적인 문헌을 사용하려는 전자의 접근은 형식주의적인 연구 전통에서는 매우 뿌리 깊은 것이어서, 초기 내러티브 탐구자들은 형식주의자들이 그들의 연구에서 이론의 위치에 대해서 문제를 제기할 때 쉽게 흔들린다. 우리는 흔히 대학원생 지도 위원회 모임에서 형식주의적 접근을 가진 교수진이 내러티브 탐구에서의 이론의 활용에 대한 학생의 엮어 만들기(interweaving) 접근을 문제시할 때, 이러한 긴장이 야기한 불확실성을 목격한다. 긴장은 흔히 하나의 구조화하는 틀로서 검토된 문헌과, 이론과 삶 혹은 최소한 이론과 탐구에 포함된 삶에 대한 이야기 간의 일종의 대화로 검토된 문헌 간의 긴장의 형태로 나타난다.

긴장은 다시 탐구의 결과에서도 나타난다. 형식주의적 탐구의 첫 번째 결과는 이론적 틀의 개발 및 관련 문헌에 공헌하는 것이다. 두 번째 결과는 당면하는 문제, 예컨대 도심의 초등학교 교실의 리터러시 문제에 이론을 적용하는 것이다. 이 가운데 첫 번째 것은 내러티브 탐구의 의도된 결과일 수 있지만, 두 번째 것은 거의 그렇지 않다. 내러티브 탐구의 공헌은, 그 분야의 지식에 덧붙일 지식을 야기하기보다는 연구주제와 관련된 새로운 의미를 창출하려는 데 있다. 더구나 많은 내러티브 연구들은 다른 사람에 의해 읽혀질 문학적 텍스트가 될 때 비로소 중요한 것으로 판정된다. 여기서 이 연구들은 그것들이 담고 있는 지식 때문이 아니라, 그것들이 독자들에게 있음직한 삶을 대신 검증해 준다는 점에서 읽혀진다. 내러티브 탐구의 이러한 활용은 Coles의 『*Call of Stories*』에서 일찍이 제시된 것처럼 삶, 문헌, 그리고 교수(teaching) 간의 교육적 연계를 확대한다.

내러티브 탐구의 문학적 결과는 내러티브 연구자와 형식주의 연구자 간의 좀 더 지속적인 경계 긴장 중의 하나를 야기한다. 그러나 우리의 동료 Howard Russeell이 말하듯이, 내러티브를 우리의 청중과 관련하여 이와 같이 문학적으로 활용하는 것은 일반화에 대한 내러티브 탐구자의 대응이다. 내러티브 탐구자는 일반적인 적용이나 활용을 처방하지 않고 독자들에게 그들 자신의 활용과 적용을 상상해 볼 자리(place)를 제공하는 텍스트를 창출한다.

이론의 균형

"내러티브 탐구는 이론적이라고 하기에는 미흡하다"는 말에서 좀 더 긴밀한 긴장이 포착된다. 몇 년 전 Michael이 안식년이었을 때, 그는 그의 내러티브 탐구 강좌들에서 무엇이 제공되어야 할 것인지에 대한 논의에 참석했다. 이 강좌들은 형식주의적이고 이론적 입장이 강한 많은 다른 강좌들과 함께 가르쳐졌다. 논의 중에 Michael이 가르쳐 온 내러티브 탐구 강좌들은 일부 사람들에게는 "이론적으로 충분하지 않은" 것으로 보여진다는 점이 분명해졌다. 만약 그의 강좌들이 계속 진행되려면 내용과 교수 방법이라는 두 가지 중요한 방식이 변화되어야 함이 제안되었다. 그의 강좌들은 경험적인 출발점, 예컨대 학생들의 그들 탐구와의 자서전적 연결, 현장 기록과 기억, 내러티브 논문에 대한 비평, 그리고 기타 연구들을 가지고 시작했다. 강좌 내용은 ***기억, 사실과 허구, 해석, 이야기, 역사, 맥락, 이미지, 메타포*** 등과 같은 내러티브 탐구에 있어서 중요한 핵심 용어에 대한 문헌뿐만 아니라 전기, 자서전, 회상록, 내러티브 민속 기술지, 사례 연구 등과 같은 다양한 내러티브 문헌을 강조했다. Michael의 동료들은 이미 언급한 바 있는 Skinner 책에서 발견된 사람들과 같은 저자들이 규정한 내용 중심으로 강좌를 변화시키기를 제안했다. 방법론적으로 볼 때, 변화된 강좌는 이들 저자들에 대한 독서와 분석으로 출발하고, 그에 초점을 두게 될 것이다. 돌이켜볼 때, 삶의 사건들이 그의 수정된 강좌의 일부가 되었는지는 명확하지 않다. 그러나 분명한 것은 만약 삶의 사건들이 일부분을 차지했다면, 그것들은 이론가들에 의해 생산된 이론적 용어의 사례로서 간주되었을 것이라는 점이다. 제안된 강좌 수정에서 내러티브 이론가들이 형식주의적인 방식으로 활용되었다는 점은 주목할 만하다. 예컨대 Propp(1968)가 독서 목록에 제시되었다면, 그의 연구는 행위, 역할, 그리고 내러티브 구조 간의 이론적 연계를 보여주기 위한 하나의 가능성으로 읽혀졌을 것이다. 여러 가지 예가 사용된다면, 문학적 텍스트가 경험적 텍스트보다 선호될 것이며, 그것은 행위, 역할, 구조 등에 따라 분석될 것이다.

우리가 사고 양식을 논의할 때, Propp 같은 내러티브 이론가들의 연구나 우리 자신의 연구, 혹은 어떤 이야기든 간에 그러한 것은 형식주의적 방식으로 표현되고 검토되고, 가르쳐질 수 있다는 점은 주목할 만하다. 형식주의는 내러티브 탐구처럼 하나의 사고 양식을 나타낸다.

사람

현재 가장 강한 긴장 중의 하나는 탐구에서 사람의 위치를 어떻게 이해할 것인가 하는 것이다. 이것을 말하는 가장 단순한 방식 중의 하나는, 형식주의 탐구에서 사람은 하나의 형식, 즉 하나의 아이디어, 이론, 사회 범주 등의 사례로 간주된다는 것이다. 내러티브 탐구에서 사람들은 체험된 이야기의 구현체(embodiment)로 간주된다. 내러티브 탐구자들이 학교의 이야기와 같은 제도적인 내러티브를 연구할 때조차도, 사람들은 사회적 문화적 내러티브를 형성하고, 그에 의해 형성된 삶을 구성하는 것으로 간주된다. JoAnn Phillion의 내러티브 연구(1999)의 이야기는 형식주의 탐구와 내러티브 탐구에서 사람의 위치가 야기하는 긴장을 보여준다.

Phillion은 일본에서 가르쳤으며, 최근에는 캐나다에서 외국 학생들을 가르쳤다. 그녀는 언어학과 다문화주의 분야 석사 학위 과정을 이수했다. 그녀는 자신에 대해 다음과 같이 말한다. "나는 항상 내가 다른 문화의 사람들로부터 많은 것을 배운다고 느낀다." 그녀의 박사 과정 동안 그녀는 이민 온 교사들을 돕도록 설계된 대학 프로그램에서 일했으며, 이것은 캐나다에서의 그의 일에 전환을 이끌었다. 그녀의 박사 과정 연구는 이민 온 교사의 교실을 연구하기 위한 연구 계획서로 시작했다. 우리가 이 이야기를 쓸 때, 그녀는 서부 인디안(West Indian) 배경을 가진 교사 Pam과 함께 한 그녀의 연구를 완성했다.

Phillion은 문화에 대해, 그리고 가르치는 과정에서 문화가 어떻게 표현되는가에 대해 그녀가 가지고 있었던 가장 소중한 신념의 일부가 Pam 교실에서 수행한 연구에 의해 도전 받았다고 생각했다. Phillion은 캐나다에 있는 서부 인디안 문화와 서부 인디안 인구에 대한 관점을 가지고 있었으며 따라서 서부 인디안 교사가 도시에서의 교수(teaching)에 접근하는 방법에 대해서도 나름의 관점을 가지고 있었다. 우리의 관점에서 보면, 문화는 형식적 범주이다. Phillion은 이 범주를 염두에 두고 그녀의 내러티브 탐구를 시작했으며, Pam이 그녀 자신을 아동의 학습 곤란에 특별한 동정심을 가진 역할 모델로 제시하길 기대했다. Pam의 수업 실제를 해석하기 위한 지침으로서 문화에 대한 형식주의적 범주를 사용하면서, Phillion은 Pam이 캐나다에서 서부 인디안의 삶이 무엇을 의미하는지에 대해 다른 교사들보다 더 많이 알게 되길 기대했다. 그녀는 Pam이 주로 백인 중류 계층 측면에서 규정된 교육 체제 속에서 다른 문화의 아동이 경험하게 될 불리한 점에 대해 예리하게 지적해 주길 기대했다.

Phillion이 Pam과 함께 내러티브 교실 연구를 시작했을 때, 그녀는 Pam의 교실 실제가 그녀가 기대한 것과는 다르다는 것을 발견하고 깜짝 놀랐다. 예컨대 학교에 지각한 학생들은 교실에 들어가 문 옆에 서서, 지각한 것에 대한 이유를 말하도록 요구되었다. Pam은 Phillion에게 그의 철학, 즉 학생들은 자기 자신 및 자신의 행위에 대해 책임질 필요가 있다는 점을 설명했다. Pam은, 개개 아동들은 교사로부터의 강한 지도 없이도 그들 자신에 대한 것을 형성한다고 주장했으며, 이러한 Pam의 철학은 그녀의 아동들과의 관계나 그들의 학습에서 표현되고 있음이 수차례 목격되었다. Pam의 철학은 또한 그녀가 학생들에게 학급 프로젝트를 개발하도록 요구하는 학급 활동에서도 표현되었다.

Phillion이 보기에, Pam은 학생들이 그들 자신의 것을 할 필요가 있다는 근거 하에 비생산적인 활동으로 보이는 것에 대해 관대했다. Pam의 규칙 중의 하나는 학생들이 체육 교육실이나 수영장, 혹은 휴식하러 가기 위해 교실을 떠나기 전에 조용히 할 필요가 있다는 것이다. Pam은 때때로 계획된 활동의 대부분을 놓치더라도 학생들이 조용해지도록 기다렸다. Phillion은 이러한 규칙이 불편하다는 것을 발견했으며, 특히 부모가 방과 후 미팅을 위해서 오는 오후에는 더욱 그랬다. 부모들은 Pam의 규칙에 따라 떠나도록 허용되지 않은 아동들로 가득찬 시끄러운 방 속에서 Pam과 이야기해야만 했다. Phillion의 보고에 따르면, (만약 그녀가 교사였다면) 그녀는 부모와 함께 소음을 참는 것이 당황스럽고 어렵다는 점을 발견했었을 것이다. 그녀는 아마도 아동을 떠나게 했을 충동을 느꼈을 것이다. 그러나 Pam은 침착한 것으로 보였다.

Pam의 교실 실제에 대한 Phillion의 놀라움, 그리고 서부 인디안 교사들의 교실 실제에 대해 그녀가 가지고 있던 생각의 뒤집힘 등은 내러티브적으로 사고하는 것과 형식주의적으로 사고하는 것 간의 차이를 한층 부각시켜 준다. 특히 핵심이 되는 것은 사람의 위치이다. 내러티브 탐구를 오랫동안 해 온 Phillion 또한 문화가 교수(teaching) 장면에서 어떻게 상호 작용하는지에 대해 형식주의적으로 이끌어진 개념을 가지고 시작했다. 그녀는 Pam이 그녀가 속한 문화의 사례일 것이라는 관점과, 그 문화가 교실 실제에서 어떻게 표현될 것인지에 대한 관점을 가지고 시작했다. Phillion의 내러티브 탐구에서는 사람, 즉 체험된 이야기의 구현체로서의 Pam이 문화의 사례로서의 Pam을 대치한다. Phillion의 탐구에서 중요한 것은 형식적 범주라기보다는 사람이다.

문화에 덧붙여, 흔히 사용되는 다른 형식주의적 탐구 용어는 ***인종, 계급, 성, 권력***이다. 내러티브 탐구자들은 다른 연구자들에게 그들의 연구를 보여주거나 설명할 때, 거의 불가피하게 형식주의적 탐구 경계에 있는 자신들을 발견한다. 이는 다른 연구자들이 형식주의적 측면에서 그들의 연구를 읽기 때문이다. 즉 사람은 인종, 계급, 성을 가진 구성원이며, 어떤 상황에서든지 다양한 정도의 권력을 가지고 있는 것으로 말해질 수 있다. 내러티브 탐구자에게 있어서 긴장의 일부는 다른 연구 의제를 수행하는 동안에도 이러한 사실을 인정해야 한다는 것이다.

연구자의 위치

Pam과 함께 한 Phillion 연구의 이야기는 이와 밀접하게 관련된 긴장, 즉 탐구에 있어서 연구자의 위치를 부각시킨다. 우리는 Phillion이 그녀가 알고 있었던 것의 실제적 의미를 깨달았을 때 놀랐던 것을 보았다. 즉 그녀는 Pam이 형식주의 범주 이상을 표현한다는 점에 놀랐다. 그녀는 사람이다. 그러나 Phillion은 또한 자기 내부의 긴장을 발견하고 놀랐다. 그녀는 내러티브 탐구를 수행하면서 이민자 교사의 경험적 개인적 실천적 지식을 이해하려고 애쓰는 자신을 보았다. 그녀는 장기간에 걸쳐 교수(teaching) 및 일반적인 삶에 대해 많은 시간 대화 나눔으로써 이민자 교사의 지식을 이해하고자 했다. 이러한 내러티브 과정이 그녀를 이끌었던 곳에서 처음으로 불편하다는 점을 발견했을 때, 그리고 자신에게서 어떤 경계를 발견했을 때 그녀는 놀랐다. 여기서 경계는 자신의 내러티브 역사에 의해 창출된 것으로, 내러티브 탐구를 수행하는데 있어서 문화의 문제나 자신의 목적에 대해 형식주의적으로 사고한 결과이다.

Phillion이 경계에서 경험한 긴장은, 우리의 내러티브 탐구를 생각해 볼 때, 그리고 우리 연구에 대한 우리 자신의 반응을 자서전적으로 의식해 볼 때 우리 모두에게 중요하다. 초심자이든 경험 있는 연구자이든 똑같이, 우리 모두는 탐구에 대한 관점, 태도, 사고 방식을 가지고 탐구하게 된다. 이러한 역사, 즉 탐구의 이러한 개인적인 내러티브는 우리가 수행한 실제 탐구에서의 어떤 경계와 일치하여 일어날 수도 있고 이와 어긋나게 일어날 수도 있다. 우리 모두는 거의 형식주의적 환원주의적 탐구 역사에 대한 다양한 버전을 가지고 내러티브 탐구를 하게 될 것이다. 이것이 사실이라면, 우리는 내러티브 탐구를 할 때, 영원히 개인적 긴장감과 투쟁하게 될 것이다. Michael의 투쟁은 환원주의적 경계에서 느낀 긴장에 대한 것이다. 그가 마닐라에서 국제적인 과학 성취 연구를 하다가 다시 Bloom의 분류학 개정 작업에 가담하게 된 것은 우연이 아니라, 자신의 탐구 역사의 결과이다. Phillion의 이야기로부터 배워야 할 가장 일반적인 교훈은, 내러티브 탐구자는 탐구 역사에 대한 자신의 내러티브를 재구성하고, 그러한 내러티브 역사와 그들이 수행한 내러티브 연구 간의 가능한 긴장에 관심을 가질 필요가 있다는 점이다.

요약

2장과 3장에서는 내러티브적으로 사고한다는 것이 무엇을 의미하는지의 문제를 탐색하였다. 우리는 이것을 내러티브 탐구 사고가 다른 지적인 사고 방식의 영토로 들어가는 곳인, 거친 언저리(rough edge)를 탐색함으로써 해냈다. 우리는 이러한 장소를 경계로 언급하고, 환원주의적 사고 양식과 형식주의적 사고 양식이 제공하는 2가지 주요 경계를 서술했다. John Dewey와 Edward Thorndike의 비교되는 역할에 대한 Lagemann의 역사적 연구를 활용하여, 우리는 환원주의적 사고 양식을 거대 담론 측면에서 발전시켰다. 우리는 Bloom의 분류학 개정팀과 함께 일할 때, 거대 담론과 우리 자신의 사고 간의 경계를 탐색했다. 우리는 그 경계에서 야기된 5가지 긴장, 즉 시간성(temporality), 사람(people), 행위(action), 확실성(certainty), 맥락(context)을 서술했다. 3장에서는 수 년 간에 걸친 우리 연구의 다양한 측면으로부터 끌어낸 몇 가지 사례를 활용하여 내러티브 탐구와 형식주의 탐구 간의 경계에서 야기되는 4가지 긴장을 규명했다. 그것은 이론의 위치(the place of theory), 이론의 균형(the balance of theory), 사람(people), 연구자의 위치(the place of the researcher)이다.

우리는 이러한 긴장들이 특정 경계에 배타적으로 존재한다고 보지 않는다. 이들은 수 년 동안 우리가 경계에서의 내러티브 탐구를 어떻게 경험해 왔는지를 반영한다. 우리는 또한 우리가 사용한 용어와 구분이 고정된 목록을 제공할 수 있을 만큼 그렇게 날카롭거나 명료하지 않다는 점을 안다. 즉 환원주의 경계와의 5가지 긴장과 형식주의 경계와의 4가지 긴장 등은 그 용어나 구분이 그렇게 명료한 것은 아니다. 양 경계에서 "사람"과 관련한 긴장에 대한 논의는 이 점을 보여준다. 물론 사람은 내러티브 탐구에서 특별한 위치를 가지나, 사람은 모든 사회과학 탐구의 핵심이다. 더구나 우리는 긴장의 목록이 배타적인 목록으로 읽혀지도록 의도하지 않는다. 이들 긴장은 우리 자신의 연구 및 대학원생들과 같이 내러티브 탐구를 수행하는 우리 연구에서 가장 빈번하게 경험해 온 것이다. 이들은 내러티브적으로 사고하는 것의 중요한 측면을 부각시키는 긴장이다. 내러티브를 이해하기 위해 다른 분야로부터 이론적인 용어를 빌린 Czarniawska 및 Polkinghorne과 달리, 우리는 Coles와 유사한 방식으로 내러티브 탐구를 해봄으로써 내러티브 탐구에 대한 대부분을 배운다. 경계에서 내러티브 탐구를 자주 해보면, 내러티브 탐구에서 내러티브적으로 사고한다는 것이 무엇을 말하는 지를 알게 된다.

이 분야에서 연구하는 것과 관련한 좀 더 구체적 문제로 넘어가기 전에 마지막으로 지적하고자 하는 것은, 어떠한 긴장 및 그와 관련된 사고 양식도 고립된 항목이 아니라는 점이다. 이들 문제 모두는 어떠한 내러티브 탐구에서나 중요하며, 상황에 따라 주목받기도 하고 그렇지 않기도 하는 서로 관련된 문제들로 고려될 필요가 있다.

c.h.a.p.t.e.r 04

내러티브 탐구자들은 무엇을 하는가?

내러티브 탐구자들이 무엇을 하는지를 설명하기 전에, 우리는 먼저 그와 유사한 논의를 제공하고자 한다. 이것은 이 글을 쓰는 목적을 설명하는데 유용하리라고 본다. 무엇을 하려고 하는지를 명료히 하기 위해서는 무엇을 하려고 하지 않는지를 명료화하는 것이 필요하다. 우리는 이것을 보여주기 위해 Joseph Schwab의 연구를 이용한다. Schwab의 "과학자들은 무엇을 하는가?"(1960)라는 제목의 글은 과학적 방법에 대한 격렬한 논쟁의 일부였다. Schwab에 의하면, 과학적 방법 및 과학의 성격에 대한 많은 논의는 과학 행위에 대한 언급 없이 이루어졌다. 그것은 그보다는 과학적 논리와 과학적 개념의 일관성에 대한 숙고에 토대를 두고 구축되는 경향이 있었다. 언어 구성을 추상적으로 강조하는 분석 철학이 그 시대의 과학적 방법 문헌에 커다란 역할을 했다. Schwab은 그의 글 제목에서도 드러나듯이 과학자들이 실제로 했던 것에 대한 설명을 제공함으로써 그 논의를 시작하고자 했다. 자신의 글에서 Schwab은 과학자들은 무엇을 해야 한다고 사람들이 ***생각***하는지를 구체적으로 다루려고 하지 않았고, 과학자들이 했던 것에 대한 논리적 분석적 언어적 ***해석***을 제공하려고도 하지 않았으며, 과학이 무엇인지에 대해 철학적으로 추론된 개념을 확장하려고도 하지 않았다. 그는 과학자들이 실제로 했던 것에 표현되어 있는 과학적 사고를 연구하고자 했다.

서론

이 장에서, 그리고 이 책을 통해서, 우리는 내러티브 탐구자들이 무엇을 하는가라는 주제를 다루려고 한다. 우리는 내러티브에 대해 말하는 여러 현대의 혹은 포스트모던적 문헌을 다루지 않는다.

Richardson은 "무엇이 내러티브인가?"라는 제목의 책에서 내러티브와 사회학에 관해 그가 쓴 글(1995, p. 200)을 통해 내러티브를 정의한 바 있다. 우리는 이와 같은 것을 하지 않으려고 한다. Schwab이 과학이나 과학의 방법론을 정의하기 위해 자신의 출발점이 아닌 것을 명백히 한 것처럼, 우리도 내러티브를 정의하기 위해 우리의 출발점이 아닌 것을 명백히 하고자 한다.

내러티브 탐구자는 무엇을 하는가라는 질문에 대한 답을 제공하려는 우리의 과업은 Schwab의 것과 유사하다. Schwab과 마찬가지로 우리는 탐구 용어들과 이러한 용어들이 탐구를 위해서 만들어내는 공간에 관심이 있다. 우리는 이들 용어가 내러티브 탐구를 어떻게 정의 내리고 한정 지우는지를 탐색하는데 관심이 있다. 즉 그들이 어떻게 그 현상을 한계 지우고, 증거로 통용되는 것을 구체화하고, 옹호할 만한 연구 텍스트에 해당하는 것을 결정하는지 등을 탐색하는 데에 관심이 있다.

우리는 우리의 탐구에서 사용할 용어들을 논의할 것이며, 이들 용어들은 Dewey식의 경험관으로부터 추론된 것이다. 특히 ***상황, 계속성, 상호 작용*** 등의 용어들이 이에 해당한다. 다음으로 우리의 연구 틀인 ***3차원적 내러티브 탐구 공간***과, 이러한 틀에 따라 우리 탐구자들이 ***안으로, 밖으로, 뒤로, 앞으로,*** 혹은 ***특정 장소***로 여행하는 "방향"에 대해 검토할 것이다. 마지막으로 우리는 우리의 탐구 과정이 어떻게 활용되는지를 두 가지 예를 들어 보여줄 것이다.

내러티브 탐구 용어 및 내러티브 탐구 공간

무엇이 내러티브 탐구를 위한 용어들인가? 내러티브 문헌에 익숙한 독자들은 현대적 혹은 포스트모던적 저술이나 문학 연구로부터 추론된 일련의 용어들을 상상할 것이다. 내러티브학(narratology) 사전조차 있을 정도로 많은 용어들이 있다(Prince, 1987). 우리의 용어들은 이러한 문헌으로부터가 아니라 경험에 대한 우리의 관심과 목적, 즉 내러티브 탐구 행위를 통해서 생각하는 것으로부터 나온다. 앞 장들에서 논한 바 있듯이, 내러티브 탐구에 대한 사고를 위한 우리의 용어들은 Dewey의 경험론, 특히 상황, 계속성, 상호 작용에 대한 그의 견해와 밀접한 관련이 있다. 우리의 용어들은 Dewey식 이론의 엄격한 부연은 아니다. 사실 Dewey 제자는 우리 용어에서 비판할 수 있는 많은 것을 발견할 것이다. Dewey의 경험에 대한 연구는 참조할 만한 기준이 되는데, 왜냐하면 그것은 우리 연구에서 왜 내러티브인가라는 질문에 대해 그 답이 경험 때문이라는 점을 상기시켜 주기 때문이다. Dewey는 "블랙박스를 넘어서는 경험", 즉 사람들이 자세히 들여다볼 수 없을 정도로 환원되어 버린 경험의 개념을 넘어서는 경험에 대한 사고의 틀을 제공한다. Dewey에게 있어서, 사람들은 자신이 무엇을 하는지, 왜 하는지에 대해 답할 때, "자신의 경험 때문"에라고 말하는 것보다 더 많은 것을 경험적으로 말할 수 있다.

우리는 내러티브 탐구에 대한 사고에서 Dewey의 기본적인 입장을 수용하며, 우리가 사용하는 용어들은 ***개인적 · 사회적***(상호 작용), ***과거 · 현재 · 미래***(계속성), 그리고 ***장소***(상황)의 개념과 결부된다. 이러한 일련의 용어들은 은유적인 ***3차원적 내러티브 탐구 공간***을 만들어낸다. 첫 번째 차원은 시간성(temporality)이고, 두 번째 차원은 개인적이고 사회적인 것이며, 세 번째 차원은 장소(place)이다. 이러한 일련의 용어들을 활용하면, 어떠한 탐구든지 이러한 3차원의 공간에 의해 규정될 수 있다. 즉 연구들은 시간적 차원을 가지고 시간적 문제를 다루며, 탐구에 적절한 균형을 고려하여 개인적인 것과 사회적인 것에 초점을 두고, 특정 장소나 일련의 장소에서 진행될 수 있다.

어딘가 다른 곳(Clandinin and Connelly, 1994)에서, 우리는 이들 차원의 2가지에 대해 기술했다. 그것은 Dewey의 상호 작용의 개념을 따라서, 그리고 어떤 탐구에서나 필요한 네 가지 방향, 즉 ***안, 밖, 뒤, 앞***의 방향에 초점을 두면서 기술되었다. 안으로의 방향이란 느낌, 희망, 심미적 반응, 도덕적 성향 등과 같은 내적 조건들을 의미한다. 밖으로의 방향이란 환경과 같은 현존하는 조건을 의미한다. 앞과 뒤로의 방향이란 과거, 현재, 미래와 같은 시간성을 언급한다. 우리가 기술한 바에 따르면, ***경험을 경험한다는 것***, 즉 경험을 연구한다는 것은 그것을 이러한 4가지 방식에서 동시에 경험한다는 것이며, 각 방식을 지적하면서 질문한다는 것이다. 그러므로 어떤 특정 탐구에서 이러한 2차원적인 공간에 위치해 있을 때, 사람들은 질문하고, 현장 노트를 수집하고, 해석을 끌어내며, 연구 텍스트를 쓰게 된다. 이 연구 텍스트는 안과 밖을 검토함으로써 개인적이고 사회적 쟁점을 다루고, 사건뿐만 아니라 그것의 과거와 미래를 검토함으로써 시간에 따른 쟁점을 다룬다.

이러한 이전의 연구에서, 우리는 장소(place)라는 차원을 환경 내에 포함시켰었다. 이제 우리는 장소를 세 번째 용어로 보고자 한다. 장소는 탐구 장면의 구체적인 물리적이고 위상적인 영역에 관심을 갖는다.

Ming Fang He의 3차원적인 내러티브 탐구 공간에서의 연구 이야기

Ming Fang He가 Michael의 문을 두드려 그의 연구팀의 일원이 될 수 있는지를 문의할 때까지는 그들은 서로 몰랐다. 그녀는 Michael의 지도하에 박사 과정을 시작했으며, 이는 그들 둘 다에게 과거를 회상할 기회를 제공했다. 그녀는 중국의 문화 혁명 이전 시기에 출생했으며, Michael은 캐나다 서부의 시골 소목장 지역에서 자랐다. Michael이 살았던 지역은 가까이에 2개의 상점이 있는 마을로, Long Him이 Long Him's General Store를 운영했었다. 목장 지역은 주로 영국 이민자들이 정착해 왔으며, 그 시대 Michael은 중앙 유럽인들이 많은 1개의 반으로 구성된 시골 학교를 다녔다. 그들 모두는 Michael처럼 보였고, 그처럼 말을 했으며, 캐나다인 2세가 되었기 때문에 그는 동질적인 문화 공동체로 보이는 것 속에서 자랐다. Michael의 1990년대 회상에 따르면, Long Him은 그 문화적 장면에 쉽게 들어맞지 않았던 유일한 사람이었다. Long Him은 사업을 할 수 있을 만큼 영어를 말할 수 있었다. 어린이로서 Michael은 두 달에 한 번, 때로는 매주 부모와 함께 쇼핑을 위해 마을에 갔다. 비록 그의 부모는 오랜 친구가 주인인 다른 가게의 단골이었으나 대개 Long Him의 가게를 방문하곤 했다.

돌이켜 볼 때, Michael은 Long Him에 대해 거의 아무 것도 아는 것이 없었으며, 그의 부모도 마찬가지인 것 같았다. Michael은 Long Him이 지역 생활에 통합된다는 느낌이 전혀 없었다. 순회하는 전도사가 한 달에 한 번 영국인들을 위한 교회 예배를 드릴 때, 대부분의 사람들이 참석했으나, Long Him은 참석하지 않았다. Michael은 어느 토요일 날 Long Him이 자신의 중국인 신부의 모습을 드러냈을 때, 그에게 색다른 이야기가 전개될 만한 것으로 보여지는 것을 기억한다. 영어를 전혀 못하는 이러한 신비스러운 신부의 도착은 신비스러운 "우편 주문(mail-order)" 과정처럼 설명되었다. 그녀는 첫 겨울을 견디지 못했다. Michael은 또한 Long Him이 피웠던 가슴 높이의 물파이프에 매혹된 것을 기억한다. 특히 Michael의 부모가 아이들을 기쁘게 하기 위해 요청했을 때 그는 물파이프를 피웠다. Michael은 그 가게를 어둠에 가득 찬 몰래 숨기 좋은 장소로, 즉 아동기에 좋아하는 숨바꼭질 게임에 적합한 장소로 기억한다.

Michael은 Ming Fang을 만나고 그녀의 논문을 연구하면서 Long Him이 어디 출신인가에 궁금증을 가졌다. 더구나 Ming Fang과의 만남은 그로 하여금 자기 자신, 자신의 가족, 자신의 지역 사회 생활에 대해 궁금증을 갖게 했으며, 다른 문화와의 관계 속에서 자신에 대한 자신의 이야기가 어떻게 시골 전경에서의 가족과 지역 사회 이야기에 의해 형성되는지 등에 궁금증을 갖게 했다. Long Him은 철로가 도입되고 역사가 4마일 간격으로 세워졌을 때 Lundbreck에서 사라졌다. 캐나다는 철로, 즉 중국으로부터 온 노동력에 의해 구축된 철로에 의해 하나의 나라로 연결되었다.

Michael은, Ming Fang이 그녀와 그가 Long Him과 관련하여 누구인가에 대한 그녀의 논문을 끝냈을 즈음 당황하기 시작했다. Long Him은 Michael이 기억할 수 있는 한 그의 첫 번째 다문화 경험이었다. 그의 기억에는 그가 기숙이 가능한 고등학교에 들어가기 전까지는 어떠한 다른 사람이 없었다. 고등학교에는 북아메리카 인디언인 Blackfoot Nation의 Pegian 인디언 부족의 사람들이 있었다. Ming Fang은 Michael로 하여금 이러한 경험을 되돌아보게 했으며, 이제야 그는 다른 장면 출신 사람들에 대한 그 자신의 태도, 감정, 관점에 대해 당혹해하기 시작했다. Ming Fang과 Michael 둘 다 그녀의 탐구를 통해서 그들의 아동기로 거슬러 가보았다. 그녀가 누구인가에 대한 Ming Fang의 완성된 논문은 Michael이 다문화적 세계에서 그가 누구인가를 의문시하도록 도왔다. 그러나 Ming Fang 역시 Michael의 Long Him에 대한 이야기가 전개되었을 때 새로운 혼란에 직면했으며, Ming Fang은 캐나다에서의 중국인의 위치에 대해 호기심을 가졌다.

Ming Fang He는 어릴 때 문화 혁명을 겪었고 개혁이 진행되고 있는 농장에서 시간을 보냈으며, 중국에서 학사 학위를 받고 캐나다의 2개의 다른 대학에서 영어학과 언어학 석사 학위를 받은 중국 본토 여성이다. 그녀는 캐나다 이민자 지위를 획득했으며, 그녀의 논문이 시작되었을 때 두 나라의 시민이었다. 그녀와, 비슷한 배경을 가진 그녀의 여성 친구들은 그들이 누구인가에 대해 매우 당혹스러웠고 혼란스러웠다. 그녀의 논문 계획서가 형성될 즈음에 이러한 혼란은 다양한 문화 충격을 경험하는 것의 일환으로 표현되었다. 그녀는 지역 사회와 대학이 그녀가 강한 자아감을 획득하는데 불충분한 네트워크를 지원한다고 보았다. 그녀는 대다수가 중국인인 이민자들에게 제2언어로서의 영어를 가르치는 일을 함으로써 부분적으로 자활했다. 그녀는 이러한 가르치는 일과 이를 지원하는 문헌에서 그녀의 혼란감을 명백하게 해 줄만한 것을 거의 발견하지 못했다. 이러한 문헌은 기본적으로 언어 획득을 통한 문화 적응이라는 개념에 기반하고 있다. 그녀의 중국과 캐나다 문화에 대한 경험, 그리고 그들 간을 왔다 갔다 해본 그녀의 움직임은 그녀로 하여금 언어나 문화적 적응보다 훨씬 더 많은 것이 문제가 되었다는 점을 생각하게 했다.

그녀가 그녀의 논문 계획서를 명료히 한 것은 이러한 경험과 고려들로부터이다. 그녀는 최종적으로 완성된 논문 초록에서 이것을 "3

명의 중국인 여교사들이 중국 문화와 캐나다 문화 간을 왔다 갔다 할 때 이들이 겪는 정체성 형성 및 문화적 변형에 대한 연구"(He, 1998)로 개념화했다. 그 논문은 3명의 중국 여성, 즉 Shiao, Wei, Ming Fang의 삶에 대한 집중 연구이다. 이것은 중국에서 일련의 정치적 문화적 격변을 겪은 1950년대 후반부터 캐나다로 이주하기까지의 이들의 삶과, 캐나다에 살면서 그리고 캐나다에서 고등 교육을 공부하면서 이들이 경험한 더 많은 격변을 다룬다. 부분적으로는 중국에 계속되는 정치적으로 민감한 부분 때문에, 그리고 부분적으로는 전기 및 자서전의 한계 때문에 그녀는 각 여성의 정체성 형성 및 문화적 변형을 이야기하는데 있어서 ***혼합식 자서전***(composite autobiography)이라는 방법을 창안했다.

Michael이 Ming Fang, Shiao, Wei 등의 중국에서 자란 이야기를 읽고 또 읽었을 때, 그는 그 시대와 장소가 어떻게 그들의 삶과 그들이 그들에 대해 말하는 이야기를 형성했는지를 이해하게 되었다. Ming Fang이 그녀의 삶에 대한 그녀의 기억과 3명의 중국인 여성들의 삶이 이루어졌던 전경 간의 관계를 이해하기 위한 연구를 하면 할수록, Michael은 Long Him에 대한 그의 지식이 얼마나 제한적이었는지, 그리고 그가 알았던 것이 얼마나 그의 어린 시절 전경의 고유한 문화적 특성을 반영하지 못했는지를 깨닫게 되었다. 그녀의 논문에서 Ming Fang은 그녀의 이야기가 처음 전개된 장소로 거슬러 올라갔다. 비록 Michael 역시 그의 이야기가 처음 전개된 장소로 거슬러 가긴 했지만, 그는 Long Him에 대한 그의 이야기에서 어떠한 중국적인 장소도 없다는 것을 깨달았다. Michael의 이야기에서 Long Him은 거의 전적으로 그가 Michael의 시골 캐나다 장면에 등장했을 때, Michael의 그에 대한 경험으로부터 구성되었다. Michael은 중국에 대해 잘 모르는 관찰자의 전형적인 감각을 가지고 있었다. Long Him에 대한 그의 아동기 이야기는 그러한 감각으로 구체화되었으며, Michael은 이와 관련하여 2가지 것을 기억한다. 그 첫 번째는 "중국에서 굶주리는 어린이들을 생각해 보라"고 말하면서, 마치 그의 식사가 어떻게든 그들의 기아와 관련되어 있는 것처럼, 그들의 접시를 깨끗이 비워야 한다는 그의 어머니의 훈계이다. 그가 기억하는 두 번째 것은 만약 그가 충분히 더 멀리 파고 들어갈 수 있었다면, 그가 중국에서 나왔을 수도 있었을 것이라는 황홀한 생각이다. 그는 그의 마음 속에 이러한 이야기들이 중국에서의 Long Him의 성장 경험과 어떻게 관련되는지에 대해 어떠한 기억할만한 연계를 가지고 있지 않다.

Ming Fang의 내러티브 탐구는 Michael을 이러한 경험의 장소로 옮겼다. 그는 Ming Fang의 논문을 통해서 Lugones(1987)가 의미하는 "세계 여행자"가 되었다. 그가 Long Him의 세계에 대한 세계 여행자가 되는 것에 대해 호기심을 갖게 되는 데는 평생이 걸린 셈이다. Ming Fang의 오래 전 중국 이야기와 현재의 캐나다인의 이야기들은 Blaise(1993)가 제안하듯이, 우리가 "그들 나라에서 살고, 그들 언어를 말하고, 그들 버스로 그들의 거리를 다니고, 그들의 자물쇠에 우리의 열쇠를 넣도록"(p. 201) 돕는다.

3차원적 내러티브 탐구 공간

우리는 일찍이 3차원적 공간이라는 비유를 만들었다. 이 공간은 내러티브 탐구자들이 자신들을 앞, 뒤, 안, 밖으로 가리키고, 자신을 장소에 위치 지우는 일련의 용어를 사용하여 자신을 발견하게 되는 곳이다. 우리는 이러한 차원을 내러티브 탐구에서 추구해야 할 방향 혹은 길로 본다. Ming Fang과 Michael의 탐구에 다가감에 따라 우리는 이들 용어들을 몇 가지 다른 방식으로 생각하게 될 것이다.

거대 담론의 측면에서는, 이야기를 일련의 이해로 환원시키기 위한 하나의 분석 틀로서 그러한 용어들을 생각할 것이다. 예컨대 뒤를 돌아본다는 것은 Ming Fang의 문화 혁명이 그 예가 될 것이며, 안을 본다는 것은 그녀가 캐나다에 들어와서 그녀의 논문 공부를 시작할 때 경험한 문화적 충격이 예가 될 것이다. 우리가 계속해서 그 용어들을 분석 틀로서 개발하기를 고집한다면, 각 세트에 따라 개발될 발견물을 계속 진술하게 될 것이다. 예컨대 장소와 시간의 교차점에서는, Ming Fang이 어린 시절을 보냈던 중국은 이제 그녀가 기억한 이야기에만 존재하는 구성물이라는 주장이 가능할 것이다. 안을 들여다 보는 것과 장소의 교차점에서는, Ming Fang은 중국이라는 하나의 장소에서 캐나다라는 다른 장소로 움직일 때 문화적 충격을 경험한다는 주장이 가능할 것이다. 밖을 보는 것과 장소의 교차점에서는, 문화적 충격을 일으킨 것은 바로 두 장소 간의 차이였다는 주장을 하게 될 것이다.

그 용어들을 그것이 본래 생겨난 곳으로 되돌리기 위해서는, 그 용어들을 이야기를 분석하여 이해의 목록을 만들어 내는 것으로서 생각하기 보다는, 탐구마다 적절한 다른 유형의 질문, 퍼즐, 현장 연구, 현장 텍스트가 있음을 가리키는 것으로서 생각할 수 있다. 그러므로 Ming Fang은 참여자와의 대화와 인터뷰를 통해 문화 혁명에 대한 기억 자료를 수집하거나, 그 시대의 포스터, 슬로건, 새로운 기사를 검토하게 될 것이다. 그녀가 개인적인 것에 초점을 둘 때, 그녀는 아마도 그녀 부모와의 편지를 통해서 그녀가 문화 혁명 동안 자신과 자신의 가족에 대해 어떻게 느꼈는지를 재구성하게 될 것이다. 용어들에 대한 이러한 활용이 이 장의 나머지 부분에서 소개된다.

지금까지 말해지지 않은 이들 용어의 세 번째 활용은, 탐구 행위와 관련된 애매함, 복잡성, 어려움, 불확실성이다. 이들 행위, 즉 내러티브 탐구의 "소재"(stuff)는 완성된 탐구를 읽음으로써 지각되고 이해될 수 있을 뿐이다. 여기서는 이러한 복잡성을 탐색하지는 않으나 나중에 그것을 다시 다룰 것이다.

두 번째 활용, 즉 탐구가 어떻게 탐구자에 의해 구조화되는지를 보여주기 위해, 다시 말하면, 내러티브 탐구자들이 무엇을 하는지를 보여주기 위해 그 용어들을 활용하는 것으로 되돌아가기 위해서, 우리는 시간적인 차원을 고려한다. Ming Fang은 그녀의 현 시점에서 느낀 문화적 충격을 가지고 시작했다. 그녀는 개인으로서, 현재라는 시간에 처해서, 그리고 그가 사는 캐나다라는 장소에서 이러한 느낌을 기술했다. 그녀는 과거로 거슬러 가서 중국에서의 그녀의 느낌을 검토했다. 그녀는 조용하고 지적인 어린 시절이 문화 혁명의 혼란에 의해 방해받았음을 기억했다. 그녀가 이와 같은 과정에 가담했을 때, 그녀는 개인적인 것뿐만 아니라 개인적인 것의 사회적인 것과의 교차점을 기억했다. 위에서 간략하게 서술한 그녀의 연구 텍스트는 개인적 이야기와 사회적 이야기 양자로 구성된다. 내러티브 탐구를 하는 동안, 그녀는 기억 상에 더 이상 존재하지 않는 중국으로 시간과 장소 상으로 거슬러 여행하면서 현재 살고 있는 캐나다라는 장소에 남아 있다. 그녀의 연구가 놓여 있는 3차원적인 공간은, 그녀가 어떤 한 장소의 기억된 과거로부터 다른 장소의 현재의 순간으로 움직임에 따라 계속적으로 혼란감을 불러일으킨다. 그리고 이러한 움직임은 앞으로의 정체성을 가상적으로 구성하게 된다.

어린 시절에 대해 기억한 이야기로 되돌아가는 데 있어, Michael은 그 용어들이 또한 그의 (기대되지 않은) 내러티브 탐구를 구조화한다는 점을 깨닫는다. 그는 현재라는 시점에서 Ming Fang과 그의 연구를 시작했다. Jean에게 Ming Fang의 이야기를 말할 때, 그는 그의 어린 시절의 기억을 회상했으며, 그리고 나서 그가 만난 최초의 중국계 캐나다인인 Long Him에 대한 기억을 회상했다. 그렇게 하면서, 그는 그의 현재의 시간과 장소를 위한 새로운 이야기를 구성하면서 과거의 시간과 장소로 움직였다. 그리하여 Michael은 여태 말해지지 않았던 Long Him의 가게를 방문한 이야기를 구성했다. 그러나 그는 또한 그의 어머니가 그에게 말한 이야기를 회상했다. 두 가지 유형의 이야기가 그의 어린 시절의 장소와 시간에 있었다. 둘 다 그의 성인기의 장소와 시간으로부터 말해지며, 이후로 양자는 Ming Fang에 대한 그의 현재 이야기 및 그녀의 과거 이야기와 나란히 놓여졌다.

다른 장소와 시간에 대한 그의 이야기를 구성하는 데 있어서, Michael은 그가 어떻게 느꼈는지를 고려하도록 요청받았다. 여기서 그는 어떤 환경, 즉 어두운 가게, 물파이프, 잠깐 일별한 중국인 아내 등에 대한 희미한 기억에 토대를 둔 상상을 하기 시작했다. 그러나 Michael은 자신을, 우리가 이 연구 텍스트에서 기술했던 3차원적인 탐구 공간 내에 두었을 때, Long Him이 어떻게 해서 그가 있는 곳으로 "세계 여행"해 왔는 지를 알게 되었으며, Long Him의 중국인으로서의 위치와 Long Him의 내부 조건에 대해 그가 "세계 여행"하지 않아 왔다는 사실을 깨닫게 되었다. Michael은 Long Him과 그의 관계를, 그가 살았던 시골의 서부 전경이라는 장소로부터, 즉 그의 어린 시절 전경에 의해 만들어진 그 시절의 느낌이 살아있는 그의 아동기로부터 구성했다. Michael이 이러한 연구 텍스트를 구성할 때, 그는

Long Him, Ming Fang, 그리고 그들과의 관계에 있는 그 자신 등에 대한 자신의 인식을 다시 이야기할 수 있는 새로운 가능성을 보게 된다. 이 공간에 있다는 것은 내러티브 탐구자에게는 복잡하다. 왜냐하면 모든 이러한 문제들은 시간을 고려해야 하기 때문이다.

이 이야기에서 우리는 3차원적인 내러티브 탐구 공간 내에서 움직인다. 장소는 Ming Fang의 과거 중국으로부터 현재의 Toronto로, Michael의 Long Him과 함께 한 과거 서부 캐나다 지역으로부터 현재의 Toronto로 이동한다. 시간은 서부 캐나다와 중국의 어린 시절로부터 Toronto의 현재로 이동한다. 아동으로서의 Michael, 아동으로서의 Ming Fang, 그리고 성인으로서의 그들 양자의 내부적 실존적 조건이 이야기된다. Long Him은 부분적 기억으로, 상상 속의 부분적 구성으로 남는다. 즉 그는 Michael의 혼란 속의 인물이다. Michael은 Ming Fang이 어디에도 속하지 않거나 혹은 두 곳 모두에 속하기도 하는, 중국과 캐나다 사이의 삶에 대해 기술한 단어들이 내부적으로 무엇을 의미하는지를 궁금해 한다. 그는 Long Him이 2개의 가게가 있는 목장 마을에서 자신의 삶에 대해 어떤 의미를 부여했는지 궁금해 하며, 또한 한 세대 뒤에 그의 부모가 자기 아들이 다른 문화의 사람들에 대한 그 지역 사회의 예민함을 문제시한다는 것을 듣고 이에 대해 어떻게 생각할 지 궁금해 한다. 그가 기억하기로, 그의 부모는 매우 충실한 평등주의자이었기 때문에 충격받고 불쾌해 하리라고 상상할 수 있을 뿐이다.

다음 이야기에서 우리는 다시 3차원적인 탐구 공간으로 돌아간다. 그러나 이번에는 학교라는 공간에서 시간적으로 앞 뒤로 움직이게 된다. 우리는 다시 기억과 관련한 현장 텍스트와 연구 전사본이라는 현장 텍스트를 가지고 연구한다.

3차원적인 내러티브 탐구 공간에서 Karen Whelan과 함께 일한 이야기

춥고 햇살 가득한 겨울 날, 중앙 테이블에 5명의 사람이 모인다. 이 날은 토요일이고 빛이 창을 통해 들어온다. 하늘은 믿기 어려울 만큼 파랗지만 그들은 거의 쳐다보지 않는다. 이것은 그들이 토요일마다 하는 연구의 하나이다. Chuck와 Annie는 그들의 연구에 대해 이야기하고 공유하기 위해 Janice, Karen, Jean을 만나러 Calgary로부터 온다. 테이블 가운데에서는 녹음기가 돌아가고 있다. 그들은 오랜 시간 동안 앉아 있어 왔지만 그들 대화에 몰두되어 있다.

그들은 교사, 교장, 교사 교육자들로 구성된 지속적으로 모이는 연구 집단의 일부이며, 이들은 그들이 살아가고 있는 전문적 지식 전경 위에서 그들의 위치를 이해하려고 하고 있다. Jean은 녹음기로 청취된 대화의 전사본 가운데 일부를 공유한다. 여기서 Karen Whelan은 다음과 같이 말한다.

> 저는 때때로 여러분이 여러분을 주변화시키는 사태에 대해 강하게 느낄 때가 있다고 생각합니다. 저는 그 교장과 함께 한 첫 해를 기억할 수 있습니다. 저는 교장이 모든 아동들을 동일한 방식으로 평가하길 원했기 때문에 그와 성적표에 대해 논할 때 얼굴을 붉혔습니다. 여러분도 알다시피, 3학년 교실에서 우리 학급의 어떤 아이는 1학년 수준에 있고, 어떤 아이는 3학년 수준에 있을 수 있습니다. 우리는 그들을 동일하게 평가하여, 1학년 수준에 있는 아이에게는 그들이 해당 학년 수준에 있지 않기 때문에 늘 실패, 실패, 실패라고 점수를 매기려고 합니다. 그래서 그들은 항상 밑바닥에 있게 됩니

> 다. 제 기억에 저는 교장이 이러한 방식으로 생각할 수밖에 없다는 것에 대해 신경질이 났었습니다. 여러분은 어떻게 어떤 아동이 항상 실패하고 있다고 점수매길 수 있나요? 저는 그러한 것들로 속상하게 되면, 그것들에 더 몰두하는 경향이 있습니다. 저는 눈물을 흘렸고 거의 회의적이 되었습니다. 이것이 어떻게 일어날 수 있습니까? [그룹 대화, 1997년 1월 18일]

그들은 그들 자신의 아동기 기억, 기억나는 교실의 그들 학생 이야기, 기억나는 교실의 그들 교사 이야기, 진행 중인 연구 프로젝트로부터 나온 전사본의 공유, 그들 서로 간에 요청한 이야기, 그들의 과거사, 그들이 수집한 자료 등을 통해 그들의 말을 엮어가면서 대화를 지속한다. 녹음기는 계속해서 그들의 대화를 녹음한다. 대화의 일부는 기억을 더듬는 것이며, 일부는 학교 서류와 연구 집단의 전사본과 같은 연구 현장 텍스트를 공유하는 것이다.

그 날이 지나면, 전사본이 만들어지고, 몇 달 후 Jean은 그들을 연구하게 된다. 그녀는 자신의 책상에서 이들을 연구하고, 이들을 읽고 또 읽으며, 어떤 구절에서 멈춘다. 왜냐하면 그녀는 그 날을 생각하면서 기억하고 있는 것을 상기시키고 싶기 때문이다. 그녀는 그것의 전사본을 찾는다. 그러나 그녀가 말한 것에 대한 어떠한 기록도 없다. 그녀는 읽기를 멈추고 쓰기 시작한다. 다음은 그녀가 쓴 것이다.

> 참여자들과의 대화 전사본과 학교 교실 모임에 대한 현장 노트를 토론하는 프로젝트 미팅 중간에 나 자신의 오래전 이야기가 마음속에 떠오른다. 나는 나의 아동기 교실을 기억한다. 마루 왁스 냄새, 젖은 양모 벙어리 장갑, 목도리 등을 기억한다. 나는 딱딱한 나무를

긁는 책상 소리와, 철자 단어를 부르는 그녀의 목소리를 기억한다. 일련의 불안이 나의 복부에 차오른다. 표준화된 방식으로 성적표에 부여된 점수를 받는 아동들의 경험에 대한 토론이 야기한 느낌이다. 냄새, 소리, 시각, 느낌 등은 곧 마음에 그림과 이야기를 만들어낸다.

Jean은 작은 마을에 위치한 오래된 벽돌 건물 학교의 1950년대 초반 교실에 있는 아동이다. 그녀는 매일 그 학교에 버스를 타고 다닌다. 2명의 몸집이 큰 소년인 Donnie와 Daryl도 그녀의 학교 버스를 타고 다닌다. 그들은 학교 버스에서 인사를 강요하며, 항상 그 버스의 뒤에 앉는다. 그러나 그들은 학교에 오면, Jean의 4학년 교실에 온다. 그리고 그녀가 그 철자 시험보는 날을 기억한 것은 바로 그 교실에서이다.

Jean이 전사본을 읽으면서 자신의 책상에 앉을 때, 그녀는 자신을 그 학교에서 시험을 치르고 있는 아이로 기억한다. 그녀는 책상 사이를 움직이면서 교실 중앙에 서서 말하는 교사를 기억한다. 그녀는 걷고 있니? 그녀의 하이힐이 교실 바닥을 딱딱거리니? 그녀는 Jean이 단어를 쓰는 것을 보기 위해 Jean 책상 앞에서 멈추니? 그녀가 Daryl의 책상에서 멈추니? Daryl은 정말로 나쁜 소년이니? Donnie는 시험을 치렀니? Jean은 Donnie와 Daryl이 15살이고, 따라서 그들이 법적으로 학교를 그만둘 수 있는 16살이 될 때를 기다리면서 그 4학년 교실에서 시간만 때우고 있다는 것을 기억하니? 이러한 궁금증은 Jean이 기억해낸 날에 대해서 쓸 때 그녀에게 떠오른 것이다.

나중에 우리가 이것을 연구 텍스트로 쓸 때, 우리는 탐구 공간에 대해서 생각한다. 1월에 대화하던 날, Karen은 그녀의 이야기를 말할 때 연구 집단의 Jean과 다른 사람들을 과거로 데리고 갔다. Karen은 그녀의 교장과 나눈 대화를 화자 우위의 관점에서 기술했다. 그녀는 자신을 흥분한 것처럼 얼굴이 빨개진 것으로 묘사했다. 그녀가 회상한 바에 따르면, 그녀는 그 교장과의 만남에서 화가 났었다. 그녀는 교장과의 대화를 기술했으며, 당시 교장은 모든 학생들을 그들의 학년 수준에 비추어 평가하길 원했다. 그녀는 연구 집단을 그 순간으로 되돌렸으며, 그들을 미래 쪽으로 끌고 갔다. 그녀는 그 순간과, 표준화된 시험과 평가가 이제 학교에서 수용되는 그러한 전경에서 그녀가 자신을 어떻게 주변적인 것으로 보는지 간을 연결시킴으로써 미래로 향하게 했다. 그녀는 그들을 장소, 즉 도시 중심지의 학교에 위치시켰다. 그 곳에서는 새로운 평가 정책이 정책으로부터 교장으로, 그리고 교사인 Karen에게로 연달아 하달되었다.

처음에 Jean은 청취자였으나, Karen의 이야기가 그녀의 기억을 불러 일으켰다. 그녀는 그녀가 말하지 않았던 것을 안다. 만약 그녀가 말했었더라면 전사한 대화에 포착되었을 것이다. Karen의 이야기가 그녀에게 기억을 불러일으켰던 것은 그녀가 기억해 낸 그 전사본을 읽을 때 뿐이었다. 그녀는 이 때 그녀가 기억하는 것을 썼다. 당시 Jean은 처음에는 Karen의 이야기에 대한 반응으로서, 다음으로는 전사본을 읽음으로써 야기된 과거를 회상했다.

Jean은 그녀의 오래 전 교실로 거슬러 갔다가 그녀의 현재 연구로 나아갔으며, 전문적 지식 전경에서 내러티브 탐구자가 된다는 것이 무엇을 의미하는지 하는 문제로 갔다. 이 모든 것은 장소에서 일어난다. 그것은 그녀가 교사들과 그녀의 연구에 대해서 연구하고 저술하는 대학 내의 현 장소와, 그녀가 공부했던 작은 마을 학교의 시골 아이였던 과거의 장소에서 일어난다.

이들은 지금은 Jean의 기억 속에서 함께 엮어진 이야기 일부이다. 그녀가 과거 그 교실의 어린 아이였을 때, 그녀는 내러티브 탐구자가 아니었다. 그러한 경험을 기록할 어떠한 의도가 없었다. 그녀는 이제 기억에 의존하여 그 내러티브를 재창조한다. 그녀는 시간적, 공간적, 신체적으로 거리가 있는 현재로부터 이야기를 말한다. 그녀는 교사, 두 소년, 작은 소녀, 교실 등에 대한 이야기를 말한다. 그 교실 사건에 대해 어떠한 현장 텍스트도, 어떠한 꼼꼼한 노트도, 어떠한 사진도, 어떠한 전사본 대화도 없다.

우리가 이러한 사례를 제공하는 목적은 3차원적 내러티브 탐구 공간을 구조화하는 용어의 활용법을 보여주기 위한 것이다. 우리는 현재 Karen이 그녀의 교장과의 1년 전 만남을 기술하는 연구 집단 모임에서 나온 전사본의 일부를 가지고 시작했다. Karen의 말은 Jean을 그녀 자신의 아동기라는 시간적 차원으로 되돌아가게 했다. 그러나 우리가 시간적으로 앞 뒤를 오갈 때, 우리는 학교라고 불리는 장소, 즉 평가가 이루어지고 아동의 경험이 그러한 점수에 따라 분류되는 그러한 곳에 뿌리를 둔 채 머문다는 점이 명백하다. 우리는 Karen의 강한 느낌 안으로 들어가며, 명령받은 성적표와 평가 체제를 설명하고 있는 그녀 교장과의 대화를 위해 밖으로 향한다. Jean 역시 과거의 철자 시험으로 인한 공포감, 가시적인 증거였던 급우들에 대한 이야기, 시험에 실패했을 때 일어날 것에 대한 그녀의 아동기적 관점 안으로 들어간다. 3차원적인 공간 내에서 연구할 때 분명해지는 것은, 내러티브 탐구자로서의 우리가 이 공간에서 혼자가 아니라는 점이다. 이 공간은 우리와 우리가 함께 연구하는 사람들을 포함한다. 내러티브 탐구는 관계적 탐구(relational inquiry)이며, 여기서 우리는 현장에서 연구하고, 현장으로부터 현장 텍스트로, 그리고 현장 텍스트로부터 연구 텍스트로 움직이게 된다.

반성 노트

우리가 내러티브 탐구자로서 3차원적인 공간에서 연구할 때, 분명하게 되는 것은 탐구자로서 우리가 과거, 현재, 미래 속의 자신을 만난다는 점이다. 이것이 의미하는 바는, 우리는 좀 더 최근의 이야기뿐만 아니라 과거의 우리 자신에 대한 기억나는 이야기도 말한다는 점이다. 이들 이야기 모두는 우리 미래의 가능한 줄거리를 제공한다.

과거의 자신에 대한 이야기를 말하는 것은 다시 말하기의 가능성을 이끈다. 우리는 이것을 Ming Fang 및 Long Him과 자신의 관계에 대해 저술한 Michael의 이야기에서 보았다. 우리는 그것을 다시 Karen 및 Jean의 4학년 교실에 대해 저술한 Jean의 이야기에서 보았다. 그것은 단지 내러티브 탐구자들에 의해 다시 말해진 연구 참여자의 이야기만이 아니다. 우리의 사례에서 그것은 또한 탐구자들(Michael과 Jean)의 이야기이며, 이것은 탐구와 다시 말하기를 위해 열려 있다.

내러티브 탐구자로서 우리는 진행 중인 연구에 대해 우리가 저술한 것을 반응 집단과 공유한다. 이 말은, 다른 사람들에게 우리 연구를 읽고 향후 다시 말하기를 이끌만한 다른 의미를 발견할 수 있도록 반응해 달라고 요청한다는 것을 의미한다. 우리는 이 장을 공유했고, 우리에게 놀라운 일부 반응을 받았다. 특히 Michael, Ming Fang, Long Him의 이야기와 관련하여 그러한 반응을 받았다. 그 반응 가운데에는 Michael이 Long Him에 대한 묘사에서 인종 차별적이었다는 의견이 있었다. 그 반응에 따르면, 인종 차별주의가 물파이프, 우편 주문 신부, 색다른 등과 같은 언어의 사용에서 두드러졌다는 것이다. 반응에서는 우리의 언어가 현재의 화자의 관점을 나타내는 것으로 간주되었다. 우리는 그 때와 지금 간의 내러티브 연계를 강화하기 위해 그 텍스트를 다시 연구했다.

이러한 반응은 우리를 멈추게 만들고 의심해 보게 한다. 왜냐하면 우리는 Michael의 아동기 전경 속에서 작동하는 태도를 나타내기 위해 그 언어를 의도적으로 선택했기 때문이다. 그 이야기의 화자로서 우리는 우리가 보기에 그의 아동기 전경에서 이용할 수 있는 문화적 전형과 일반적 태도에 해당하는 것을 신중하게 끼워 넣었다. 이제 우리는 이에 대한 반응을 진지하게 받아들기 위해서 좀 더 사고를 명료히 한다. 왜 우리가 Michael의 아동기를 그렇게 묘사하는가? 부분적으로 우리는 이들이 우리의 이야기였다는 점을 명료히 하기 위해 그 언어를 사용한다. 우리는 오늘날 문화적 전형이라고 하는 것을 경험해 왔다. 우리 자신에 대한 이러한 이야기, 즉 탐구를 통해서 과거의 우리 자신에 대한 이러한 만남은 탐구자로서 우리 역시 그 퍼레이드의 일부임을 명료히 한다. 우리는 우리 자신이 사는 세계를 만드는 것을 도와왔다. 우리는 단순히 객관적인 탐구자가 아니다. 우리는 우리의 도덕적 기질이 가질 수 있는 것보다 질적으로 더 못한 세계를 연구하는 사람이 아니다. 즉 우리가 창조하는 것을 도울 수 없었던 세계를 연구하는 사람이 아니다. 이와 반대로 우리는 우리가 연구하는 세계의 공모자이다. 이러한 세계에 존재하기 때문에 우리는 더 나은 세계를 이끌 수 있는 이해를 제공할 뿐만 아니라 우리 자신을 재구성할 필요가 있다.

우리는 Michael의 이야기를 무시하거나 우리의 현 세계관에서 볼 때 덜 적절해 보이는 것을 그럴 듯 하게 꾸밀 수 있었다. 우리는 Michael의 중국계 캐나다인과의 첫 번째 만남이 Ming Fang이었다거나, 그를 초라한 내러티브 과거가 없는 현명한 현재의 탐구자로 남

기게 할 대본을 만들 수 있었다. 이러한 대본에서 그가 놓여 있는 곳은 UN이 세계에서 가장 다문화적인 도시라고 하는 오늘날의 토론토이다. 이러한 장소로부터 Michael은 문화적 문제에 대해 뛰어난 통찰을 쉽게 주장할 수 있었다. 그러나 그러한 대본은 마치 Michael이 그 현상의 일부가 아닌 것처럼, 그가 내러티브 시각을 가진 사람이 아닌 것처럼 그를 세계로부터 제거해 버린다.

이러한 반응이 우리에게 강조하는 바는, 내러티브 탐구자로서 우리는 우리의 연구 참여자들뿐만 아니라 우리 자신과 함께 해당 공간에서 일한다는 점이다. 이러한 공간에서 일한다는 것은, 우리가 우리 자신의 살아온 그리고 말해진 이야기와 함께 보여진다는 것을 의미한다. 때때로 이것은, 우리 자신이 말하지 않은, 아마도 비밀스런 이야기가 우리의 연구 참여자들의 것과 마찬가지로 빛을 보게 된다는 것을 의미한다. 우리의 내러티브 과거에서 우리 자신에 대한 이러한 대면은 탐구자로서 우리를 공격받게 만든다. 왜냐하면 그것은 비밀 이야기를 공개하는 것이기 때문이다. 내러티브 탐구에서 연구자로서 침묵을 지킨다거나 일종의 완벽하고 이상적이고 도덕적인 자아를 제시하는 것은 불가능하다(설사 불가능하지는 않다 하더라도 그것은 의도적인 자기기만이다).

c.h.a.p.t.e.r 05

현장에 존재하기

– 이야기의 속으로 들어가기

3차원적 내러티브 탐구 공간에서 일할 때, 우리는 늘 ***그 공간의 한복판***, 즉 시간, 장소, 개인적 · 사회적 차원의 어딘가에 위치해 있는 우리 자신을 보게 된다. 그러나 우리는 또 다른 의미에서 한 가운데에 있는 자신을 본다. 즉 다른 사람들의 이야기의 한 가운데에 있음을 보게 된다. 결국 우리는 일련의 우리 이야기와 타인들의 이야기 중심에 있는 우리 자신을 본다.

서론

이 장에서 우리는 연구 현장의 한 가운데로 들어가서 몇 명의 연구자들의 경험을 살펴본다. 우리는 연구자들이 연구를 진행하는 과정에서 협상하고 교섭해야 하는 여러 복잡성의 문제들을 고찰한다. 구체적으로 우리는 연구자들이 자신들의 현장 조사에서 완수해야 할 핵심적인 영역들, 즉 관계를 협상하기, 목적을 협상하기, 이행을 협상하기, 유용해지는 방법을 협상하기 등을 탐구한다.

현장 한 가운데에서 연구를 시작하기

연구자로서 우리는 우리의 이야기를 살아가는 각각의 새로운 탐구 현장으로 들어온다. 우리의 연구 참여자들 또한 그들의 이야기를 살아가는 한 가운데에서 탐구 현장으로 들어간다. 그들의 삶은 우리의 연구가 착수된다고 해서 시작하는 것도 아니며 우리의 연구가 마무리된다고 해서 끝나는 것도 아니다. 그들의 삶은 계속된다. 게다가 그들이 살아가고 일하는 장소들, 즉 그들의 교실, 학교, 그리고 지역 사회 또한 우리 연구자들이 그 한 가운데에 존재한다. 그들의 제도와 지역 사회, 가장 넓은 의미에서의 환경 또한 이야기의 한 가운데에 존재한다.

Geertz(1995)는 Sefrou에서 행한 자신의 인류학 연구에 관하여 이렇게 느끼고 있었다. 그는 "정말로 중요한 모든 일들이 바로 어제 일어난 것 같기도 하고 바로 내일 일어날 것 같기도 한 그런 지점에서의 막간(entr'acte)으로 들어가는 것은, 너무 늦게 오거나 너무 일찍 도착하는 그런 불편한 느낌을 유발한다. 이런 느낌은 그 후에도 결코 나를 떠나지 않았다....... 이것은 언제나 정확한 시간이 아니라 정확한 시간들 사이에 일어나는 휴지기(pause)처럼 보인다(p. 4)"라고 쓰고 있다.

Kerby(1991)는 다른 어떤 것을 염두에 두고 말하긴 했으나, 그에 의하면, 탐구의 현장에 들어간다는 것은 우리를 동반하는 것이며, 그 속에 들어가게 될 때 우리는 예비 내러티브(prenarrative)를 만나게 된다. 이 예비 내러티브는 내러티브적으로 구조화된 진행 중인 삶, 즉 탐구를 통해 살아날 다시 말하기(retelling)이다.

연구자로서 우리가 가져 온 이야기들 또한 우리가 일하는 기관, 우리가 속해 있는 사회적 내러티브, 우리가 살아가고 있는 전경 내에서 설정된다.

Bay Street School 현장 한 가운데에서 연구를 시작하기

1장에서 우리는 Stephanie와 Aileen이라는 두 명의 교사와 함께 한 우리의 연구를 기술하였다. 그들과 함께 한 연구는 교사 지식에 관해 이루어진 20년 간 연구의 일부이다. 우리는 이 기간 중 많은 시간들을 Bay Street라는 한 학교에서 연구하였다. 여기에 그 당시 우리가 연구를 시작하였을 때의 Bay Street School 이야기에 관한 예가 있다.

> 한 학교에 인종 문제가 있다는 것이 위원회를 중심으로 알려졌다. 그 학교는 몇 년 전에 교정에서 모종의 싸움이 있었던 곳이다. 모든 사람들은 이 싸움에 어떤 인종적인 원인이 있다고 생각하였다. 복도와 운동장에서 있었던 싸움에 관한 이야기들이 있었다. 이곳은 무서운 학교였다.
>
> 이 학교는 성취 기준이 떨어지고 있는 학교였다. 우리는 그 지역에 살고 있는 사람들로부터 그 사실을 들었다. 우리는 이웃 학교의 교직원들로부터 이 사실을 들었고, 부모들이 더 높은 기준에 대한 기대 때문에 자녀들을 그 학교에 보냈었다는 이야기를 들었다. 하지만 결국, Bay Street School은 매우 형편없는 성취 수준 때문에 프로젝트 스쿨(project school)이라고 불리게 되었다. 그 학교의 많은 선생님들은 다른 곳으로 전근가기를 희망했다.
>
> 이 학교는 다른 학교에서 감당할 수 없는 아이들이 모인 학교이다. 우리는 이 학교가 매우 문제가 많거나 또는 학업 수준이 낮거나 학교에 계속 다니기에는 문제가 매우 심각한 아이들을 보내는 학교라고 들었다.

이 이야기들은 우리가 그 학교 교장과 여러 선생님들을 만나기 위하여 도착했던 그 첫 날, Toronto의 도시 중심부 저소득층 거주 지역에 있는 19세기 벽돌 건물에 처음 도착했을 때, 문득 떠올랐던 것이었다. 우리는 학교 교무실에서 이들을 만났고, 이 학교가 낡았으며 여러 가지 문제들이 수 년 간 방치되어 왔다는 느낌을 받았다. 소파는 낡았고, 복도는 어두웠으며, 학생 작품의 흔적은 거의 없었다. 그러나 우리는 사람들이 우리와 함께 대화를 나누었을 때, 과거와는 다른 어떤 것을 변화시킬 수 있다는 가능성과 희망에 대한 예감을 느꼈다. 우리가 도착했을 때는 하교 후였고, 학교에 아이들이 없을 것이라고 생각하였다. 그러나 회의를 마친 후에 우리는 특수 교육 교사 한 명과 함께 차를 마시기 위하여 위층으로 올라갔고, 그 곳에서 몇 명의 학생들을 만났다. 우리가 현장 텍스트에 기록하였던 이 학생들은 선생님들에 의해 보살핌을 받고 있다고 느끼는 것 같았다.

우리는 연구 프로젝트로 그 학교를 연구할 수 있다는 희망에 대한 예감뿐 아니라 우려에 대한 예감도 지닌 채 그 학교를 걸어 나왔다. 이 학교는 우리가 연구하고자 하는 종류의 학교인가? 우리는 우리의 연구가 요구하는 집중력을 가지고 이 학교를 연구할 수 있는가? Alberta라는 시골에서 온 우리 두 사람은 도시 중심부 저소득층 거주 지역의 아이들과 교사들의 문제에 관하여 무엇인가 배울 수 있을 것인가? 그러나 다른 이러한 질문을 하였을 때조차도 우리는 가능성을 본 학교장과 교사들의 생각과 희망을 감지하였다.

우리는 연구 현장의 한 가운데 존재한다는 것의 두 가지 의미, 즉 3차원적 내러티브 탐구 공간의 한 가운데에 존재한다는 것과 시간적이고 이야기된 흐름의 한 가운데에 존재한다는 것을 깨달았다. 이 두 가지 자각은 동시에 생겼으며, 염려와 희망적인 가능성이 뒤섞인 감정을 불러 일으켰다. 우리가 학교장과 교사들과의 첫 모임에서 Bay Street School에서의 연구를 준비할 때, 우리가 염려한 것은 그 곳에 적절하지 않은 때에 온 게 아닌가 하는 것 보다는 그 장소가 적절한 것인가 하는 것이었다. 우리는 이 학교에 다니는 아이들의 삶이 여기보다 훨씬 적은 사람들이 사는 시골 환경에서 성장한 우리들의 어린 시절의 삶과 어떻게 다른지를 깨닫게 되었다. 거기서부터 Chicago와 Toronto 사이를 왕래하면서 이 프로젝트를 추진시킬 경우, 우리는 우리와 함께 일하게 될 학생, 교사, 학부모들과 의미 있게 연결될 수 있을 것인가?

이 책을 쓰고 있는 지금, 우리는 이 상이한 내러티브 궤적들(trajectories)을 어떻게 생각하고 있는가? 이 연구를 하기 위하여 사람들은 "그 궤적들" 중의 하나가 되어야만 하는가? 우리는 연구 참여자들과 의미 있게 연구를 하기 위하여 내러티브 공간을 가로질러 갈 수 있을까? 다양한 배경을 가지고 우리 내러티브 탐구자들은 무엇을 하는가? 만일 그 학교에서 회의에 이어서 이러한 질문들을 직접적으로 받았다면, 우리는 방문 중에 가졌던 의문을 품은 채 그 질문들에 대답하였을 것이다.

그러나 Ming Fang He, Michael, Long Him의 사례를 다루고 있는 4장에 제시된 우리의 이야기들이 보여주듯이, 자서전적으로 이야기된 경계를 가로질러 가는 일은 가능하다. 그것은 어쩌면 내러티브 통찰을 창조하기 위해서는 필수적이기까지 하다. Bateson(1994)에 의하면, 이 문제에 관한 연구자의 희망과는 별도로, 연구 참여자들은 때로는 그 문제에 빠져들기도 하고, 때로는 그 문제에 거리를 두기도 한다. 이것은 우리가 탐구 현장에서 동시에 발생하면서 부딪치게 되는 서로 다른 내러티브 역사에 관한 질문을 탐색할 때와 같다. 내러티브들을 혼용함에 있어서 때로는 신중한 관찰을 할 때도 있고, 친밀한 공동 참여를 할 때도 있다. 수 년 간 우리는 Bay Street School에서 서로 다른 시기에 다른 사람들과 함께 하면서 이들 두 가지 중의 어떤 것을 경험하였다.

이상하게도 우리는 그 학교 건물과 그것의 제도적인 내러티브에 대하여 일종의 친밀감을 느낀다. 사람들은 오고 갔으며, 우리는 내러티브 역사를 관찰하여 그것을 그들과 융합시켰다. 그러나 그 학교 건물은 여전히 남아 있고 그 건물의 주변 지역들도 그렇게 남아 있다. 비록 이 양자가 그들 자신의 이야기를 가지고 있더라도 말이다.

"좋든 나쁘든"(For Better or For Worse)이라는 유명한 미국 연재만화에서는, 한 할머니가 때때로 그녀 주변을 맴돌고 있는 이미 돌아가신 할아버지 망령과 "할머니, 왜 혼자 이야기하고 있나요?"라고 묻고 있는 손녀 망령과 함께 등장하곤 한다. 아마도 우리가 그 건물과 그 지역 사회에 대하여 경험한 친밀감은 부분적으로 할머니가 경험한 친밀감과 같은 것일지도 모른다. 우리가 Bay Street School에 대해서 말할 때면, 우리는 우리의 의식 속에 가득 찬 사람이나 사건들에 대한 일련의 기억을 떠올리게 된다. 이것 또한 적어도 장기간 그 학교에 머문 내러티브 탐구자라면 하는 일 중의 하나일 것이다. 그들의 공간, 즉 우리에게는 Bay Street School, 그 학교의 교실, 강당, 운동장, 그리고 지역 사회들이 오늘의 사람과 사건이 다시 이야기되고, 내일의 연구 텍스트로 작성하게 될 ***기억상자***가 된다. 일단 이러한 내러티브 과정이 정착되면, 내러티브 탐구 공간은 시간상의 전후로 그리고 개인적이고 사회적인 고려 사항의 연속성에 따라 움직이게 된다. 학교, 지역 사회, 그리고 그곳을 드나드는 사람들은 역동적인 상호 작용 속에서 이해된다. 지역 사회는 학교를 지원해 주는 것으로 경험되고, 학교는 지역 사회를 지원해 주는 것으로 경험된다. 역사 역시 이러한 의미를 지닌다. 학교 타워에 새겨진 개교 날짜는 단지 사진을 찍기 위한 어떤 것이 아니라, 만화에서 맴돌고 있는 할아버지와 같이 현 상황의 학교에 대하여 말해주는 어떤 것이다.

가장 넓은 의미에서의 전경인 학교와 지역 사회는 우리들에게 그것들 또한 내러티브 역사를 가지고 있다고 가르쳐 주었다. 우리는 교사 지식에 대한 일련의 탐구를 하는 중에 그 학교에 들어갔으며, 그렇게 하면서 개별 사람들의 내러티브 역사에 관심을 갖게 되었다. 그러나 우리를 이 학교로 이끈 재정적 지원은 학교 개혁에 관한 미국 교육협회(NIE: U.S. National Institute of Education)의 보조금이었다. 우리의 토픽은 기관이나 제도와 관련된 것이었지만, 우리의 초점은 사람들이었다. 제도적 초점은 배경으로 머물다가 우리들이 학교와 지역 사회의 역사를 파고들기 시작할 때 마침내 나타났다. 한편, Bay Street School의 즉각적인 역사인 그 학교의 이야기들이 우리들의 마음 속에 있었다. 우리는 "인종적 문제"를 가진, 그리고 "성취 기준이 하향하고 있는" 학교, 즉 문제가 있는 아이들을 보내는 곳이라고 하는 이 학교에 관한 이야기들을 들었다. 우리는 혁신적이고 지역 사회 지향적인 특징을 지닌 새로운 학교장에 관한 이야기들을 들었다. 새로운 학교장이 임명된 이 학교는 우리를 위해서는 이상적이었다. 우리가 그 학교에 대해 알게 된 것은 바로 이러한 그것에 대한 즉각적인 역사였다. 나중에야 우리는 캐나다 연방시대에 가까운 이전 세기로 거슬러 올라가서 이 학교에 대한 이야기를 하기 위한 내러티브 줄거리를 발견했다. 1887년 개교한 이래 Bay Street School에 관한 기록들은 줄곧 이주민 인구의 구성에 대하여 언급해 왔다. 현장 연구를 시작하기 위하여 교장실에 들어갔을 때, 우리가 제도적 내러티브를 하고 있다는 것을 알게 되었지만, 우리가 이러한 역사의 연속성과 진보를 완전히 깨달은 것은 한참 후에나 가능했다.

어쩌면 기록이란, 의미가 어떻게 발전되어 왔는가에 관한 정리일 수 있다. Ray Rist(1980)가 "기습적 문화기술지"(blitzkrieg ethnography)라고 불렀던 것에서 우리가 현장의 안과 밖에 있는 "내부인"과 "외부인"이었다면, 이러한 역사는 결코 드러나지 못했을 것이며,

아마 연구 텍스트를 구성하는데 필요한 흥미로운 일화 자료에 그쳤을 것이다. 장기적인 전경 내러티브를 연구하게 만드는 것은 바로 매일, 매년 현장에 존재함을 통해서이다. 이것 또한 내러티브 탐구자들이 현장에서 하는 일 중의 하나이다. 즉, 그들은 연구 참여자들과 함께 자리를 잡고, 살아가며 연구한다. 그리고 그들은 직접적으로 보여질 수 있고 말할 수 있는 것 뿐만 아니라 말하지도 않고 행하지도 않은 것도 경험하게 되며, 이들은 그들이 관찰한 것과 이야기하고 있는 것의 내러티브 구조를 형성하게 된다.

연구 현장 한 가운데에 존재하는 것은 사람마다 다르다

3장에서 소개된 JoAnn Phillion은 박사 학위의 현장 연구를 시작하기 위하여 Bay Street School에 갔던 그 당시를 20년 후에 다음과 같이 기록하였다.

> 이 첫 방문에서 나는 학교와 나의 연구 참여자들에 대하여 매우 우려하였다. 나는 한 사회 복지사가 Alexander Park가 위험한 지역이라고 말한 것을 기억한다. 지하철역에서 내려 Mick와 나는 종이 조각과 다른 쓰레기들이 나뒹굴고 있는 길거리를 걸어갔다. 차이나타운에 있는 이 지역의 상점들은 아직 문을 열지 않았다. 사람들은 옷더미와 그 옆의 비닐 봉지 더미 위에서 잠을 자고 있었다. 11월 말의 몹시 찬 공기 때문에, 기침을 하고 거친 숨소리를 내는 몇몇 사람들은 잔돈을 얻기 위해 그들의 손을 내밀었다. 길을 따라 걸어

가면서 나는 거리를 쓸고 있는 사람들, 종이와 과일 껍질, 담배 꽁초를 도랑에 던져 넣는 사람들을 보았다. 배낭을 맨 아이들은 엄마의 손을 잡고 학교로 가는 중이었다. 우리는 Day Care Centre를 끼고 걸었다. 한 작은 흑인 아이는 함께 게임을 하면서 아시아계 아이와 손을 잡고 있었다.

Bay Street School은 내가 이제까지 경험한 가장 다문화적인 지역 중의 한 곳에 자리 잡고 있었다. 우리는 학교 근처에 있는 주요 거리 중의 한 거리를 걸어갔다. 거리 양편에는 많은 상점들이 있었으며, Toronto의 복잡성과 다양성을 반영해 주고 있는 미술관과 골동품점들도 있었다. 베트남어, 중국어, 한국어, 포르투갈어, 영어 등의 간판들도 있었다. 내가 그 문화에 대하여 들어보았든 또는 들어보지 못했든 간에 거의 모든 문화의 레스토랑 광고들이 있다. 생동감 있고 상쾌한 분위기였다.

이 모든 것들은 이 곳의 일부 지역에서 보존되어온 것처럼 보이는 1960년대의 문화에 대한 향수를 많이 자아낸다. 오늘날까지 나는 히피 문화의 어떤 유물을 소중히 여기는가? 나는 나 스스로가 참으로 개방적이며, 차이점들을 수용하고, 모든 측면에 귀를 기울이려 하고, 모든 관점에서 들으려 한다고 생각한다. 이러한 점들은 내가 이 연구에 참여할 때 많은 도움을 줄 것 같다.

Mick는 그와 Jean이 여기에서 연구를 했던 시절의 그 학교의 모습에 대하여 추억에 잠겨 있다. 그는 주차장이 옮겨졌고, 우리가 걷고 있는 크고 넓은 산책로가 그 자리를 대신하고 있다고 말한다. 그는 학생들이 수영 레슨을 하러 다녔던 지역 사회 센터를 가리킨다. 나는 역사와 지속성의 의미를 안다. 즉 이곳은 Mick와 Jean이 그들의 삶의 여러 해를 보냈고 많은 글을 썼던 Bay Street School이다.

> 나는 단순한 프로젝트 이상의 어떤 것에 속해 있다는 것을 느낀다.
>
> Mick와 Jean에게 매우 큰 의미가 있었던 학교에 내가 있게 된 것이 긴장되고 걱정이 된다. 아마 나는 그들에게 있어 특별한 애정이 없었던 장소를 선택했어야 했을지도 모른다. [1999, p. 55]

자신의 탐구 현장으로 들어갔을 때에 대한 JoAnn의 설명은 연구 현장에 도착할 때 우리는 이미 연구 현장의 한 가운데에 들어와 있다는 것을 다시 보여준다. 그녀는 지금 가담하고 있는 장기간의 내러티브 탐구의 힘(여기서는 ***부담(weight)***이라는 용어가 이 구절의 특성을 묘사하는데 더 적절한 용어인 것 같다)을 느낀다. 우리에게 있어, Bay Street의 역사는 천천히, 그리고 우리가 자각하지 못하는 사이에 우리의 의식 속으로 스며들었다. JoAnn은 연구에서 지속적으로 작용하고 있는 내러티브들과 일정한 거리를 유지하지 못했으며, 그러한 내러티브들을 알아차리지 조차 못했던 것 같다. 우리들 중 한 명이 그녀와 나란히 걸으면서 이미 변해버린 주차장과 사람들, 그리고 장소에 대하여 이야기할 때, 그녀는 교장을 만나기 전에 이미 그 학교의 내러티브 역사를 알게 되었다. 더욱이, JoAnn은 Bay Street School에서 이루어진 우리들의 연구를 읽었으며, 위에서 기술한 그 아침보다 훨씬 전에 그것에 관하여 우리 둘에게 말했다. 그녀 또한 Greetz와는 다른 우려, 그리고 우리와는 또 다른 우려가 있었다. 다소 복잡한 방식이긴 하나 그녀도 자신이 현장 조사를 지속할 수 있을지 그리고 Bay Street School의 내러티브에 공헌할 수 있는 연구 텍스트를 쓸 수 있을지 우려하였다. 내러티브 역사에 대한 강한 인식이 향후 그 내러티브를 위한 자리를 마련할 필요가 있지 않나 하는 우려를 야기한 것이다.

그러나 JoAnn의 개인적인 내러티브는 Jean의 것도 아니며, Michael의 것도 아니었다. 그녀는 도시에서 태어났고, 여러 다양한 삶에서 특정한 형식을 선택하였으며, 외국에서 공부하였고, 그래서 다문화주의에 관심을 가지게 되었다. 그녀는 개인적이고 학문적인 삶을 형평성과 평등에 관한 문제를 중심으로 확립한 사람이다. 그녀가 그 거리를 따라 걸을 때, 그녀가 그 지역에 대하여 관찰한 것은 이러한 내러티브에서 생겨난 관찰들이다. Bay Street School의 이야기 때문이기보다는 내러티브적 관심의 원인으로 인하여 그녀는 이러한 것들을 강하게 느꼈고, 그 날 아침 그 교장을 만나고 있었다. 여러 가지 면에서 많은 학교의 배경들이 작용했을 것이다. 그녀의 걱정은 부분적으로 그녀가 그 일부분인 내러티브 역사를 인식하는 문제이며, 그러한 인식이 그녀의 주된 관심을 침해하지 않을까 하는 문제이다. 동시에 긴장이 존재하는데, 이는 그녀가 그것의 일부분이 된다는 것과 내러티브 역사가 그녀의 연구를 강화할 수 있다는 것을 알기 때문이다. Bay Street의 내러티브에 의해 가능해진 깊이와 맥락은 한 차원을 추가시킬 것이며, 그녀가 평생 성취하도록 할 것이다.

JoAnn의 내러티브에 대하여 우리가 숙고하여 얻은 생각은 연구자 자신의 경험, 즉 연구자 자신의 삶을 살아가기(livings), 말하기(tellings), 다시 말하기(retellings), 그리고 다시 살아가기(relivings)의 중심적인 역할을 인정하는 것이 중요하다는 점이다. 내러티브 탐구의 출발점 가운데 하나는 연구자 자신의 경험에 대한 내러티브, 즉 연구자의 자서전이다. 우리 자신의 경험에 관한 내러티브를 구성하는 일은 내러티브 탐구에 있어서 중요하다. 이것이 내러티브 시작 단계를 구성하는 것이며, 이 단계에서 연구자는 자신의 탐구를 시작한다. 예를 들자면, 이 책의 서론에서 우리들 각각은 교사 지식에 관한 초기 연구를 형성한 내러티브 시작 단계에 관한 어떤 것을 이야기하였다. 우리가 내러티브 시작 단계를 구성할 때, 우리 역시 3차원적인 공간에서 연구한다. 즉 우리의 현재 입장을 형성하게 한 과거에 대해 이야기하고, 개인적인 것에서부터 사회적인 것으로 전후로 움직이고, 그리고 이 모든 것을 제 자리에 위치 지운다. JoAnn이 자신의 경험에 관한 내러티브를 구성함으로써 그 경험에 대한 경험을 얻으려고 할 때, 우리는 그녀의 현장 텍스트에 있어서 이러한 내러티브의 시작 단계를 어렴풋이 눈치를 챈다. 우리 자신의 삶을 살아가기, 말하기, 다시 말하기, 그리고 다시 살아가기에 관한 내러티브의 시작 단계는 현장에 있는 우리가 누구인지, 그리고 현장 체험에 대한 자신의 경험을 썼던 텍스트에 나오는 우리가 누구인지에 관한 질문을 다룰 때 도움이 된다.

4장의 질문, 즉 내러티브 탐구자는 무엇을 하는가? 라는 질문을 상기해 보자. 그들은 그들의 탐구 공간에 작동 중인 수많은 중첩된 내러티브들을 가능한 한 알아 차리려고 한다. 그들은 내러티브 교차점을 생각해 보고, 가능한 내러티브 줄거리를 예상해 본다. 이 과정에서 우려가 생기기도 한다. Geertz가 Sefrou에 들어갈 때나, 우리가 Bay Street School에 들어갈 때나, 나중에 JoAnn이 Bay Street School에 들어갈 때 보여준 우려가 이에 해당한다. 하지만 또한 내러티브 탐구의 미래에 대한 희망과 기대도 있다.

어떤 설정이든지 간에, 즉 적절하지 않은 때에 그 장소에 존재하든, 말해지지 않은 이야기의 한 가운데에 존재하든, 아니면 예비 내러티브 속에 존재하든 간에, 내러티브 탐구자들에게는 시간적 흐름을 융합해야 할 불가피성이 있다. 왜냐하면 연구자와 연구 참여자가 그들의 탐구 현장에서 만나기 때문이다. Bay Street School에 우리 자신이 도착한 순간과 후에 JoAnn이 도착한 순간에 대하여 신중하게 읽어보면 알 수 있는 것처럼, 도착의 순간은 무엇이 올 것인지에 대한 기대뿐 아니라 역사에 대한 인식으로 채워져 있다. 내러티브 줄거리는 과거와의 연합이며, 우리가 탐구 현장이라고 부르는 특정의 3차원 공간에서 나타난다.

이야기를 살아가기, 말하기, 다시 말하기 그리고 다시 살아가기

어딘가 다른 곳(Connelly and Clandinin, 1990)에서 저술한 바 있듯이, 우리가 어떤 연구 프로젝트를 시작할 때 우리는 새로운 이야기를 하기 시작하게 된다. 탐구에 관하여 내러티브적으로 사고해 봄으로써 우리는 탐구 경험을 여러 수준에서 이야기된 경험으로 개념화할 수 있게 된다. Dewey의 입장을 따르면서, 경험에 있어서 우리의 주요 관심은, 연구자로서의 우리와 우리의 연구 참여자들이 저술하는 삶의 이야기의 성장과 변화에 있다. 그러므로 비록 이야기를 하는 것이 어려울 수도 있지만, 더욱 어렵고 중요한 과제는 성장과 변화를 허용한 이야기에 대하여 다시 말하는 것이다. 따라서 우리는 경험에 관한 내러티브의 구성에는 삶의 이야기를 살아가기, 삶의 이야기를 말하기, 삶의 이야기를 다시 말하기, 그리고 삶의 이야기를 다시 살아가기의 사이에 순환적인 관계가 있다고 생각한다.

우리가 Bay Street School에서 수행한 연구에서 선행 사례를 강조하였듯이, 연구자로서 우리들은 이미 우리들의 이야기들, 즉 우리 자신들에 관한 이야기, 연구 참여자들에 관한 이야기, 우리들의 공동 탐구들에 관한 이야기를 살아가고 말하는 것에 가담되어 있다. 우리가 Bay Street에서 연구 참여자들과 함께 연구를 시작했을 때, 이미 우리는 새로운 이야기들을 경험하고 말하기 시작했다. 탐구 현장 내에서 우리는 우리의 이야기를 살아갔고, 그러한 경험의 이야기를 말하였으며, 그것들을 다시 말하고 다시 살아감으로써 그것들을 수정하였다. 또한 Bay Street School에서의 연구 참여자들도 그들의 이야기를 살아가고, 말하고, 다시 말하며, 다시 살아갔다.

현장에 있는 우리는 이제 무엇을 해야 하는가?

연구자들이 연구 현장에 들어갈 때, 그들은 끊임없이 변화하는 전경에 대한 융통성과 개방성을 지속적으로 협상하고, 지속적으로 재평가하고 유지하면서 이동(shift)과 변화를 경험한다.

관계를 협상하기

학교장과 선생님들과의 회의가 있은 직후, 우리는 일주일에 3일 동안 Bay Street School에 가게 되었고, Michael은 사서 교사인 Susan과 함께 도서관에서 연구하게 되었으며, Jean은 1학년 교사인 Stephanie와 함께 그녀의 교실에서 연구하게 되었다. 우리는 연구 참여자들과 함께 연구하면서, 우리가 할 수 있는 방법을 동원하여 우리 자신을 유용하게 만들면서, 그리고 우리를 서로 연결시켜 주었던 그 여세를 유지하려고 노력하면서 "장기간에 걸쳐서 자리를 잡아나갔다." 처음에는 협력의 힘도 미약하고, 준비도 보잘 것 없는 경우가 많다. 때때로 이러한 상황은 탐구가 진행되는 동안 변하지 않으며, 사람들은 현장 연구를 하는 내내 초대 받지 못한 손님처럼 주변부에 있는 느낌을 받는다. 우리의 경우, 초기에는 추운 날 아침 자동차의 시동을 걸려고 애쓰고 있는 것과 같은 느낌이 들었으며, 시동을 걸기에 충분한 힘만을 가지고 있었다. 그 시동은 걸릴 수도 있고, 걸리지 않을 수도 있을 것이다.

연구자들과 연구 참여자들의 경험에 관한 내러티브 간의 격차가 너무 커지는 것처럼 보일 때도 있었다. Siaka Kroma(Kroma, 1983)는 한 연구 참여자와 함께한 내러티브 탐구의 초기 단계를 기록하였다. 그들은 서로 연결되지 않았다. 우리의 메타포를 활용한다면, 그 모터는 시동이 걸리지 않았으며, 연구 참여자와 Siaka는 함께 연구하는 것에 동의하지 않았다.

우리의 경우, Bay Street에서는 모터의 시동이 걸렸다. 탐구를 진행하는 내내 현장 한 가운데에 존재하였던 우리들의 경험에서 보면 연구자와-연구 참여자의 관계는 늘 협상이 진행 중에 있는 미약한 것이다. Jean이 Stephanie의 교실에서 세 달 동안 연구한 후, 학교는 6월 말에 방학에 들어갔다. Jean과 Stephanie는, Stephanie가 개학 준비를 위해 교실을 정리할 때 Jean이 이를 도와주러 8월 말에 다시 오기로 하고 헤어졌다. Jean이 도착했을 때, Stephanie는 그녀에게 오지 말라고 막 전화하려던 참이었다고 망설이며 말했다. Stephanie는 Jean이 9월 초에는 그곳에 오기가 어렵게 될 것이라고 말했다. 몇 시간의 대화 후, Jean과 Stephanie는 그들의 연구 관계를 재협상하였고, 잠정적인 평온이 회복되었다. 비록 Jean과 Stephanie의 경우처럼 극적이지는 않더라도, 연구 관계에 대한 협상은 탐구가 진행되는 동안 계속 이루어진다.

더구나 비록 전경(landscape)상에 있는 사람 및 장소와 친밀한 관계를 발전시킬 수 있다 하더라도, 내러티브 줄거리를 혼합하는 것은 그 전경을 벗어난 엉성한 목적을 갖게 한다는 점을 인식할 필요가 있다. 즉, 우리는 서로 다른 장소에서 연구하고, 서로 다른 목적을 가지며, 연구자와 연구 참여자로서 우리 자신을 설명하기 위한 서로 다른 방법을 가지고 있다.

훌륭한 내러티브에 작동하는 연구자와 연구 참여자들 간의 관계는 그 관계가 일시적일 수 있다는 점 때문에 슬프면서도 그리워하는 느낌을 수반한다. Jean은 Canada 서부로 이동했을 때 이것을 경험했으며, Michael은 몇 년 후 연구 기금이 끝났을 때 이러한 것을 경험하였다. JoAhn은 논문 집필 후 어디에 있게 될지 알지 모르기 때문에 그녀의 논문을 쓸 때 이러한 슬픔을 느꼈다. 아마 그녀는 Bay Street School과 멀리 떨어진 다른 도시 또는 다른 나라에 있게 될 것이다.

목적을 협상하기

위에서 주장하였듯이, 내러티브 탐구자들이 하는 일 중의 한 가지는 지속적으로 그들의 관계를 논의하는 일이다. 연구 통념에 따르면 연구에 들어가는 것에 대한 협상은 탐구가 시작하는 시점에서 완성되는 단계이며, 일단 연구자가 현장에 들어서면 끝나는 것으로 되어 있다. Jean과 Stephanie의 예에서 명백히 보여지듯이 이것이 내러티브 탐구자들에게는 해당되지 않는다. 오늘날의 유행어로 말하면, 관계는 계속 "작동" 될 필요가 있다.

협상의 일부는 우리 자신을 설명하는 것이다. 우리는 우리가 무엇을 하려고 하는지를 줄곧 설명하고 있는 자신을 발견한다. 이것은 특히 Michael에게 해당된다. Susan은 Michael에게 그가 원했던 것을 얻어내고 있는지, "그것이 괜찮은지"를 계속 물어봤다. 사람들은 자신이 할 수 있는 것이 무엇인지 분명하지 않다는 것을 곧 깨닫는다(만약 사람들이 이러한 설명들에 세심한 주의를 기울인다면). 내러티브 탐구자들이 이것으로부터 배우게 된 중요한 교훈 중의 하나는, 그들이 무엇을 하고 있는지를 다른 사람들에게 설명하기 위한 장소를 그 현장에서만이 아니라 여러 곳에서 찾을 필요가 있다는 것이다. 우리는 내러티브 탐구자에게 앞으로 계속 진행시킬 그들의 연구에 대해 설명할 수 있는 공간, 즉 반응 공동체(response community)를 형성하도록 권장한다. 설명이 이루어질 때 목적이 만들어지고 명료화된다.

우리가 양적 분석 방법론에서 배웠던 원리 중의 하나는 연구에서 검증되어질 가설을 구체화 하는 것이다. 내러티브 탐구에서는 이와 같은 것이 이루어지지 않는다. 연구 목적과 탐구 문제는 연구가 진행됨에 따라 변한다. 이러한 상황은 날마다 그리고 주마다 일어나며, 장기간에 걸쳐 내러티브가 다시 이야기 되어지고, 연구 문제가 바뀌고, 목적이 변하게 되는 일이 발생한다. 우리가 진행한 Bay Street School 연구의 계기가 된 NIE 기금은 원래 인종 관련 정책의 실행 차원에서 제공된 것이었다. 그러나 Bay Street School에서 연구할 때, 우리가 교육위원회의 인종 관련 정책과 그것의 도심 및 언어 정책과의 공통점에 관심을 갖게 됨에 따라 우리의 연구 문제를 바뀌었다. 장기간에 걸쳐 일어난 것에 대한 서술은, 학교 개혁에 대한 새로운 안목을 가지고 Bay Street School에 돌아와서 그 학교에 대해 과거에 집필된 것과는 다른 내러티브를 통해 사고한 우리의 현재 프로젝트의 결과이다.

위의 예로 인하여 분명해지는 것은, 다른 사람들에게 우리 자신을 설명하는 것이 우리를 명료하게 할 뿐만 아니라, 연구 참여자와 함께 연구하는 것 또한 그 현장 상황 하에서 흥미로운 것이나 가능한 것이 무엇인지를 형성한다는 것이다. Jean은 Stephanie와 함께 연구를 시작했으며, Stephanie는 교사들의 개인적 실천적 지식의 표현인 이미지를 통해 사고하는 사람이었다. 처음에 Jean은 Stephanie의 삶과 교수에 작용하고 있는 리듬과 사이클을 감지한다거나, 이러한 리듬과 사이클이 개인적 실천적 지식의 차원을 통해 사고하는데 중요할 수 있다는 것을 예상하지 못했다. Jean과 Stephanie가 Stephanie의 교실에서 함께 연구하였을 때, Jean은 교실에 살아 움직이는 삶에 대한 리듬을 감지하였다. 리듬을 충분히 감지할 만큼 Stephanie와 오래 함께 하는 것, 그리고 그들이 서로 자신들을 설명할 때 그녀와의 대화에 가담할 정도로 개방되어 있다. 이것들이 이야기를 달라지게 하는 부분이다.

연구 과정 동안 Stephanie는 그녀 자신에 대한 새로운 의미를 개발하였다. 즉, 그녀는 자신의 이야기를 다시 이야기하였다. 부분적으로 이것은 개혁 지향의 Phil 교장이 근무하고 있는 학교에 대해 다시 말해진 이야기와 관계가 있다. 그리고 부분적으로 이것은 Jean의 내러티브적 설명, 즉 Stephanie가 읽고 코멘트한 설명에서 발견된 Stephanie의 교수 활동에 대하여 협동적으로 다시 말하는 것과 관계가 있다.

이행을 협상하기

어쩌면 가장 극적인 변화는 내러티브 탐구의 처음과 끝에 있다. 위에서 우리는 시작 단계를 협상하는 것에 대해 기술하였다. 그러나 현장으로부터 현장 텍스트로, 그리고 다시 연구 텍스트로 움직일 때, 우리는 내러티브 탐구의 한가운데에서 많은 이행들을 협상할 필요가 있다. 현재 Bay Street School 연구를 하고 있는 JoAnn은 얼마나 많은 날들을 학교에서 보내야 하는지, 그리고 그녀가 현장 텍스트에서 연구 텍스트로 이행할 때 연구 참여자들과 이것을 어떻게 협상할 지에 대하여 고심하고 있다.

사람마다, 그리고 장소마다 매우 다르긴 해도 적어도 형식적인 의미에서는 내러티브 탐구도 종결된다. 즉 보고서가 작성되고, 학위논문이 작성되며, 사람들은 이동하고, 자금 제공은 중단된다. 또한 이러한 최종 이행을 협상하는 것 또한 내러티브 탐구자가 현장 관계에서 하는 일의 일부이다. 연구의 진실성과 성실성을 위해서는 연구자들이 "종결 단계가 왔을 때" 현장에서 그냥 나가버려서는 안 된다는 점이 중요하다. 물론 친밀감이 형성되었을 때에는 이런 종류의 불화(협상 결렬)는 상상하기 어렵다. 즉, 연구자는 어쩔 수 없이 떠나게 된다.

버려진 느낌이 드는 사람들은 현장의 연구 참여자들뿐만이 아니다. Michael은 Bay Street School에서 Phil 교장의 마지막 일년 동안 그 학교의 통합 학습 센터에 대한 보고서를 준비하고, 학교의 설립이념(school philosophy)과 컴퓨터 사용에 관한 교직원용 세 가지 팜플렛을 만들기 위해 Phil과 교직원과 함께 일하였다. 이 자료들의 초고가 여름 동안 쓰여졌고, 가을에는 학교에 배포되었다. Michael은 그 해 가을에 그 학교와 교류를 끊었지만, 그 팜플렛이 거의 주목을 받지 못했다는 사실을 알게 되었다. 이것은 Michael을 다소 불쾌하게 했다. 그러나 돌이켜 볼 때, 새로운 교장이 취임했을 때 학교에 관한 새로운 이야기가 이미 살아 움직이고 있었다. Michael과 새로운 교장 사이에는 어떠한 관계도 작용하지 않았으며, 팜플렛이 사용되어야 한다고 생각할 어떠한 이유도 없었다. 사실 그 팜플렛은 새로운 내러티브 줄거리와 다른 방향이었을 수도 있다.

유용해질 수 있는 방법을 협상하기

모터가 서서히 돌아가는 연구 초기 단계 동안, 그 현장에서 자신의 자리를 발견하는 것이 중요하다. 연구자는 "거기에"(there) 있을 수 있으며 그 현장에 완전히 속하지 못한 것처럼 느낄 수 있다. 내러티브 탐구에 대하여 비판하는 사람들의 취미 중 하나는 종종 목소리의 사용권에 대한 주장으로 보인다. 이 논의에 따르면, 여러 목소리들이 연구자 자신의 것처럼 들리고 도용되며 출판된다거나, 연구자의 목소리가 연구 참여자의 목소리를 몰아내서, 결국 연구 참여자들의 말은 연구자의 목소리 코드에 지나지 않게 될 수도 있다는 것이다. 이것들은 물론 내러티브 탐구자들이 주목할 필요가 있는 중요한 문제들이다(소유권의 문제는 10장 참조).

그러나 현장에 들어가서 연구를 진행하면서 하게 되는 경험은 때때로 정반대로 느껴진다. 때때로 연구 내러티브의 혼합이나 공동 참여를 하는 것보다는 민감한 관찰에 보다 주목하여 탐구고자 할 때, 내러티브 탐구자는 자신이 열정적으로 느끼는 것에 대하여 침묵하고 목소리를 죽이는 것을 느낄 수 있다. 몇 년 전, 석사 과정에 있는 학생인 Head Bach와 Jean은 매달 열리는 11살에서 12살 소녀들과의 대화 모임에 참여했었다. Jean은 그들 중 2명을 만났으며, 이들과 각각 45~60분 정도 대화했다. 그 소녀들 중 한 명은 자주 Jean이 공감할만한 가정 또는 학교에 관한 이야기를 하였다. Jean은 교사로서, 어머니로서, 소녀로서의 자신에 대한 그녀의 경험에 대한 이야기를 가지고 그 대화에 뛰어들고자 했다. 그러나 그녀는 여전히 망설였다. 왜냐하면 부분적으로, 그녀는 자신의 탐구 과제가 그녀의 연구 참여자들이 이야기하는 것을 충실하게 기록하는 것이라고 알고 있었기 때문이다. 비록 그녀가 연구 텍스트를 쓰는 과정에서는 자신의 목소리를 나타내고 표현할 수 있다고 깨달았지만, 현장에서는 침묵하게 되는 것을 느꼈다.

내러티브 탐구자의 침묵이라는 주제와 관련된 여러 연구가 있다. Karen Whelan과 Janice Huber는 행정가 집단과 함께 내러티브 탐구에 참여한 두 명의 교사-연구자이다. 그들은 행정가들의 경험에 대한 내러티브에 대해 거의 이해하지 못하였기 때문에 처음에는 대화에 깊이 참여할 수 없다고 느끼면서 침묵한 상태로 있었다고 번번히 진술하였다. 그러나 자신들의 연구 텍스트를 쓸 때, 그들은 자신들의 목소리와 연구 참여자의 목소리가 점차적으로 뒤섞이는 것, 즉 일종의 경계 넘기(border crossing)를 보았으며, 여기에서 경험에 관한 내러티브는 혼합되었다.

Vicki Fenton은 1997년 가을에 그녀의 학위 논문 연구를 위해 Bay Street School에 합류하였다. Vicki의 초기 현장 노트를 보면 자신이 학교, 지역 사회, 그리고 교실 전경에 관하여 배울 것이 많이 있다고 느끼고 있다는 점을 알 수 있다. 그녀의 노트 중의 하나에서 그녀는 "학교는 여전히 나에게 미로처럼 느껴지고, 나의 마음은 정보 과잉의 상태에 놓여 있다"(1997년 9월 18일 현장 노트)라고 적고 있다. 그녀에게는 모든 것이 정리될 필요가 있는 것처럼 보인다. 그리고 이 미로에서 그녀는 누구인가? 연구 참여자를 통해 다른 교사에게 소개된 후에 Vicki는 그녀의 현장 노트의 여백에 이렇게 썼다. "내가 사람들의 이야기의 일부가 되는 것을 느꼈으나, 그것의 어느 것도 글로 쓸 수 없다는 것에 불편함을 느끼며 앉아 있었다"(1997년 9월 23일 현장 노트). 나중에 프로젝트 회의에서 Vicki는 그녀가 지난 몇 주간 학교를 방문한 것 중에 기분 좋은 한 가지를 보고하였다. 그것은 그녀의 연구 참여자가 그녀에게 아이들과 함께 연구해 보도록 요청한 일이었다. Vicki에 의하면 그녀의 연구 참여자가 수업을 하고 있는 동안 그녀는 의자에 앉아 있어야 했기 때문에, 그녀는 그동안 불편하고 자신이 쓸모가 없다는 것을 느꼈었다. Michael은 Susan과 함께 했던 경험이 Vicki의 경험과 어느 정도 유사한 것으로 회상한다. 그는 언제나 그저 방문자임을 느꼈다.

현장에 친숙해지기

소속되어 있지 않다는 느낌은 Vicki의 미로 및 정보 과잉과 관련되어 있다. 극단적인 가설-검증 탐구에서는, 연구자들이 실험 구상을 설계하고, 그들 자신의 탐구 현장을 만들고, 연구 가설에 따라 변인들을 조작한다. 연구자가 책임을 맡는다. 책임의 정도는 양적 탐구와 질적 탐구의 여러 형식에 따라 다르다. 그러나 내러티브 탐구에서는 연구자가 연속선상에서 볼 때, 통제된 가설 검증자의 반대편 끝에 놓이는 경향이 있다. 여기에서 연구자는 전경에 들어가서 진행 중인 전문적인 삶에 동참한다. 내러티브 탐구자들이 하는 한 가지 것은, 비록 그들이 그러한 종류의 전경에 친숙하다 하더라도 - 아마도 연구년에 논문을 쓰는 교사로서 그 전경의 구성원일 수도 있다 -, 그 전경의 순간순간의 관계와 사건에 작용하는 "***당연시되는 것들***"이 많이 존재하고 있음을 재빨리 알아채는 것이다. 사람들이 학교와 친숙하지 않았던 순간에 대해 상상해 보라. 종소리라는 것이 얼마나 친숙하지 않고 이상한 것인가. 학생들이 무리지어 도서관 또는 체육관으로 향하는 휴식 시간에 갑자기 울리고, 교장실 근처에 매달려 있으며, 모든 사람을 멈추게 하는 종소리가 참으로 이상하지 않은가. 하지만 그 학교만의 특별한 생활을 아는 사람에게 이것은 하나도 놀랄 일이 아니다. 이러한 사건들이 바로 일상적인 학교 생활의 구조로 구축된다. 외부인은 늘 다음과 같이 묻는다. 모든 연구자가 알고 있기 때문에 커뮤니티 센터, 교사, 위원회의 정책이라는 명칭을 언급하면서 그것이 무엇이냐 라고 묻는다. 또한 한 교사가 다른 교사와 대화를 하면서 일 년 전의 사건을 언급하였기 때문에 웃음이 나오게 되었을 때, 저 사람은 누구인가 라고 묻는다. Geertz가 말했듯이, 사람들이 주목하고 얘기하고 있는 것은 이미 발생한 것이며, 그들의 행동과 대화 속에 존재하기 때문에 너무 늦게 도착한 감이 실제로 있다. Vicki는 9월 18일 현장 노트에서 다음과 같이 적고 있다. "완전히 어찌할 바를 모르면서, 나는 거리의 이름들을 잊어버렸다. 나는 나중에 그것에 대하여 그녀에게 물어봐야 할 것이다. 내 마음은 정보 과잉의 상태에 놓여 있다. 보고, 듣고, 기억해야 할 것이 너무나 많다."

내러티브에 동참하고 전경의 일부가 되기 위해서는 연구자는 거기에 충분히 오랫동안 푹 빠져 있을 필요가 있고, 그리고 대단히 많은 사건과 이야기들을 파악하려고 노력하면서 상황에 민감하게 반응하는 독자이자 질문자가 될 필요가 있다. 그 사건과 이야기들은 매 순간을 관통하면서 연구자의 새롭고 무경험의 눈에 신비스럽게 비치는 것으로부터 나타나는 많은 굴곡진 내러티브 줄거리들이다. 우리가 Bay Street School에 대해서 느끼는 일종의 친밀감은 부분적으로 우리가 일상 생활에서 당연시 여기는 것과 어느 정도 관련되어 있기 때문이다. 내러티브 탐구자들에게 있어 친밀감은 적어도 동일한 것의 일부를 연구 참여자들과 함께 당연시 여길 수 있기 때문이라는 말도 있다.

전경에서 삶을 살아가는 것

내러티브는 이야기와 동일시되고, 이야기들은 그들에 대한 특별하고 독특한 의미를 가지고 있으므로, 내러티브 탐구는 이야기를 기록하고 말하는 것과 관련되어 있다. 여기서 이야기들은 선정되고 경청되며, 이야기되고, 일반적으로 잘 굴러갈 수 있는 것들로 간주된 것이다. 내러티브에 대한 비판 중의 하나는 이러한 개념을 한걸음 더 밀고 나가서 이야기가 내러티브 탐구에 있어서 분석의 단위라는 것을 주장하면서 내러티브 탐구가 본질적으로 언어적인 형식이라고 반박하는 것이다. 이러한 비판에 따르면 내러티브 탐구자들은 이야기를 기록한다. 만약 내가 탐구 지향적인 간호 교육자라면 병실 생활의 수련생 이야기에 귀를 기울일 것이다. 내러티브 탐구에 대한 이러한 입장에서는, 이야기가 목표이기 때문에 녹음기는 중요하다. 즉 우리는 이야기를 제대로 확보해야 할 필요가 있으며, 만일 언어 분석이 이야기 구성에 대해 말해줄 수 있다면 녹음기를 활용하여 그러한 말들을 잘 확보하는 것이 중요하다.

그러나 위에서 설명된 내러티브 탐구자들의 이야기들은 내러티브 탐구가 "이야기를 탐색하고 듣는 것" 이상의 것이라는 점을 보여준다. 현장에서의 내러티브 탐구는 삶의 형식, 즉 삶의 방식이다. 물론, 널리 알려진 내러티브 탐구가 있으며, 그것은 연구자가 녹음기를 들고 가서 인터뷰하는 방법이다. 이 방법이 그들의 목적을 위해서는 적절할지도 모르나, 내러티브 탐구의 모든 것으로 오해되어서는 안된다. 가장 중요한 것은 이 방법이 내러티브 탐구자들이 장기간 현장에 있으면서 친밀한 관계를 구축하려고 할 때, 그들이 하는 일로 오해되어서는 안된다. 이러한 관점에서 본다면, 내러티브 탐구는 삶을 살아

있는 것으로 이해하려는 노력 중의 하나이다. 처음에 그것은 당연시 여겨온 것을 이해하려고 한다. 그리고 당연시 여겨진 것이 연구자에게도 당연하게 여겨지기 시작할 때, 연구자는 연구했던 곳, 예를 들어 병원의 병실, 교실, 조직에 참여해서 그 곳을 보기 시작할 수 있다.

사람들은 교실에 있는 교사를 관찰할 수도 있고, 학생들의 발언 횟수와 교사들의 발언 횟수 혹은 관심 있는 발언의 유형 등을 산출할 수도 있다. 그러나 내러티브 탐구자가 작동하고 있는 내러티브 줄거리를 알지 못한다면 이러한 것이 무엇을 의미하는 지를 거의 알지 못한다. 이러한 내러티브 줄거리들은 복잡하고 풀기 어렵다.

Stephanie와 함께 한 Jean의 연구에서 리듬과 주기를 한 번 더 고려해 보라. Stephanie가 학기와 휴일을 포함하여 그 해에 경험한 방식을 이해하지 않고서는 일상적인 사건으로부터 의미를 파악하기는 거의 어렵다. 물론, 많은 특정 순간과 특정 지점의 연구가 잘 수행되어 출판될 수도 있을 것이다. 9월과 10월에 수행된 연구에서 Stephanie가 사용한 과학적 · 생물학적 용어, 부활절 이전 달과 12월에 사용된 종교적 · 상징적 언어 등이 이에 해당된다. 그러나 Stephanie와 함께 한 Jean의 연구를 의미 있게 만들고, Jean이 아이들 사이의 문화적인 차이를 알리기 위한 수단으로서 가정과 교육과정에 관한 이미지를 글로 쓸 수 있게 한 것은 그 해 전체의 리듬이다. 내러티브 탐구자들은 또한 당연시 여겨지는 것이 결코 고갈되지 않으며, 가장 최근에 당연시 여겨졌던 것 바로 이면에는 언제나 의심쩍은 것이 있음을 안다. Stephanie는 직업과 종교 생활, 그리고 개인적 생활을 영위하고 있기 때문에, 그녀는 부분적으로만 교사라고 할 수 있다. 의미 구성에 중요한 이러한 내러티브 줄거리가 현재의 연구 이면에 항상 놓여 있다.

내러티브 탐구자에게 있어 이러한 것이 의미하는 바는, 내러티브 탐구자가 광범위한 의미에서 전경의 삶에 대해 현장 노트를 쓸 때, 비록 중요하지 않은 것이 아니나 사람들이 금은보화처럼 붙들고 늘어지는 구체적 이야기는, 비교적 작은 역할을 할 수 있다는 것이다. 내러티브 탐구자는 이야기를 기록할 수도 있으나, 내러티브 표현이라 할 수 있는 활동, 행동, 사건들을 더 자주 기록한다. 이것은 장기간 연구하는 연구자에게 내러티브 소재이며, 친밀감과 관련이 된다.

c.h.a.p.t.e.r 06

현장에서 현장 텍스트로 이동

– 이야기 공간에 존재하기

경험을 경험한다는 문구는, 내러티브 탐구란 경험의 의미를 이해하고 구성해가는 것을 목표로 한다는 점을 우리에게 일깨워준다. 이것은 사회과학 연구에서 "왜"라는 질문과 관련된 기본적인 물음이다. 왜 내러티브 탐구를 활용하는가? 내러티브 탐구는 경험을 연구하는 가장 최선의 방법이라고 믿기 때문이다.

서론

이 장은 내러티브 탐구자들이 현장에서 부딪힐 수 있는 몇 가지 문제들을 제시한다. 예컨대 거리두기와 친숙하기를 어떻게 다룰 것인가? 우리가 보기에 현장 텍스트의 신중한 구성은 이러한 문제들을 대처하는데 도움이 된다. 현장 텍스트는 탐구자로 하여금 연구 참여자와 친밀해지기와 거리두기를 반복하도록 한다. 우리는 어떻게 현장 텍스트의 구성을 통해 기억이 체험된 이야기와 그 전경의 복잡성, 풍부성, 뉘앙스를 드러내는가에 대해서 탐색할 것이다. 또한 현장 텍스트를 통해 상대주의에 맞설 수 있으며, 연구자는 개인적인 차원과 사회적인 차원을 통합적으로 고려할 수 있다는 점에 대해서 논의할 것이다. 마지막으로 3차원적 탐구 공간 속에서 텍스트를 구성할 때 야기되는 복잡성과 심원함에 대해서 논의할 것이다.

내러티브 탐구자들이 현장에 있을 때, 그들은 누군가의 경험을 기술하는 기록자로서 그곳에 존재하는 것이 아니다. 탐구자들 또한 그들이 탐구하려는 경험을 수반하는 탐구의 경험을 가지고 있다. 예컨대, 우리가 병원의 병실을 연구한다면 우리는 병실에서의 삶의 일부가 됨으로써 연구 중인 경험의 일부가 된다. 내러티브 탐구자의 경험은 언제나 이중적이다. 즉 탐구자는 언제나 경험을 경험하며, 또한 경험 자체의 일부가 된다. 4장에서 우리는 Ming Fang He와 Long Him에 대한 Michael의 이야기를 통해 이 점에 대해서 살펴보았다. Michael은 Ming Fang과의 연구에 더 깊이 개입하면서 자신의 어린 시절로 돌아가 본인의 경험의 역사의 일부를 인지하게 되었다. Michael은 Ming Fang의 정체성 형성 경험을 자신의 삶의 일부로 경험했다. 앞에서 지적했듯이, 내러티브 탐구자는 탐구하려는 퍼레이드 속에 존재한다.

사랑에 빠지기, 냉담한 관찰자 되기

우리가 그 일부로 존재하는 퍼레이드를 연구할 때 긴장과 딜레마가 존재한다. 어떤 사람들은 만약 탐구자가 연구하고 있는 경험에 완벽히 빠져들지 못한다면 그들은 탐구 중인 경험 세계를 진정으로 이해할 수 없다고 우려한다. 반면, 다른 사람들은 연구되는 경험 세계에 완전히 개입함으로써 객관성을 잃게 되는 것을 우려한다. 완전히 몰입한다는 것은 탐구자가 동일한 것들을 당연하게 생각하고, 연구 참여자와 동일한 입장을 견지하며, 연구 참여자와 동일한 실제적 목적을 갖는다는 것을 함의한다. 이는 탐구자가 탐구 중인 내러티브 줄거리를 풀어내기만 하면 된다고 가정하는 것이다. 즉 연구 문제를 고수하고자 하는 순응주의를 가정하는 것이다.

어떻게 내러티브 탐구자가 경험을 경험하는가에 대한 이러한 긴장들은 언제나 현존한다. 이러한 문제를 풀기 위한 다양한 해결책들이 제시된다. 예컨대, 생애 기술자는 결코 연구 참여자와 사랑에 빠져서는 안된다고 기록한 Leon Edel([1959] 1984, p. 29)의 해결책은 그 중 하나다. 그는 객관성을 유지하기 위해서 탐구자는 연구 참여자와 일정한 거리를 두어야 한다는 입장을 지지한다.

필연적으로, 내러티브 탐구는 관계적 속성을 갖기 때문에 내러티브 탐구자들은 이러한 긴장을 경험한다. 그들은 완전히 개입해야 하고, 연구 참여자와 "사랑에 빠져야만" 하지만, 또한 한 걸음 물러나 연구 속에 있는 본인의 이야기 및 연구 참여자들의 이야기뿐만 아니라 탐구자와 연구 참여자가 함께 살고 있는 더 커다란 전경을 바라보아야 한다.

완전히 개입하기와 거리두기를 반복하는 긴장은, 일상적 관계에서처럼, 탐구자만의 책임도 연구 참여자만의 책임도 아니다. 시간의 흐름에 따라 어떤 종류의 거리두기가 만들어지는가는 탐구자와 연구 참여자에 의해 함께 구성된다. 거리두기는 융통적인 것이어서 때로는 긴밀할 수도 있으며, 또 다른 때에는 좀 더 거리를 둘 수도 있다. Jean은, Stephanie가 6월에는 본인의 수업에 들어오는 것에 동의했지만 9월에는 주저하게 되었다고 이야기 했다. 이 이야기는 시간이 지남에 따라 관계들이 어떻게 흘러가는지, 실제로 관계를 맺고 있는 당사자들 사이에서 어느 정도의 협상이 가능한지, 거리두기가 상호 간에 어떻게 만들어지는지를 보여준다.

관계적 거리두기와 관련된 이러한 긴장들은 내러티브 탐구 속에 언제나 존재한다. 그러한 긴장들에 대한 단순한 나열보다는 어떻게 그러한 긴장들을 다룰 것인가를 논의하는 것이 더 중요하다. 객관성을 잃게 되는 것을 두려워하는 예를 보자. 연구 참여자와 친숙한 관계로의 이동은 내러티브 탐구에서 필수적인 작업이다. 왜 연구 참여자와 사랑에 빠지면 안 되는가? 친밀감으로 인해 객관성을 잃는 것을 심각하지 않게 생각하는 이유는 현장 텍스트의 현존과 그것에 대한 관심 때문이다. 만약 내러티브 탐구자가 현장 텍스트 쓰기를 그만 둔다면, 만약 탐구자가 자신의 연구 참여자나 현장과 사랑에 빠져서 현장 텍스트를 구성하는 것을 잊어버리거나 현장 텍스트의 작성은 정도를 벗어난 일로 연구 참여자들을 감시하는 것이고 그들을 불신하는 것으로 느낀다면, 내러티브 탐구자가 일정 선을 넘었고, 지나치게 연구에 개입되었으며, 사랑에 너무 깊이 빠졌다고 말할 수 있을 것이다. 이러한 상황이라면, Edel의 경고는 적절하다고 할 수 있다. 그러나 탐구자들이 성실하게 날마다 현장 텍스트를 구성하는 한, 그들은 연구 중인 경험세계와의 친밀감 속으로 "들어왔다 나갔다"할 수 있을 것이다. 현장 속에 존재하기는 탐구자로 하여금 연구 참여자와 또는 연구 중인 경험 세계와 친밀해지도록 한다. 현장 텍스트를 구성하고 읽는 것은 탐구자로 하여금 친밀감으로부터 잠시 한 걸음 물러날 수 있도록 한다. "사랑에 빠지기"와 "냉담하게 관찰하기" 사이의 이동은 현장 텍스트의 구성을 통해서 가능하다.

Donald Schön(1983)처럼 반성적 실습의 실질적인 중요성에 대해서 기술한 학자들은 삶을 이끌고 반성하는 방법과 그럼으로써 삶, 자기 비판, 성장을 아우르는 것에 대해서 말한다. 현장 속에 존재하는 경험, 현장 텍스트 구성하기, 그리고 구성된 텍스트를 반성적으로 성찰하는 것도 이와 비슷한 것이다. 탐구자는 연구 노트에 갈겨 쓰거나, 속기용 구술 녹음기를 사용하거나, 컴퓨터 스크린에 현장 경험에 대해 기술적으로 관찰한 것들을 타이핑한다. 그와 같은 기록, 즉 당신이 행했던 것에 대한 기록들, 당신이 이야기한 것에 대한 기록들, 내가 당신과 함께 했던 것에 대한 기록들, 우리 주변에 있었던 것들에 대한 기록들, 우리가 어디에 있었는가에 대한 기록들, 느낌에 대한 기록들, 현재의 사건에 대한 기록들, 과거에 대한 기억의 기록들은 당신과 나, 연구 참여자와 연구자의 합체다.

사건들, 태도들, 그리고 느낌들에 대한 기술적 기록들은 내러티브 탐구 공간 속의 특정 순간들을 시간적으로 동결한다. 1년, 3년 또는 10년 후, 우리는 향수에 젖어서 연구 참여자였던 교사와 학생들과 나무를 심으러 공원에 갔던 필드 여행에서 함께 나누었던 우정을 기억할 지도 모른다. 필드 여행에 관한 이러한 느낌들은 현장과 사랑에 빠짐으로써 얻게 된 내러티브적 재구성을 통해 만들어진다. 시간이 흘러도 변하지 않은, 다른 경험과 기억에 의해 아무런 영향도 받지 않은 그 날에 대해 기록한 현장 텍스트는 더 복잡하고, 전혀 다르기까지 한 그날 사건들의 상황을 보여줄 지도 모른다. 그러한 텍스트들은 몇 아이들이 무례하게 행동했고, 한 아이가 상처를 받았으며, 지도 주임 선생님을 약간의 공포에 빠뜨렸던 것 등에 대해 기록하고 있다. 현장 노트들, 사진들, 학생들의 기록들, 교사들의 계획 노트들은 우리로 하여금 깊은 애정 속에서 기억된 사건들로부터 한 걸음 물러나서 냉정하게 그것들을 관찰할 수 있도록 해 주는 현장 텍스트들이다.

개략적인 윤곽을 기억하기, 상세한 것으로 들어가기

Annie Dillard(1988)가 말했듯이, 기억은 일종의 개략적인 전경의 윤곽은 유지하지만 세부적인 것들은 제거하는 경향이 있다. 현장 텍스트는 반성적인 연구자로 하여금 기억이 구성할 수 있는 것보다 더 풍부하고, 복잡하고, 당황스러웠던 사건의 전말로 돌아가도록 함으로써 전경의 풍부함, 복잡성, 미묘한 차이를 채우는데 도움을 준다.

공상 과학 텔레비전 시리즈인 ***Star Trek: Voyager***의 한 에피소드는 내러티브 탐구에서 현장 텍스트의 위치를 잘 지적하고 있다. 이 에피소드는 우주선 Voyager가 은하계를 통과하고 텔레비전 시청자의 관점에서 볼 때 700년 후의 미래, 한 외계 종의 박물관에서 시작된다. 한 외계인 과학자에 의해 밝혀진 역사적 교훈은 아직 진행 중인데, 그의 종(Species)이 또 다른 종에게 종속된 것은 700년 전 Voyager의 침입에 의해서다. Voyager의 탑승원들은 현재 종속된 인종을 대량 학살하는 잔인한 종으로 묘사된다.

모든 것이 시청자들에게는 친숙한 것들이다. 물리적 외양은 완벽하다. 우주선, 우주선의 내부 설계, 탑승원, 그들의 외양, 그리고 그들의 기술은 모두 적절하다. 그러나 모든 것이 잘못 되어 있다. 어느 누구도 격에 맞게 행동하지 않는다. 시청자들에게 배려심이 많은 리더로 알려진 우주선의 장은 잔인한 독재주의자로 묘사된다. 승객들을 배려하고 협력적이라고 알려진 승무원들은 사악하고 경쟁적이며, 정치적 불간섭자들에 의해 보호받고 있다고 생각되는 외계의 문명인들은 Voyager의 목적을 위해서 무자비하게 이용당하며, 히포크라테스 선언을 철저하게 따르는 그 우주선의 홀로그래픽 의사는 생물학적 무기를 잔인하게 조작한다.

하나의 유물이 외계의 행성에서 발견되었는데, 그것은 Voyager의 홀로그래픽 의사를 위한 프로그램의 복사물로 밝혀졌다. 홀로그램이 작동될 때, Voyager의 의사는 외계의 과학자에 의해 밝혀진 역사적 교훈에 의해 놀란다. 비록 700년의 경험이 과학자와 그의 황폐된 문화에 침투되었지만, 현장 텍스트처럼, 의사는 조금도 변하지 않았으며 그의 프로그램은 700년 동안 정지 상태였다. 시청자들이 그런 것처럼, 과학자는 침입 경험에 대해 아무 기억도 없는 의사나 시청자들이 보기에 옳은 것이면서 동시에 잘못된 것으로 보이는 역사적 재구성에 의해 어이없어 한다. 의사가 몇 명의 인물들, 물리적 환경들, 사건들을 포함해서 700년 전 사건들을 다시 이야기할 때, 과학자는 외계 세상의 인종 차별주의자의 사회적 분열을 야기했던 사건들에 대해 다른 해석을 하면서, Voyager의 승무원들을 적절하게 묘사한다.

홀로그램 프로그램 외에도, 유물들 즉, 700년 전의 실제 사건들에 대한 현장 텍스트들은 암호가 해독되면, 사건에 대한 의사의 해석이 정확하다는 것을 의사와 청중들이 납득할 수 있는 특정 자료들을 포함하고 있었다. 불신에 차있던 외계인 과학자는 어떻게 특정 사건들이 그의 정복된 종의 정체성 형성에 결정적 영향을 미친 인종 이데올로기를 통해서 해석될 수 있으며, 확실한 것처럼 보이지만 잘못된 역사 인식을 가져왔는가를 서서히 이해하게 된다.

Star Trek: Voyager 이야기는 기억을 통해서 구성된 역사의 포괄적 윤곽을 채우는데 현장 텍스트가 중요하다는 점을 언급하는데 도움이 된다. 그러나 ***Star Trek: Voyager*** 이야기 속에는 하나의 진실, 하나의 옳은 해석이 있다. 내러티브 탐구에서 현장 텍스트는 언제나 해석적이며, 언제나 한 개인에 의해서 특정 시점에 구성된 것이다. 우리는 사진으로 현장 텍스트를 구성할 수도 있는데, 사진은 하나의 이야기, 하나의 장면, 하나의 이미지다.

우리는 15년 전 Bay Street School에서 수행한 연구의 현장 텍스트를 읽고 또 읽으면서 이 점을 더 생생하게 이해하게 되었다. Michael은 학교에서 발생했던 사건들에 대한 현장 노트를 구성했다. Jean은 동일한 사건에 참석했고 또한 현장 노트를 구성했다. 우리는 이 두 노트의 내용이 동일하지 않다는 점을 인식하면서 이 두 노트를 보관했다. 서로의 세부적 기록이 달랐고, 서로 다른 단어들이 강조되었다. 연구자로서 우리가 누구였는지, 연구 참여자들과 우리가 어떤 관계에 있었는지, 그리고 3차원적 탐구 공간에서 우리가 어떻게 살았는에 대한 구성이 서로 달랐다.

우리는 지금 그 현장 노트를 다시 읽으면서, 15년 전에 발생했던 사건에 대해 하나의 해석은 없다는 점을 재차 깨닫는다. 이 점은 ***Star Trek: Voyager*** 이야기 속에 함축된 것과 반대다. 우리는 과거의 사건에 대한 서로의 이야기를 하며, 그 당시에 발생한 사건의 세부적인 것들을 기억하기 위해서 현장 노트를 다시 읽었다. 우리는 현재 연구 프로젝트를 수행하면서 15년 된 현장 노트를 다시 읽고 있는데, 그 이유는 하나의 진리나 정확한 해석을 찾으려거나 또는 무슨 일이 일어났었는지 그리고 어떻게 우리가 현재의 위치에 도달했는지에 대한 서로의 이야기를 교정하기 위해서가 아니라, 내러티브적 이해를 구성하는 새로운 연구 주제나 학교의 변화와 개혁에 대한 이론을 통해 학교에 대한 이야기를 이해하기 위해서다.

하찮고 눈에 띄지 않는다는 점에서, 연구자들이나 다른 사람들, 즉 우리 모두는 외계인 종과 같다. 우리는 우리의 이야기를 다시 이야기하고, 과거를 다시 만든다. 이것은 피할 수 없는 일이다. 더욱이 그것은 좋은 일이다. 그렇게 하는 것은 성장의 본질이며, 듀이가 말한 것처럼, 그것은 경험의 가치를 판단하기 위한 준거다. 듀이가 보기에 경험의 재구성은 (우리가 보기에는 이야기를 다시 이야기 하는 것과 이야기적 삶을 다시 사는 것) 성장을 가져온다는 점에서 유익하다. 개인적 사회적 성장을 증진하는 것이 내러티브 탐구 목적 중 하나다. 그러나 이야기를 다시 이야기할 때, 외계인이 그랬던 것처럼, 부정확하고, 불건전하기까지 한 이야기를 구성하거나, 듀이가 비교육적 경험이라 부르는 것에 빠질 위험이 언제나 존재한다. 현장 텍스트의 구성은 그러한 비교육적 목적에서 벗어날 수 있도록 한다.

내러티브 진실과 내러티브 상대주의

이러한 가치관을 채택할 때 내러티브 탐구자들이 당면하는 긴장은 모든 사람은 사건에 대한 각자의 해석을 갖고 있으며 각각의 해석은 모두 타당하다는 상대주의 입장이다. 이러한 입장을 취할 때, 경험과 경험에 대해 구성된 의미 사이의 긴장이 사라지기 때문에 내러티브 탐구는 내러티브적 속성을 잃는다. 경험에서 분리된 의미가 경험에 근거를 둔 내러티브 의미를 대신한다. 내러티브 탐구의 관점에서 볼 때(*Star Trek: Voyager*의 에피소드에서처럼), 증거에 근거해서 이루어진 역사에 대한 좋은 해석과 불충분한 해석들을 담은 현장 텍스트들이 있다.

*Star Trek: Voyager*의 에피소드는 상대주의의 쟁점을 극대화한다. 의사는 자신의 역사 해석이 폭력적인 사회적 분열을 야기했다는 것을 알았을 때 자신을 무력화시키기를 원했다. 비록 그는 역사에 대한 자신의 해석이 잘못됐다는 것을 "알았지만", 외계의 종은 그것에 의해서 최고로 만족하고 있다고 생각했다. 자신을 무력화시키려는 그의 의도는 진실에 대한 상대주의적 관점을 함의한다. 1950년대의 할리우드 영화에 적합한 결말처럼, 역사에 대한 의사의 해석을 현재 확신하는 외계의 과학자는 의사로 하여금 그 상태를 유지하도록 설득한다. 두 종들은 그들의 불평등한 관계를 다시 생각한다. 인종간의 조화가 성립되고, 사회가 새로운 목적을 갖게 되고, 의사는

Voyager의 근원지를 추적하기 시작한다. 의미의 정교성, 불확실한 내러티브 설명, 모호한 내러티브의 결말을 다루는데 익숙한 내러티브 탐구자들은 이 대본의 할리우드적 속성에 불쾌감을 느낄 수 있지만, 그것이 주는 내러티브 탐구를 위한 윤리적 메시지는 명확하고 적절하다. 단순한 상대주의는 아닐 것이다. 내러티브 탐구자들은 현장 텍스트들을 보관하고 계속 참고할 필요가 있다.

내부로 돌아오기, 외부를 관찰하기

우리가 현장에서 현장 텍스트의 구성으로 이동할 때 부딪히는 또 다른 긴장은, 실존적 세계 속에서 우리가 경험한 것을 해석적으로 기록한 현장 텍스트를 구성하는 과정에서 구체화된다.

4장에서 우리는 그러한 실례를 들었다. Jean이 연구 그룹 모임의 전사 자료에 기록된 Karen의 이야기에 반응하면서 기억해낸 자신의 4학년 때의 경험에 대해서 이야기했던 것이 그 실례다.

다음의 사례에서 Vicki Fenton(1887년 9월 18일)의 이중적 현장 텍스트들(실존적, 외부의 사건들을 기록한 현장 노트들; 그녀의 내적 반응을 기록하고 있는 일지 노트들)은 해당되는 예를 잘 보여준다.

내 마음은 정보로 가득 차 있다. 보고, 듣고, 기억해야 할

우리는 Smith 거리를 따라 서쪽으로 계속 갔다. 거리의 반대편에는 여러 나라의 언어로 된 간판을 가진 다양한 종류의 가게들이 있었다. 그 가게들은 정원이 있는 집들이나 독특한 특성들을 가진 집들로

것들이 너무 많다. *이러한 유형의 공동체는 나의 공동체와는 다르기 때문인 것 같다. 내 마음이 뭔가로 가득 차 있고 마음을 온통 뭔가에 빼앗긴 느낌이다.*	이어진다. 담장에는 카툰 캐릭터 벽화가 그려져 있으며, 발코니나 옥상이 있는 3~4 피트 되는 Canadian National Tower 모형이 있다. 거리의 북쪽에 위치한 이러한 집들은 토론토 병원으로 이어진다. 거리의 남쪽에서 우리는 동쪽에 위치한 학교와 서쪽에 위치한 커뮤니티 센터 사이에 놓인 아이스 링크와 옥외 수영장을 지난다.

이와 같은 1997년 9월의 현장 텍스트들은 한 학교-공동체 노동자가 Bay Street School 주변을 거닐며 구성한 것이다. Fenton의 현장 노트들은 장소에 대한 기술이다. 그러나 왼쪽 열(column)은 그녀의 내부 경험에 대한 관찰 일지다. 그녀의 일지는 어떻게 그녀가 그곳에서의 경험을 정보의 홍수처럼 체험하고 있는가를 제시하고 있으며, Bay Street School 주변의 장소들과 그녀가 잘 알고 있는 장소들을 대조하면서 왜 그러한 대조를 하게 되었는가에 대한 가설적 의견을 제시하고 있다. 경험에 대한 그녀의 경험을 기술한 이러한 일지 양식의 성찰들은 경험의 안과 밖을 지속적으로 왔다 갔다 하도록 돕는다. 초기에 주목했듯이, 현장에 있는 실습자들은 자신들의 경험을 반성함으로써 경험에 대한 비판과 성장이라는 교육적 관점을 유지한다. 이것이 바로 Fenton이 이중 현장 텍스트 속에서 하고 있는 작업이다. 그녀의 현장 노트는 밖으로 향하고 있었으며 반성 일지는 그녀의 내부로 향하고 있었다.

Jean과 Vicki Fenton의 현장 텍스트는 어떻게 현장 텍스트가 연구 중인 경험과 그 경험을 경험하고 있는 연구자에 대한 기록 사이를 왔다 갔다 하는가를 보여주고 있다. 우리는 연구자가 연구 중인 경험에 더 깊숙이 개입할 때 발생할 수 있는 점들을 지적하려고 한다. Stephanie와 함께 했던 Jean의 연구와 Pam과 함께 했던 JoAnn Phillion의 연구가 그 사례다. 연구에 대한 또 다른 관점에서 볼 때 이는 "관찰자가 관찰되는 사람에게 미치는 영향의 문제점"이다. 한 교실에서 한 연구 참여자와 함께 오랫동안 연구해 보면, 일련의 사건들을 연구하면서 우리가 그러한 일련의 사건들을 만들어 낸다는 점을 명확히 깨닫게 될 것이다. 연구자로서, 우리는 연구 중인 사건들, 교실에서의 사건들, 아이들과의 관계 등을 만든다는 점에 주의해야 한다. 7장에서 기술될 Annie Davies의 1997년 10월 17일자의 현장 노트가 그러한 사례다. Davies는 두 명의 교사 Tom과 Liz가 담당하고 있는 교실을 현장 노트에 묘사하고 있다. 현장 노트의 일부는 아이들과 함께 했던 일들과 그러한 일들과 Liz의 교수에 대한 아이들의 반응을 기술하고 있다. 연구자로서, Davies는 Liz와 그녀의 학급 아이들뿐만 아니라 그들과 함께 교실에서 연구를 수행하고 있는 자신에 대해서도 연구하고 있다.

요약컨대, 우리가 강조하려는 것은 우리가 구성한 이중 현장 텍스트 즉, 존재론적 상황에 대한 현장 텍스트들과 내적인 상태에 대한 일지들 속에는 또 다른 차원의 이중성이 가능하다는 점이다. Davies의 연구에서처럼, 존재론적 상황에 대한 현장 노트가 연구 참여자와 아주 친숙한 상황에서 기록될 때 우리는 자신을 이 연구의 일부로 볼 수도 있다. 오랫동안의 연구에 걸쳐 친숙한 관계를 성립한 내러티브 탐구자는 상황을 면밀히 검토하면서 자신과 직면하게 된다.

우리는 자신에 대한 연구 노트의 이중적 속성 즉, 연구 중인 현장 경험의 일부로 자신을 기록한 노트들과 그러한 경험을 경험하고 있는, 다시 말하면 그러한 경험을 성찰하는 자신에 대한 노트들을 강조했다. 연구자가 연구 참여자의 이중성을 주의 깊게 이해해야 하는 것도 이러한 이유에서다. 내러티브 탐구자가 현장 경험에 합류한 것처럼, 연구 참여자들 또한 탐구에 합류한 것이다. 현장 텍스트를 구성하는 것은, 연구 참여자들이 지속적인 경험의 일부로 무엇을 하고 무엇을 말하는가에 주의를 기울이는 것을 의미하며, 어떻게 연구 참여자들이 탐구 속에 존재하기를 경험하는가를 지속적으로 기록하는 것을 의미한다. 연구 참여자들 또한 탐구에 대한 생각과 느낌을 갖고 있다.

우리는 교사들 팀과 함께 연구를 했던 Davies의 연구 속에서 이러한 측면들을 본다. Davies는 연구에 참여하고 있는 교사들이 그들의 참여를 통해 이해한 것에 대한 그들의 생각과 느낌을 현장 텍스트에 기록하였다. Davies와 대화하면서 참여 교사 팀의 일원이었던 Tom은 다음과 같이 말했다. "내가 이 연구를 통해 알게 된 것은 많은 이야기들이 존재한다는 것입니다. 학교는 이야기들로 가득합니다. 그리고 당신이 포착한 것도 그 이야기의 일부일 뿐입니다. 또한 당신이 포착한 것은 Liz, Carol, Jane, 그리고 내가 올해 함께 해왔던 것의 일부일 것입니다. 그것은 250 장의 페이퍼와 잉크로 바뀌겠지만, 여전히 전체 이야기는 아닐 것입니다" (1995년 7월 7일 Annie Davies와 나눈 대화) (Davies, 1996, p. 246).

Davies와의 또 다른 대화에서, 또 다른 참여 교사였던 Carol은 다음과 같이 말한다. "제가 당신에게 솔직하게 이야기하면서 이 주제와 관련된 생각을 만들어내기 때문에 당신에게 이야기하는 것은 실질적으로 저의 성장을 돕는다고 말할 수 있습니다. 협동적 연구를 위해서 제가 나아갈 방향을 볼 수 있었으며 그곳에서 제가 발전할 수 있었습니다"(1995년 6월 12일 Annie Davies와 나눈 대화) (Davies, 1996, p. 248).

두 사례들은 연구 참여자들이 연구에 참여함으로써, 연구 속에 존재하는 경험에 의해서 영향을 받는다는 점을 명확히 보여준다.

경험에 대한 연구자의 경험이 연구 텍스트 속에 드러나는 것처럼, 이러한 반성들 즉, 연구 참여자들의 경험에 대한 경험도 연구 텍스트 속에 드러난다. 우리는 이 문제를 9장에서 다룰 것이다. 9장에서는 연구 텍스트의 문제와 연구자들뿐만 아니라 연구 참여자들도 내러티브 탐구 과정 속에서 새로운 이해에 도달한다는 것을 보여줄 것이다.

3차원적 탐구 공간에서 연구하기의 모호성

4장에서 우리는 3차원적 내러티브 탐구 공간이라는 개념을 소개했다. 우리는 이 아이디어를 소개하면서 공간이라는 개념이 연구에 어색하고 강제적인 경계를 설정할지도 모른다는 점을 깨달았다. 내러티브 탐구를 한다는 것은 일종의 삶의 형태다. 일반적으로 삶에는 경계가 없다. 보이든 보이지 않든 간에 우리의 삶을 속박하는 구조들은 언제나 개방적이며 대안적인 가능성을 갖고 있다. 이러한 개념은 이야기를 다시 이야기하고 이야기적 삶을 다시 산다는 생각 속에서 구체화된다. 내러티브 탐구에 대한 우리의 목적은 경험의 개방성을 최대한 포착하는 것이다.

그러나 공간에 대한 최근 개념이 암시하듯이, 탐구 공간은 무한정 개방된 것이 아니라 상자와 같은 것이라고 볼 때 잠재적 패러독스가 존재한다. 우리는 결국 3차원적 탐구 공간이라는 개념이 탐구자를 위한 가상적 가능성들, 그러한 개념 없이는 쉽게 가정할 수 없는 가능성들을 열어 놓기를 바란다.

탐구 공간, 그리고 그 안에 함의된 모호성은 우리로 하여금 우리와 연구 참여자들이 특정 순간에 즉, 시간적으로, 공간적으로, 그리고 개인적 사회적 측면에서 어디에 놓여있는 지를 알게 해준다. 하나의 텍스트는 언제나 시간적으로 공간적으로 위치되고 개인적 차원과 사회적 차원의 연속선상에 위치된다. 예컨대, 위에서 언급했던 Fenton의 노트는 여기 그리고 현재의 공간에 대한 것이다. 경험의 경험에 대한 그녀의 일지 노트에는 개인적인 것과 사회적인 것이 혼합되어 있다. 그녀는 아주 개인적인 느낌이나 생각을 기록하고 다음 문장에서는 다른 관점을 갖고 개인적 사회적 연속선상에서 그것을 성찰한다. 그녀는 자신의 마음의 상태를 자신이 관찰한 환경과 알고 있는 환경의 대비와 관련되는 것으로 간주한다.

시간적 차원을 고려할 때 3차원적 탐구 공간의 모호성은 더 복잡해진다. 우리의 경험이 시간적 차원과 맞물림으로써 시간 속에서 우리가 정확히 어디에 위치해 있는가를 분간하는 것이 어려워진다. 서서히 연구자의 의식으로 스며든 Bay Street School의 역사, 우리가 앞에서 기술했던 것들은 우리를 교육에 관한 기록들을 보관하고 있는 선반으로 이끌었다. 거기서 우리는 Bay Street School에 관한 편지들, 저널들, 신문 조각들, 즉 만들어지고 있는 역사를 발견했다.

우리가 시간적 흐름과 역사를 느낄 때, 그리고 그것을 이름들과 날짜들, 사건들에 비추어 바라볼 때, 우리는 결코 같은 방식으로 장소를 바라볼 수 없다. 그 집에서 태어나고 자란 사람과 처음으로 그

집을 방문한 사람이 있다고 가정해 보자. 그 집으로 들어온 이 두 사람은 층계를 올라가고, 창문을 열고, 부엌으로 들어가는 것과 같은 동일한 사건을 전혀 다른 방식으로 경험할 것이다. 그러한 경험에 대한 그들의 경험은 동일하지 않다.

일단 시간적 흐름이 연구에 개입되면 Bay Street School은 똑같은 학교가 아니며, 같은 방식으로 경험되지 않는다. Bay Street School에 대한 우리의 역사 때문에, 상대적으로 Phillion은 그녀의 연구 초기에 시간적 흐름을 다룰 수 있었다. 그녀가 박사 논문 초고를 쓰기 시작했을 때 기술한 짧은 구문이 있다. Phillion은 1877년에 임명된 Bay Street School의 초대 교장 선생님의 일기를 읽었다. 일기를 읽은 후, 그녀는 시간적으로 그 학교의 초대 교장이 학교의 개교를 준비했던 1877년부터 그녀가 이 학교에서 연구를 수행했던 1997년으로 이동하면서 시간적 주기들을 주의 깊게 종합했다. 그녀는 다음과 같이 기술한다.

> Bay Street School는 모든 면에서 도시적이었다. 그 학교에는 난방 장치가 있었으며, 수도도 잘 나왔고, 지하에는 화장실도 있었고, 휴게실, 칠판, 개인용 책상도 있었다. 교장 선생님이 난방 시스템을 생각했을 때, 그의 마음은 학교의 개교를 위해 준비한 연설로부터 56 코드척 평수의 납품을 관리하는 일로 이동했다. 그는 난방 장치가 완벽하다고 들었다. 그래서 그는 지난 며칠 동안 학교가 무척 추웠다는 사실에 당혹스러웠다. 교실을 따뜻하게 하기 위해 작은 나무 히터를 사용했어야 했다. 만약 교실이 영하 40~45도로 내려갔다면 학생들을 집으로 돌려보내야 했을 것이다. 그는 그러한 일이 발생하기를 원치 않았다. 특히 개교 첫 날 그런 일이 발생하기를 원

치 않았다. 무엇보다도 그는 2층에 위치한 여성회 회장의 격렬한 비난이 걱정되었다. 만약 방이 너무 추웠다면 그녀는 확실히 불평했을 것이다. 그는 얼마나 자주 그녀의 분노에 대처하게 될 지를 거의 알지 못했다.

120년이 흘렀다. 겨울에 난방은 지글지글 뺑뺑 소리가 날 정도다. 연구 참여자와 나는 온기가 곧 퍼지려는 것을 알려주는 지글지글 뺑뺑 소리를 좋아했다. 작년에 비싼 비용을 치르고 난방 장치를 교체했다. 교장 선생님은 직원 회의에서 새로운 난방 장치는 추운 날씨에도 문제가 없을 거라고 알렸다. 즉시 목소리 큰 여직원이 여름철 무더위에 대해서 말했다. 나는 초대 교장 선생님이 이에 대해 웃음을 지었을지 어땠을지 궁금했다.

나는 또한 화장실들이 오래 전 여학생들이 사용했던 것과 동일한 것인지 어떤지 궁금했다! 화장실은 1877년으로부터의 유물로 보일 정도로 오래된 것으로 보인다.[Phillion, 1999, pp. 81-82]

위의 주석을 보면, Phillion은 120년이라는 시간적 지간을 앞뒤로 이동하면서 Bay Street School의 한 장소에 깊숙이 머무르고 있다. 그녀는 학교에 관한 기록들을 읽을 때, 마음 속으로 당시의 경험을 체험한다. 현재 Bay Street School의 직원 회의에 참석해서 새로운 난방 장치의 교체에 대해서 들을 때, 그녀는 마음 속으로 초대 교장에 대한 일지를 생각하며 듣는다.

현장 텍스트는 이와 같은 것이다. 내러티브 탐구자들은 연구 과정에서 언제 어떤 식으로든 발생하는 시간적 변화에 민감해야 한다. Phillion은 캐리비안에서 태어난 교사 연구 참여자와 나눈 대화가 순식간에 장소와 시간을 변화시킬 것이라고 말한다. 즉, 수업에 있던 한 학생에 대한 토론, 그가 이민 오기 전에 살았던 나라에 대한 언급, 캐리비안 교육관에 비추어 내린 해석, 그리고 몇 년 전 다른 도시의 학교에서의 교수에 대해 언급할 것이다.

이러한 모든 것들을 염두에 두는 것은 내러티브 탐구자들에게 힘든 일처럼 보일 지도 모른다. 탐구자는 장소의 세부적인 것들, 미묘한 시간적 뒤틀림, 개인적 사회적 관찰 사이의 복잡한 이동, 그리고 그들의 관계에 대해서 인식할 필요가 있다. 탐구자들은 자신과 연구 참여자를 위해서 그러한 것들을 인식할 필요가 있으며, 상호 작용의 상호 의존성에 대해서 인식해야 한다. 우리는 여기서 잘 알려진 표어를 반대로 말해서, 듣는 것보다 행하는 것이 더 쉽다고 말할 수 있을 것이다. 예리한 탐구자는 시간과 장소를 동시에 옮겨다니면서 개인적, 사회적 차원을 살아갈 것이다. 단지 순간을 위한 생생한 대화만이 있을 뿐이다. 그러나 현장 텍스트 속에서 이러한 삶의 뉘앙스를 포착하는 것은 복잡하고 모호하다.

내러티브 탐구자는 3차원적 탐구 공간을 늘 염두에 두는 것이 좋다. 예컨대, 장소의 세부적인 부분을 기록하는 것을 잊어버렸다면 (이런 일은 종종 발생한다) 3차원적 탐구 공간에 대한 생각은 탐구자로 하여금 "어디"에 놓여 있는가를 인식하도록 한다. 3차원적 공간에서 현장 텍스트를 작성함으로써 발생하는 복잡함은 7장에서 Davies의 현장 텍스트를 다룰 때 자세히 논의될 것이다.

c.h.a.p.t.e.r 07

현장 텍스트 구성하기

우리는 5장과 6장에서 현장에 존재하기에 초점을 두었다. 5장에서는 현장에 들어가기에 대한 우리의 경험을 다루었고, 6장에서는 현장에 존재하기에 대한 우리의 경험을 다루었다. 제7장에서는 일반적으로 데이터라 불리는 기록물, 우리에게는 현장 텍스트로 알려져 있는 것에 대해서 기술할 것이다. 데이터들은 발견되거나 우연히 알려지는 것이 아니라 연구자와 연구 참여자들이 현장 경험의 어떤 측면들을 기술하기 위해 창조한 것이기 때문에 우리는 데이터를 현장 텍스트라고 부른다.

서론

이 장에서 우리는 지속적인 연구 참여자의 이야기와 연구자의 관계가 앞으로 구성될 현장 텍스트의 종류뿐만 아니라 그것의 본질을 형성하는 방식을 살펴보려고 한다. 우리는 3차원적 탐구 공간에서 작업하고 있다는 점을 잊어서는 안 된다.

내러티브 탐구자가 사용할 수 있는 다양한 종류의 현장 텍스트를 보여주기 위해서, 한 연구자가 채택하여 혼합적으로 구성하게 되는 다양한 종류의 현장 텍스트들을 살펴볼 것이다. 교사들의 이야기, 자서전적 글쓰기, 저널 쓰기, 현장 노트, 편지, 대화, 인터뷰, 가정사(family stories), 문서, 사진, 기억 상자, 기타 개인적 가족적 사회적 가공물, 그리고 삶의 경험들의 활용에 대해서 살펴볼 것이다. 이러한 것들은 가치 있는 현장 텍스트를 만들어 낼 수 있다. 이 장의 마지막에서는 작품의 최종적 통일성을 위해서 현장 텍스트들을 잘 배열하는 일의 중요성에 대해서 토론할 것이다.

현장 텍스트의 구성은 해석적 과정이다

현장 텍스트는 내러티브 탐구에서 데이터로 간주되며 데이터는 연구 경험의 객관적 표상이라는 생각을 수반하기 때문에 어떻게 현장 텍스트에 해석을 가미할 것인가는 중요하다. 연구현장으로 이동할 때, 우리는 이미 우리 자신과 다른 사람에게 연구 목적에 대해 이야기한다. 상황에 대한 특별 관심은(5장의 협상에 관한 부분에서 우리가 보여준 것처럼) 반복적이고 지속적으로 진술되었고 연구 참여자들과 협상되었다. 그러므로 우리가 연구 현장에 들어가는 방식은 우리가 무엇에 주의를 기울일 것인가에 영향을 준다. 우리는 현장 텍스트에서 드러나는 몇 가지 측면들을 신중하게 추려냈다. 무의식적으로 또는 무심코 선택된 다른 측면들 또한 현장 텍스트에서 드러난다. 내러티브 탐구자가 현장 텍스트를 작성할 때 무엇을 하는가를 이해하기 위해서는 선택의 문제가 발생한다는 점뿐만 아니라, 어떤 한 측면을 전면에 내세우는 것은 다른 측면을 덜 강조하거나 심지어 무시할 수도 있다는 점을 인식하는 것이 중요하다. 현장 텍스트는 또한 이야기 되지 않은 것과 주목되지 않은 것에 대해서 많은 것을 이야기한다.

이 점은 현장 노트를 지속적으로 기록할 때 가장 쉽게 이해된다. 예컨대, 내러티브 탐구자가 소란스러운 교실, 학교, 병원, 다른 기관으로 이동할 때, 많은 일들이 일어난다. 크든 작든 장소, 사람, 사물, 사건, 역사 등 다양한 측면들이 눈에 띤다. 모든 것을 얻고자 하는 연구자라도 모든 것을 다 관찰할 수는 없다. 문서를 수합하면서 어떤 문서를 수집해야 할지 선별적으로 선택할 때도 이와 유사한 일이 발생한다. 예컨대, 정책과 관련된 문서를 선별적으로 선택하지만 교수(teaching)와 관련된 문서는 수집하지 않기로 결정할 수 있다.

비록 우리가 종종 의식적으로 데이터를 선택하지만, 어떤 때는 우리가 선택하고 있다는 사실조차 인식하지 못한 채 선택한다. Bay Street School에서 우리는 학교 비서에게 우리를 위한 우편함을 설치하고 정규 직원들의 우편함에 들어가는 모든 문서들을 우리 연구자들의 우편함에도 넣어 달라고 요구했다. 우리는 의식적으로 그러한 선택을 했다. 이후에, 우리는 어떤 문서들은 우편함을 통해서가 아니라 다른 방식으로 배포된다는 사실을 알게 되었다. 그 사실을 깨달은 후 우리는 우리의 문서 수합 과정이 선별적이었다는 점을 깨닫게 되었다.

이러한 일반적인 사항은 구성될 현장 텍스트의 전 범위에 걸쳐 적용된다. 비관계적 속성 때문에 내러티브 탐구에서는 거의 사용되지 않는 구조화된 면담을 예로 생각해 보자. 연구자로서 우리는 녹음할 시점을 선택하며, 물어볼 질문 내용을 선택한다. 그러나 우리가 지적하려는 점은 모든 현장 텍스트는 어쩔 수 없는 해석적 텍스트이며, 우리는 특정 방식으로 반응함으로써 연구 참여자들의 반응을 선택적으로 얻는다는 점이다. 예컨대 미소를 짓거나, 그 순간과 관련된 것처럼 보이는 질문을 던지거나, 명료화를 요구함으로써 연구 참여자들의 반응을 얻는다. 우리의 신체적 반응에 따라 면담 중인 연구 참여자는 더 자세히 반응하거나 다른 반응을 할 수 있다. 또한, 우리가 면담을 진행할 때, 주어진 시간은 한정되어 있다. 연구자가 한 가지 사항에 대한 대답이나 토론을 조장할 때, 다른 사항들은 탐구되지 않거나 덜 드러난다.

현장 텍스트는 연구자나 연구 참여자의(또는 둘 다) 선택적인 관심이나 무관심에 의해 형성된다. 구조화된 면담의 객관적 기록인 녹음 테이프도 이미 해석된 것이며 맥락화된 텍스트다. 구조화된 면담을 기록한 녹음 테이프가 객관적인 것으로 간주되지만 그것 또한 연구자와 연구 참여자의 해석적 과정과 그들의 관계 속에서 형성된 것이므로 해석적이다. 뿐만 아니라 구조화된 면담은 특정한 환경과 상황 속에서 이루어지기 때문에 맥락화된다.

현장 텍스트의 기록은 연구자와 연구 참여자의 관계를 표현한다

현장 텍스트 구성에서 연구자와 연구 참여자의 관계가 핵심이다. 비록 앞에서 모든 현장 텍스트는 현장 경험을 선별적으로 재구성한 것이므로 해석적 과정을 통해 구성된다는 점을 강조하였지만, 관계의 중요성 또한 주목되어야 한다. 연구자와 연구 참여자의 계속되는 이야기와의 관계는 현장 텍스트의 본질을 형성할 뿐만 아니라 현장 텍스트의 인식론적 입장을 정립한다. 연구자와 연구 참여자의 관계는 현장 텍스트에 의미를 부여할 뿐만 아니라 궁극적으로 만들어질 연구 텍스트에 형태를 부여한다. 연구자와 연구 참여자의 관계는 이야기뿐만 아니라 이야기의 의미를 구성한다. 만들어진 현장 텍스트는 다소간 협력적으로 구성된 것이고, 다소간 해석적인 것이며, 다소간 연구자의 영향을 받은 것일 수 있다. 그것은 상황 나름이다. 연구자는 이 점에 주목할 필요가 있으며, 현장 텍스트에 묘사된 상황의 관계적 조건들을 일지에 기록할 필요가 있다.

3차원적 탐구 공간 속에서 구성된 현장 텍스트

한 연구에서 구성된 현장 텍스트들을 상세하게 제시하기에 앞서, 우리는 독자들에게 경험을 경험하고 현장 텍스트를 구성할 때 인지해야 할 점과 그 작업의 복잡성을 숙지시키고 싶다. 6장에서 우리는 연구자가 연구 참여자와 친밀감을 유지하는 일과 반성적 입장을 갖는 것 사이의 균형을 유지하기 위해서는 현장 텍스트 구성이 필수적이라고 언급했다. 따라서 연구자는 현장 텍스트를 습관적으로 기록해야 하며 엄격하게 기록해야 한다. 현장 텍스트의 구성은 기억으로 구성된 사건 보고서를 구성하는데 필수적이다. 현장 텍스트는 아주 자세히 기록될 필요가 있다. 우리는 이야기를 다시 이야기할 때 현장 텍스트가 갖는 가치 입장과 그러한 다시 이야기 하기가 변화를 이끌 수 있는 가능성을 보여줌으로써 내러티브적 상대주의 문제를 다루었다. 따라서 현장 텍스트는 사실과 관념의 관계를 고착화하기보다 성장과 변화를 가능케 한다. 우리는, 연구자는 개인 내부의 반응뿐만 아니라 존재론적 조건을 현장 텍스트에 기록할 필요가 있다는 점을 지적하였다. 따라서 현장 노트나 현장 텍스트는 연구에 대한 반응을 기록한 일지와 같은 기타 다른 현장 텍스트들에 의해 보완될 필요가 있다. 우리는 개방적이고 경계가 없는 3차원적 탐구 공간 속에서 연구하는 것의 모호함에 대해서 언급하였다. 따라서 현장 텍스트를 만들 때, 연구자들은 자신과 연구 참여자들이 어떤 특정 순간에 즉, 시간적으로, 공간적으로, 그리고 개인적 사회적 측면에서 어디에 위치해 있는가를 인식할 필요가 있다.

현장 텍스트를 제시할 때, 우리는 현장 텍스트의 종류를 목록화하여 제시하는 것은 텍스트가 개별적이라는 점, 즉 특정 탐구 과정에 한정된 기록물이라는 인상을 준다는 것을 깨달았다. 내러티브 탐구자들의 작업과 일관된 방식으로 현장 텍스트를 제시하기 위해서, 우리는 한 완성된 연구에서 제시되었던 현장 텍스트들의 범위와 현장 텍스트들 간의 상호 작용에 대해서 제시할 것이다. Annie Davies의 박사 학위 논문인 "팀 티칭 관계"(1996)가 그 사례이다.

혼합되어 구성된 현장 텍스트

우리는 Davies 연구를 간단히 소개하고 그녀가 구성한 다양한 현장 텍스트들의 사례들을 살펴보면서 그녀의 탐구를 훑어볼 것이다. 이 과정에서 우리는 어떻게 다양한 현장 텍스트들이 함께 어우러질 수 있는가를 보여 줄 것이다.

Davies는 캐나다 서부에서 수 십 년 넘게 때로는 혼자서 때로는 한 명 이상의 동료와 함께 팀을 이루어 가르치는 일에 종사해 온, 경험이 풍부한 초등학교 교사다. 박사 학위 논문을 위한 연구를 시작했을 때 그녀의 관심은 교사들이 팀 티칭 관계를 협상하는가였다. 어떻게 이야기된(storied) 전문 지식과 경험에 대한 개별 교사들의 내러티브가 어떻게 서로 연결되는가에 대한 질문은 그녀의 호기심을 자극했다. 그녀는 교육 위원회의 요구 때문에 팀 티칭을 하고 있는 교사들의 경험을 연구했다. 어떻게 그들이 교수(teaching)에 관한 비밀 이야기를 나누기에 안전한 신뢰의 공간을 공유하는가? 교실에서의 교수에 대한 비밀 이야기들이 교실 공간을 벗어나 공개되었을 때 무슨 일이 일어날까?

그녀는 영국에서의 자신의 학교 경험에 대한 자서전적 연구와 함께 내러티브 탐구를 시작했고, 다음에는 그녀가 처음으로 체육을 가르쳤던 캐나다에서의 초기 교수 경험을 연구했다. 몇 년 후 그녀는 팀 티칭을 시작하게 되었다. 연구의 첫 번째 단계에서 그녀는 자신의 경험에 대한 내러티브 탐구를 수행하였다.

Davies는 본인의 내러티브의 시작을 첫 번째 팀 티칭에 대한 자신의 보고서와 관련 지었다. 그녀는 보고서가 완성되었을 때, 팀 티칭에 대한 그룹 구성원들의 이야기를 듣는 것이 좋겠다고 생각했다. 그들이 팀 티칭에 대해서 어떻게 이야기할까? 이러한 질문은 내러티브 탐구의 두 번째 단계를 가져왔다. 그녀는 이전의 팀 티칭 파트너들을 찾아가서 그들 각자에게 기억을 더듬어 그 시기에 함께 했던 그들의 경험에 대해 이야기해 달라고 요청했다. Davies는 서로의 기억을 통해서 이야기된 내러티브들을 잘 조직화해서 다양한 보고서들을 하나의 보고서로 통합하면서 현재 팀 티칭을 하고 있는 교사 그룹과 함께 연구를 더 진행하면 좋겠다고 생각했다.

Davies는 전문적 지식의 전경이 변하고 있다는 것을 느꼈고, 그녀의 내러티브 연구의 한 단계로서 팀 티칭이 구체화되는 전경을 연구할 필요가 있다고 느꼈으며, 팀 티칭을 하고 있는 교사 팀에 합류하고 싶었다. 이 연구의 세 번째 단계로, 그녀는 네 명의 교사 그룹과 지속적인 관계를 유지하고 그들의 교수 실습을 연구하고 싶었다. 더욱이 그녀는 그들의 과거와 현재의 교수 실습을 연결 지으며 미래의 가능한 교수와도 연결 짓는 내러티브 보고서를 구성하기 위해서 각각의 교사들을 연구하고 싶었다. 물론 이러한 단계들이 모든 사람들이 따라야 할 지침은 아니다. 각 연구는 그 자체의 리듬과 순서를 갖고 있으므로, 각각의 내러티브 탐구자는 본인의 연구에 적합한 리듬과 순서를 생각해야 한다.

Davies는 3차원적 내러티브 탐구 공간에서 연구했다. 각 차원이 갖는 복잡함에는 층위가 있다. 시간적으로 그녀는 자신의 과거, 즉 영국에서의 성장기와 관련된 유년기 경험에서 시작했다. 그리고는 캐나다에서의 초기 팀 티칭에 관해 언급한 후, 팀 티칭에 참여하고 있는 교사 팀에 대한 현재의 참여 관찰 연구를 기술한다.

세 단계의 연구 구조 속에는 시간적 흐름 즉, 유년 시절, 첫 번째 팀 티칭 경험, 그리고 현재의 참여 관찰 연구가 있다. 더욱이 각 단계에서 그녀는 시간적으로 앞으로 갔다 뒤로 갔다 이동하면서 각 연구 참여자들 각자의 유년 시절의 경험을 고찰한 후 현재의 경험으로 이동한다. 첫 번째 단계에서 그녀의 자서전은 시간적 흐름을 갖고 있다. 두 번째 단계에서 그녀가 했던 연구, 즉 첫 번째 팀 티칭을 함께 했던 연구 참여자들에 대한 연구는 시간의 흐름에 따른 기억들의 관계를 보여준다. 세 번째 단계에서 그녀는 3년이라는 기간 동안 참여 관찰을 했으며, 더욱이 그녀의 참여 관찰 연구는 연구 참여자들로 하여금 시간을 넘나드는 자기 성찰 과정을 거치도록 했다.

그녀는 장소에도 관심을 둔다. 그녀는 한 나라에서 다른 나라로, 학교구 위원회에 소속된 서로 다른 학교들 사이를 이동한다. 시간과 장소에 주의를 기울이는 동시에 개인적 사회적 차원에도 관심을 둔다. 그녀는 경험에 대한 개별 교사들의 내러티브를 연구하고, 교육과 관련된 개인적 지식을 교육에서의 변화하는 전문적 지식의 전경에 비추어 바라본다. 다음에서 우리는 다른 종류의 현장 텍스트들 즉, 교사의 이야기, 자서전적 글쓰기, 연구 일지, 구전 역사, 가정사(family story), 현장 노트, 대화, 연구자가 연구 참여자에게 보낸 편지, 연구 참여자가 연구자에게 보낸 편지, 가족에 대한 이야기, 그리고 문서를 제시할 것이다. 이러한 것들은 Davies가 사용한 현장 텍스트들이다. 그녀의 현장 텍스트들을 살펴본 후, 다른 연구에서 추가적으로 발췌한 현장 텍스트들을 살펴볼 것이다.

교사들의 이야기 형태의 현장 텍스트

Davies는 Edmonton에서의 박사 과정의 첫 달이라는 시·공간 속에 자신을 위치시키면서 영국에서의 성장 과정에 대한 이야기를 기억해내려고 시간적으로 후진했다. 그러한 이야기들을 기술하는 것은, 그녀가 연구를 시작할 때 그녀가 말하고 있는 이야기 가운데에 그녀를 위치시키기 위해서다. Davies는 한 아이로서 자신이 체험한 경험에 대한 현장 텍스트 속에 자신에 대한 몇 가지 이야기를 기술했다.

그녀의 첫 번째 이야기는 '***새 학교***'(1996, pp. 1-3)라는 제목의 글이다.

일터에서 집으로...
등을 벽난로로 향한 채
심각한 얼굴로 아버지가 서 있다
나에게 유아원에서 배운 것을 복창하라고 하지 않는다
오늘은 그가 나를 인식하지 못한 것 같다 –
어머니는 차를 가져오고
그는 숟가락으로 설탕을 저으며
그들은 대화를 나눈다 –

"Bill의 아들은 글자를 읽을 수 있대

겨우 여섯 살인데
그 아이는 Robert가 할 수 없는 것들을 할 수 있단 말야
Robert는 일곱 살이 거의 다 되었는데 –
한참 뒤처져 있어 –
우리가 더 좋은 학교를 찾아봐야할 것 같아"

우리 아버지는 이미 어떤 학교에 대해서 알고 있다 –
나는 새로운 단어들을 듣는다
수업료, 수녀들...
그것들이 뭐지?

그리고 우리 둘을 위한
기차 여행

"아이 신난다", 나는 속으로 생각한다
나는 기차를 좋아한다

유아원에 있는 흔들 목마를 –
마지막으로 탔다
나는 그것을 그리워하지 않을 것이다

목마 꼬리의 반은 사라졌다
비록 나는 어떤 교복을 살 지
모르지만
내 교복을

사러 쇼핑 간다고 재잘거리면서
나는 작별인사를 한다...

멋진 파란색 장식을 단
회색 블레이저 코트를 입고
Robert와 나는 자랑스럽게 서 있다 –
엄마는
먼지떨이로
우리 구두가 반짝이도록 닦아 준다
그녀는
우리 얼굴이 깨끗한지 확인하면서
내 머리의 리본을 다시 매준다
아버지는 말한다,
"여동생을 잘 돌봐라"
Robert는 고개를 끄덕인다

우리는
정류장으로 가려고
운하의 다리를 건넌다
Robert는 나를 살짝 잡아당기며
내 손을 잡는다
내가 천천히 간다면
학교 가는 길목의 유람선들을 구경할 수 없을 것이다 –
엄마는 그에게 승낙의 미소를 보낸다
우리의 모험을 기대하면서

우리는 둘 다 엄마에게 미소를 짓는다

정류장에서
우리는
Liverpool에서 Blundellsands로 가는 – 되돌아오는 티켓도 함께
티켓을 산다
티켓을 받는 사람은 우리 티켓을 가위로 찍고 ...
플랫폼에서 우리는
똑같은 블레이저 코트를 입은
우리보다 큰 소녀들을 본다
엄마는 그녀들과 이야기한다
난 그녀들이 고개를 끄덕이는 걸 본다
집으로 오는 기차에서
그녀들이 우리를 돌봐줄 것이다
그러면 엄마가 우리를 마중 나와 있을 것이다

우리의 기차는
여러 정거장에서
멈춘다
엄마는 정거장들의 이름을 말한다
우리는 (엄마를 따라) 그것들을 복창한다...
큰 소녀들이 일어서면
그곳이 우리가 내려야 할 정거장이다
"그건 어렵지 않을 거야," 하고 엄마가 말하자
큰 소녀들은 말한다,

"걱정마세요, 우리가 얘네들을 잘 돌볼게요"

더 걸어가서
우리는 표지판을 본다
엄마는 그 표지판을 큰소리로 읽는다
"Ursuline Convent School"
그 학교는
내 동화책에 나오는
특이하고 신비한
성 같았다
나는 내가 학교를 좋아하게 되리라고 생각한다

시 형태로 쓰인 이 이야기는 그녀가 연구 초기에 구성한 세 편의 시 중 하나다. 자신의 탐구 공간 속에서 자신의 위치를 발견하려고 노력할 때, Davies는 학교에 대한 첫 번째 경험 속에 자신을 위치시켰다. 그녀가 탐구를 수행하려 했을 때, 박사 논문에서 다시 학생으로 시작한 것은 그녀를 또 다른 장소에서의 유년 시절의 학습 경험으로 데려갔다.

내러티브 탐구자가 하는 첫 번째 일 중 하나는 Davies가 하고 있는 것을 이해하는 것이다. 즉 자신을 "사이에" 위치시키는 것이다. 자신의 경험에 대한 이야기를 기술하는 것이 한 가지 방법이다. 이러한 이야기 형식의 시를 처음 썼을 때, 그것은 그녀에게 학교에서의 초기 경험들을 상기시켰으며, 그녀의 두 번째 이야기는 정규직 교사로서의 초기 교수에 대한 것이다. 이와 같은 시작에 대한 이야기들은 Davies로 하여금 팀 티칭에 대한 교사들의 경험에 관심을 갖도록 했으며, 궁극적으로는 그녀의 연구 문제 구성에 도움을 주었다. 이는 Davies가 가정에서 아이들을 돌보거나 아르바이트를 수 년 간 한 후 아이들을 가르치는 일로 되돌아 갔을 때 그녀가 정규직 교사로서 경험한 첫 번째 교수가 팀 티칭 상황이었다는 것을 보여준다. Davies의 계속되는 현장 텍스트들은 그녀와 다른 교사들의 팀 티칭에 대한 경험에 관한 것이다.

물론, 이야기들이 반드시 시의 형태로 제시되어야 하는 것은 아니다. 사실상 이야기들은 산문 형태로 드러난다. 앞에서 제시된 다른 현장 텍스트들을 보면, 많은 이야기들이 일부분 또는 전체가 이야기 형태로 제시된다. Davies의 연구에서 현장 텍스트들은 자서전적 글쓰기, 구술 역사 면담, 교실 활동 참여를 근간으로 매일 작성한 현장 노트, 그리고 대화의 형태로 제시된다.

자서전적 글쓰기 형태의 현장 텍스트

Davies의 이야기 형태의 시(storied poem)가 자서전적인 것처럼 제시된 이야기들도 자서전적이다. 그녀의 이야기 형태의 시는 이야기 형태의 현장 텍스트의 사례이면서 동시에 자서전적 글쓰기 형태의 현장 텍스트 사례다. 이야기 형태의 시로 쓴 자서전적 글쓰기가 Davies 연구의 중심이다.

자서전적 글쓰기는 삶의 전체적인 맥락을 기술하는 하나의 방식이다. 이야기 형태의 시로 제시된 자서전적 글쓰기는 Davies의 유년기적 삶에 대한 하나의 해석을 제공하며, 이후의 학교에서의 삶에 대한 이야기의 맥락을 제공한다. 그 이야기는 극히 적은 시간에 해당되는 이야기며, 하나의 특정 사건에 대한 것이며, 어느 날 아침 학교까지의 여정에 대한 것이다. 그러나 그것은 하나의 개별적이고 탈맥락적인 노트 이상의 것이다. 우리는 그녀의 이야기 형태의 시를 통하여 그녀의 가정사, 종교적 삶, 부모님의 교육관, 그녀의 가족이 살았던 지역 사회, 그 당시 영국 학교의 수업 체제 등에 대해서 알게 된다. 그녀의 시는 그녀의 삶의 맥락을 설명해 주는 자서전적 세부 사항들로 가득 차 있다.

Molly(1991)는 "자서전이 가상적으로 언급하는 삶은 이미 내러티브적 구성물이므로 자서전은 언제나 재현, 즉 다시 이야기 하기라는 점에 주목한다. 삶은 언제나 필연적으로 지어낸 이야기다"(p. 5)라고 말한다. 내러티브 탐구자로서 우리는 자서전적 글쓰기는 언제나 "한 개인의 내러티브를 특정 방식으로 재구성한 것이며, 다른 방식의 재구성이 가능하다"(Connelly and Clandinin, 1988, p. 39)는 점을 인지하고 있다.

자서전적 글을 쓸 때 다양한 방식의 현장 텍스트들이 존재할 수 있다. 일련의 가능한 현장 텍스트들의 범위를 살펴볼 때, 우리는 그 중 많은 것들이 자서전적 속성을 갖는다는 사실을 알게 된다.

현장 텍스트의 자서전적 글쓰기와 연구 텍스트의 자서전적 글쓰기 사이에는 명확한 구분이 있다. 자서전과 회고록은 일종의 연구 텍스트다. 연구 텍스트에 대해서는 9장에서 다시 언급할 것이다. 그러나 여기서는 자서전적 글쓰기가 다르게 사용될 수 있다는 점을 지적하고 싶다. 연구자들은 그들의 연구에서 자서전적 글쓰기의 활용에 대해서 생각해 보아야 한다. 이 장에서는 본래 자서전적이지 않은 연구 텍스트의 구성에 활용되었던 Davies의 자서전적 현장 텍스트들에 대해서 논의하려고 한다. Davies의 논문 즉, 그녀의 연구 텍스트는 자서전은 아니다. 물론 Davies는 동일한 자서전적 현장 텍스트들을 자서전적 연구 텍스트의 기술에 활용할 수도 있었을 것이다.

일지 형태의 현장 텍스트

Davies의 자서전적 글쓰기는 일지 쓰기와 밀접하게 관련되어 있다. Davies는 수 년 동안 교사 연구자로서 자신의 작업 일지를 썼다. 그녀는 정기적으로 교실 실습 일지를 기록하였다. 한때 그녀는 일지들을 공유하고 의견을 나누는 교사 연구 그룹의 구성원이었다. Davies는 자신의 교실 실습을 반성하려고 일지를 기록한 것이지 연구를 위한 현장 텍스트를 구성하려고 기록한 것은 아니었다. 그러나 그녀가 교사 연구 그룹에 가담했을 때, 일지를 일종의 현장 텍스트의 한 종류로 간주한 그녀의 관점에 변화가 있었을 것이다. 그러한 일지들은 다른 어투로 쓰일 수 있었으며, 아마도 그녀가 다른 식으로 다른 것들을 기록했을 수도 있었을 것이다.

이는 현장 텍스트는 언제나 해석적이라는 점을 상기시키며, 현장 텍스트의 청중에 대한 질문을 제기한다. Mallon(1984)은 개인 일지가 언제나 청중을 갖는다는 점을 논의하면서, 청중으로서 본인이 보관된 일지의 종류에 미친 영향을 반성하는 훌륭한 코멘트를 한다. 그는 다음과 같이 말한다. "내가 어떤 일을 한다면 그날 밤 일기에 그것을 기록해야 하므로 낮에 아무 것도 하지 않기로 결심했던 경우를 기억한다. 이것은 아마도 가톨릭 배경 속에서 자란 영향일 수 있다. 가톨릭에서 고해 성사는 죄를 없애는 것이 아니라 죄를 억제하는 것이다. 아니면 이는 현재의 모습보다 더 발전된 모습을 향해가고 있다고 스스로에게 늘어놓는 변명에 불과한 것일 수도 있다"(p. xiv).

연구 데이터는 청중을 염두에 두고 쓰여진 것이 아니라는 생각과 달리, 내러티브 탐구에서는 청중은 언제나 현존한다고 보며 이 점이 구성되는 현장 텍스트를 해석적으로 만든다. 일지는 자신의 경험을 설명하는 가장 강력한 수단이다. May Sarton(1982)이 주목하듯이, "일지는 내가 어디에 있는가... 를 발견하는 방법이다... 일지는 이 곳에 온 사람, 나에게 이야기하는 사람, 내가 알고 있는 친구들과의 조우를 다룬다. 일지는 나로 하여금 내 삶의 구조가 의미를 갖는다고 느끼게 한다"(p. 25).

일지는 현장 텍스트를 구성하는 한 가지 방법이다. Davies에게 있어서, 일지는 그녀의 교사-연구자로서의 삶의 부분을 담고 있기 때문에 그녀는 현장 텍스트 구성시 일지를 참조했다. 다음의 연구 일지에서 Davies는 세 번째 단계의 연구를 수행할 때 연구 현장에서 경험한 첫 날을 기술하고 있다.

> ...내가 편안하게 느끼는 환경에 대한 나의 요구, 내 연구에 참여하고 있는 교사들과 팀 티칭을 지지하는 교사들과의 관계에 대한 나의 요구. 나는 Riverview 학교에서 연구를 하고 싶었고, Tom과 Liz가 한 팀이라는 것을 알고 있었다. 나는 그들이 연구 관계에 관심이 있는지 어떤지 궁금했다.
>
> 나는 10월 3일 월요일에 그 학교를 방문했다. 대학에서 수강하는 수업을 위해 설문 조사를 할 필요가 있어서 직원들에게 설문 조사에 참여해 줄 수 있는지 물어보려고 쉬는 시간에 학교에 도착했다. 직원들은 나를 대환영했고 나는 기뻤다. Tom은 연구가 어떻게 진행되고 있는지 듣고 싶어 했으며, 나는 Tom과 Liz와 함께 일할 수

있을 것으로 생각했다. Tom은 연구 가능성에 큰 흥미를 가졌고, 나보고 10시 45분 즉, 그가 Liz와 함께 수업을 시작하는 시간에 수업에 들어오라고 말했다. 그는 자신이 본인의 교수와 협동 교수 경험에 얼마나 열정을 갖고 있는가를 이야기했다...

일단 교실로 들어가자... 나는 편안함을 느꼈다. Tom과 Liz는 내가 그들의 수업에 들어온 것을 진심으로 기뻐하는 것 같았다. 그들의 교수는 친구들 사이의 대화 장면을 연상시켰다. 그들은 서로 간에 그리고 아이들과 상호 작용할 때 미소를 많이 지었다. 편안한 학습 분위기 속에서 그들은 즐거워했다.[1994년 10월 16일 일지] [1996, pp. 58-60]

Davies의 연구 일지는 학교 방문에 대해서 상세히 기록한 현장 노트와 그 경험과 관련하여 그녀가 느낀 점에 대한 반성 일지를 혼합한 것이다. 그녀는 자신이 하고 있는 일에 대한 존재론적 조건들을 특정 시간과 장소 속에 자리매김하면서 주목할 만한 특정 사건들의 세부 사항을 함께 기록하고 있다. 그리고는 자신이 느꼈던 것, 기뻤던 것, 은유적인 "편안함"을 설명하기 위해서 자신의 내부로 관심을 돌린다. 이 연구일지는 6장에서 Vicki Fenton이 이중 현장 텍스트 속에서 분리시켰던 것, 즉 존재의 외부에서 발생한 사건을 기록한 현장 노트와 그녀의 내적 반응을 기록한 일지 노트를 함께 엮고 있다

일지는, Sarton이 주목했듯이 경험을 설명하는 방법이라기보다, 경험을 생각해내는 방법으로 반성적 속성을 갖는다. 현장 작업에서 습관적으로 일지를 작성한 JoAnn Phillion은 그녀의 일지들을 "갈등의 공간"으로 언급한다. Davies 또한 생각해 보아야 점들을 일지에 적었다. Davies는 연구 텍스트에는 그러한 일지들을 거의 포함시키

지 않았다. 그럼에도 불구하고 그러한 일지들은 그녀의 지속적인 연구와 연구 텍스트의 구성을 위한 현장 텍스트의 주요 원천이다.

초보 내러티브 탐구자는 일지의 작성이 별 의미가 없다고 보고 일지를 기록하는 것은 시간 낭비라고 생각할 수도 있다. 우리는 Emily Carr의 충고를 깊이 생각해 본다. 그녀는 자신의 일지는 "아무것도 아닌 것들의 조각들"(1966, p. v)로 구성된 것처럼 보인다고 기술하고 있다. 그녀는 자신의 일지를 "너무 작아서 쪼개면 먹을 수조차 없는"(p. v) Hundreds and Thousands라 불리는 영국 사탕에 비유한다. 하지만 그녀는 다음과 같이 말한다. "어떻게 살아야 하는가를 집단적으로 가르쳐 준 것은 이러한 작은 것들이었다. 너무나 하찮아서 개별적으로 하나하나 고려되지는 않지만, 침이 고인 우리 혀를 감싼 채 붙어 있는 Hundreds and Thousands 사탕처럼 내 삶의 작은 파편들과 아무 것도 아니라고 생각됐던 것들이 하나의 명확한 패턴을 구성했다"(p. v). Davies와 같은 연구자들은 연구 텍스트를 구성할 때 그러한 패턴들이 드러나는 것을 발견했다. 현장 텍스트로 구성될 때는 하찮은 것으로 여겨졌던 것이 연구 텍스트의 구성 과정에서 다른 현장 텍스트들과 합쳐지면서 하나의 패턴을 구성할 수도 있다.

현장 노트 형태의 현장 텍스트

대부분의 내러티브 탐구에서, 현장 노트는 현장에서 보낸 시간들을 채우고 있는 하찮음의 파편들을 기록하기 위한 중요한 수단이다. 현장 연구 과정상의 세부 사항들과 순간들을 날마다 기록하고 있는 이 노트들은 경험에 대한 우리의 이야기에 대한 이야기들을 이야기할 수 있는 텍스트다. 6장에서 우리는 현장 노트는 기억의 큰 줄기를 채우고 있는 세부 사항들을 제공할 뿐만 아니라 현장과 사랑에 빠지면서 동시에 객관적인 관찰을 가능케 하는 가장 중요한 현장 텍스트라고 기술했다. 현장 경험을 기술한 일지와 어우러진 현장 노트는 균형적 성찰을 제공한다.

Davies가 그녀의 연구 참여자인 Tom과 Liz가 가르치는 1학년 교실에서 수행한 연구를 기술한 현장 노트의 일부분은, 현장 노트가 현장 텍스트로 사용된 사례를 보여준다.

> Tom은 아이들의 공책을 보면서 그 때까지 아이들이 무엇을 했는가를 검토한다. Tom은 Jessica의 책을 들고 아이들에게 Jessica는 한 페이지씩 차근히 읽으면서 언제나 "한 페이지 먼저 앞서 간다"는 것을 보여준다.
>
> 과학적 개념을 설명할 때, Tom과 Liz는 서로 목소리를 바꾸어 가며 쉬운 개념으로 설명한다. Tom은 칠판에 ***가을에서 겨울로의 변화***라는 제목을 적는다. 그는 이 주제를 그 주에 내린 폭설과 관련지어 이야기한다. 그리곤 Liz가 그의 역할을 이어 받는다. 그녀는 학생들이 읽을 단어장을 만든다. 서리, 눈, 진흙눈, 물, 공기가 차다, 나무의 잎사귀가 다 떨어졌다. Liz가 단어장을 가지고 수업을 진행하는 동안 Tom은 개별적으로 할 이야기가 있어 Cameron에게로 간다. Tom과 Cameron이 나누는 대화는 수업을 방해하지는 않는다. Tom은 Cameron이 적합한 방식으로 행동하도록 돕는다.
>
> 다시 교실 앞으로 나온 Tom은 어떻게 과학 노트를 두 파트로 나누어 개별 관찰 내용을 기록할 것인가를 설명한다.
>
> 나는 아이들과 잡담을 하거나, 그들이 작업을 시작하도록 돕

> 거나, 아이들 이름을 외우려고 노력하면서 아이들 주변을 왔다 갔다 한다. Eric은 나무를 그리고 있다. 그는 지하수가 나무의 뿌리로 흘러간다는 것을 보여준다. Liz가 제안한대로, Eric은 자신이 알고 있는 것에 근거하여 그림을 그린다. Danny는 "뿌리가 자라려면 그래야 해요"하고 나에게 말한다. 그는 "나는 밖에 있는 나무를 보고 따라 그릴 거야"하고 덧붙인다. Danny는 책과 연필을 들고 창문을 향해 걸어간다.[현장 노트, 1994년 10월 17일] [1996, pp. 100-101]

현장 노트는 연구자나 연구 참여자에 의해 기록될 수 있는데 이 노트들은 연구자인 Davies에 의해 기록된 것이다. Davies는 Tom과 Liz와 그들이 상호 작용하는 아이들, 그리고 그녀 자신과 그녀가 상호 작용하는 아이들의 활동에 주목한다. 현장 노트는 다소 간의 해석적 내용과 함께 자세하게 기록될 수 있다. Davies는 수업에 참여할 때조차도 현장 노트를 가능한 한 자세하게 기록하려고 노력하고 있다.

연구자들은 만들어진 현장 노트들의 종류에 대해서, 특히 그들이 연구자로서 연구 참여자들과 맺고 있는 관계에 대해서 의식할 필요가 있다. 6장에서 우리는 현장 노트가 연구자와 연구 참여자가 구성하는 관계의 종류에 영향을 미친다는 점에서 그것의 역할을 강조하였으나, 연구자와 연구 참여자 사이에 확립된 관계가 이후에 구성될 현장 노트의 종류에 영향을 미치기도 한다. 초기에 강조했듯이, 현장 노트를 기록하려고 사건으로부터 한 걸음 물러나 있을 것인가 아니면 파트너로서 사건에 적극적으로 관여할 것인가는 현장 노트의 구성에 큰 차이를 가져온다. 유사하게, 사건으로부터 한 걸음 물러나서 사건을 기록하는 기록자로 우리 자신을 볼 것인가 아니면 사건 속의 인물로 볼 것인가 또한 현장 노트의 구성에 차이를 가져온다. 이 경우, Davies는 자신을 파트너로서, 그리고 사건의 참여자로 이해하고 있다.

우리가 보기에, 연구자들은 현장 노트의 사용이 필요하다고 생각하기보다 그것의 사용을 주저하는 경향이 크다. 연구자들은 현장 경험을 충분하게 포착하기에 현장 노트만으로는 부족하다고 우려한다. 그런 경우 녹음이나 비디오 녹화가 남용되는 경향이 있는데, 이 경우 현장 노트는 전사본(transcript)을 근간으로 구성되기 때문에 전사에 따른 어려움을 수반한다. 여하튼, 연구자는 경험의 일부가 손실될 수도 있다는 두려움 때문에 경험의 모든 측면을 기록하거나 녹음하려고 노력한다.

우리의 관점에서 볼 때, 연구자나 연구 참여자들이 찍은 사진도 일종의 현장 노트다. 내러티브 탐구에서 연구자들은 사진의 활용에 의존한다. 예컨대, 어린 소녀들을 연구하면서 Jean은 소녀들에게 카메라를 주고 사진기를 활용하여 그들의 학교 안과 밖에서의 경험을 기록하도록 했다. 그 사진들은 현상되었고, 소녀들이 사진 속에서 포착하려고 했던 것에 대해서 이야기할 때 대화의 주제로 활용되었다. DeCarion(1998)과 Bach(1997)는 그들과 연구 참여자들이 찍은 사진을 일종의 현장 노트로 활용했다.

편지 형태의 현장 텍스트

편지는 반응에 대한 기대를 갖고 누군가에게 쓰여진다. 편지를 쓰면서 우리는 자신을 설명하고, 경험의 의미를 구성하려고 노력하며, 자신과 자신의 경험, 그리고 타인의 경험 사이의 관계를 정립하고 유지하려고 한다. 내러티브 탐구에서 편지는 현장 텍스트로 사용될 수 있다. 연구 참여자들 간에, 연구 협력자들 간에, 연구자와 연구 참여자들 간에 주고 받은 편지가 현장 텍스트로 사용될 수 있다. 각각의 경우, 편지가 갖는 장점 중의 하나는 대화를 주고 받는 대등성에 있다. Davies가 두 명의 참여 교사 Tom과 Liz에게 일주일마다 쓴 편지는 현장 텍스트로 활용되었다.(편지, 1994년 11월 12일) (1996, p. 112)

친애하는 Tom과 Liz에게,

저는 Aaron을 지켜보면서, 그 아이의 엄마가 Aaron이 친구들과의 관계 속에서 하는 행동을 볼 수 있기를 기대했습니다. 학교는 어린 아이들에게 이색적인 공간입니다. 저는 교사들과 "영역 행위," 즉 어린 아이들이 집단 내에서 자신의 위치를 정하는 방식에 대해 나눴던 대화들을 생각했습니다. 늘 Aaron과 유사한, 즉 결코 영역에 들지 못하는 Jenny가 눈에 띄었습니다. Aaron은 둘이 팀이 돼서 함께 하는 미술 활동에서 짝을 찾지 못했습니다. 그것은 놀라운 일이 아닙니다. 그는 욕구 불만을 느끼면 바보 같은 짓을 합니다. 다른 사람의 지지를 받아 성공하면 그는 완벽히 일을 해낼 수 있습니다. 어른과 함께 있으면 그는 잘 합니다. Aaron은 23과 48을 구분하지 못하는데 아마도 그의 엄마는 이 점을 알지 못할 것입니다. Aaron은 엄마 옆에서 작업을 하면 아주 잘 수행할 것입니다. 저는 시종일관 그를 관찰할 것입니다. 어쨌든 Liz, 전 당신이 그의 엄마에게 쓴 편지를 생각했습니다... 당신은 Aaron의 문제를 해결하려 노력했습니다.

다음 주에 봅시다,

Annie.

이 편지의 가장 주목할 만한 특징은 개인적 어조의 대화체다. 이것은 앞서 예로 들었던 Davies의 현장 노트와는 아주 대조적이다. 이 편지에는 청중에 대한 인식이 거의 없으며 반응에 대한 명백한 기대도 없다. 이 현장 노트에는 "지금은 이렇고, 다음은 저렇고, 그리고 나서..."와 같은 것들만 제시되어 있다. 이 편지에서, Davies는 이 단계의 연구 과정에서 (그녀가 부딪힌) 난점들의 유형과 궁금했던 점들을 살펴보면서 일상의 "하찮음"을 이해하려고 노력한다. 이는 Aaron과 Jenny라는 두 아이가 교실에서의 자신들의 존재를 어떻게 이해하고 있는가를 파악하기 위해서 Davies가 어떠한 노력을 하고 하는가를 보면 알 수 있다. 그녀는 Aaron을 일대일로 가르치는 것과 팀 티칭의 일부로서 가르치는 것을 비교하여 그 차이를 이야기한다. Davies는 그들의 지속적인 팀 티칭의 관점에서 Aaron의 엄마에게 보낸 Liz의 편지에 피드백을 준다.

또한 편지 형태의 현장 텍스트는 연구 참여자들에 의해 작성될 수도 있다. 다음에 제시된 현장 텍스트 편지는, 연구 참여자인 Liz가 팀의 계획을 짜는 모임의 의미를 구성하려고 Davies에게 보낸 편지다(편지, 1994년 11월 5일) (1996, p. 174). 연구 참여자가 연구자에게 보낸 다음의 현장 텍스트는 또 다른 종류의 현장 텍스트다.

친애하는 Annie

저는 이 모임이 실망스럽게 느껴졌지만 Tom이 긴장을 완화하려고 그 모임에 있었다는 것이 기쁩니다. 저는 지난 몇 년 동안 우리가 믿고 있는 것에 대해서 말하고 다른 사람의 말을 경청하는 것이 중요하다는 점을 배웠습니다. 저는 다른 사람의 이야기를 경청하고 다른 사람들의 교수 전략을 지지하려고 노력하고 있으며 앞으로도 계속 노력할 것입니다. 이것이 저의 올해 목표 중 하나입니다. Carol은 자신의 방식을 갖고 있으며 그것이 그녀에게는 최선의 방식이지만, 제 방식은 다릅니다. 그래서 저는 유쾌하지 않은 하찮은 일이라도 그것이 중요하다면 제가 믿는 대로 추진할 계획입니다.

사랑하는,

Liz.

이 편지에서, Liz는 글쓰기에 대한 경험을 이해하려고 노력하고 있다. 이 편지 속에도 역시 반응과 대화의 가능성이 있다.

편지를 현장 텍스트로 활용하는 것에 대해 논평하면서 Davies (1996, p. 176)는 다음과 같이 말한다.

> 당신은 편지를 쓰면서 당신만의 시간과 공간 속에서 당신의 생각과 느낌에 접촉할 수 있다. 내가 보기에, 편지는 편지를 쓰는 사람(이 경우 Liz)으로 하여금 깊은 성찰을 할 수 있도록 한다. Liz는 내가 그녀에게 보낸 편지에 의무적으로 답장을 써야 한다고 느꼈다. 편지를 쓰는 것은 사고의 자유와 명료화를 제공한다. 지금 이 점에 대해서 다시 생각하면서 내가 매주 부모님께 편지를 썼던 경험에 비추어, 그리고 Virginia Woolf나 Bloomsbury Group과 같은 작가들의 편지를 읽었던 경험에 비추어 내가 편지쓰기를 얼마나 더 잘 이해하게 되었는가를 깨닫게 된다. 내가 보기에 편지를 쓰는 것은, 말하자면, 많은 가능성들 중에서 하나의 방법론을 선택하는 문제가 아니라, 나를 형성해온 특별한 맥락에 대한 좀 더 복잡한 반응이며 연구 참여자와 관계를 맺으려는 나의 소망을 담고 있다. 내가 보기에, 편지는 상황에 맞게 써야 하며... 뜻이 통하도록 써야 한다. 그렇

게 해야 편지 쓰기가 신빙성이 있다. 편지를 쓰는 것은 다른 사람의 시간과 공간을 존중하는 것이다. Liz는 시간을 중요하게 생각했다. 그녀의 입장에 비추어 보면 편지 쓰기는 그녀의 삶에 잘 어울린다. 그녀는 편지가 그녀와 우리를 연결해 준다고 느꼈다.

대화 형태의 현장 텍스트

Davies가 Liz에게 보낸 편지나 Liz가 Davies에게 보낸 편지에서 살펴보았듯이, 편지 형태의 현장 텍스트는 글로 쓰여져 있지만 대화의 속성을 갖는다. 대화란 두 사람 사이에 또는 그룹들 간에 얼굴을 직접 맞대고 이야기하는 속에서 현장 텍스트를 구성하는 것이다. Davies의 연구 텍스트(1994년 11월 9일에 나눈 대화) (1996, pp. 110-111)에서 발췌한 다음 내용에서, 연구자로서 Davies은 질문을 제기하고, Liz와 Tom은 그들의 교수 실습에 관한 대화에 참여하고 있는 것을 보게 된다.

> 나는 점심 시간 한 시간 동안 Liz가 책임감을 갖고 돌보아야 할 Aaron이라는 아이에 대해서 처음으로 들었다. 점심 시간에 교실에서 내가 Tom과 면담하고 있을 때 Liz는 늦게 합류했다. 그녀는 한 부모로부터 자신의 아이가 학교를 싫어한다는 항의 전화를 받았다. Liz가 우리와 합류했을 때, 나는 앞으로 이 상황을 어떻게 대처할 것인지 물었다.
>
> Liz : 오늘 오후에 Aaron과 이야기해서 왜 그 아이가 학교 생활에

불만인지 알아봐야겠어요. 그 아이는 학교로 다시 돌아오고 싶어 하지 않아요.

Tom : 아마도 집에 가는 길에서 우리도 모르는 무슨 일이 일어나지 않았을까요?

Liz : 자, 어제 일을 떠올려 봅시다. 점심 식사 하는 곳에서 지도 주임이 그 아이의 커다란 가방을 빼앗았어요... 그것은 그 애가 다른 아이들과 함께 놀려고 갖고 온 장남감이었던 것 같아요. 그 장난감은 Aaron이 두 살 이후로 쭉 갖고 놀았던 거예요.

Tom : 그 애는 그 장남감으로 다른 애들을 때리고 있었어요. Aaron의 엄마도 Aaron의 행동을 알고 있나요?

Liz : 제가 그녀에게 말했어요 – 그녀도 알고 있죠.

Tom : 그 일 때문에 Aaron이 학교를 싫어하게 됐군요.

Liz : 우리는 이 문제를 잘 해결할 수 있을 거예요. 그 애는 아주 영리한 애죠.

Davies가 명확히 말했듯이, 이것은 점심 시간에 나눈 대화를 녹음한 것으로 면담 이후에 전사되었다. 대화와 면담은 연구자가 녹음하려고 했던 두 가지 유형의 상호 작용이다. 물론, 현장 노트의 재구성이나 일상적 사건들의 재구성을 생각해 볼 수도 있다. 그러나 사람들이 상호적으로 주고받는 대화의 역동성을 포착하기는 어렵다. 더구나 녹음기의 사용은 연구자로 하여금 기록해야 한다는 부담감 없이 대화에 자유롭게 참여할 수 있도록 한다.

위의 예에서 명확하게 볼 수 있듯이, 대화는 연구 참여자들 간의 동등성과 연구 참여자들로 하여금 그룹 연구에 적합한 형식과 주제를 만들어 가게 하는 유동성을 그 특징으로 한다. 이 점은 Liz와 Tom

이 한 아이의 행동을 둘러싼 골치 아픈 문제를 탐색해가는 과정에서 잘 드러난다. 대화는 청중을 전제로 한다. 청중의 반응은 면담에서 포착될 수 있는 범위 너머의 경험을 탐색할 수 있도록 한다. 대화를 면밀히 조사하는 것은 다른 사람에 의해 기술된 경험을 경청하고 그것에 관심을 갖는 상호 신뢰의 분위기 속에서 이루어진다.

연구 면담 형태의 현장 텍스트

가장 널리 알려진 현장 텍스트 구성 방법은 다양한 수단을 통해서 현장 텍스트로 전환될 수 있는 면담이다(Mishler, 1986). 연구자는 테이프 전체를 전사할 수 있다. 녹음된 테이프를 듣고 또 들으면서 현장 노트를 구성할 수 있다. 아니면 연구자의 의도에 따라, 면담의 일부만 전사할 수도 있다.

면담자가 행동하고, 질문하고, 반응하는 방식은 연구자와 연구 참여자의 관계를 형성하며 그러한 관계를 바탕으로 연구 참여자는 반응하고 경험을 설명한다. 면담이 일어나는 조건 예컨대, 면담 장소, 면담 시간, 형식성의 정도 또한 면담 과정을 형성하는 변수들이다. 예를 들어 고위급 관리자와 도심 중심에 위치한 사무실에서 면담하는 것과 동일한 사람을 그녀의 집에서 면담하는 것과 차이가 있다. 더욱이 특정 정책이 실행되고 있는 학교나 그 정책의 관할 하에 있는 한 아이의 집에서 고위급 관리자들을 면담하는 것은 차이가 있다.

Anderson과 Jack(1991)의 면담 연구에 대한 논평을 보면 면담자가 행동하고, 질문하고, 반응하는 방식이 잘 설명되어 있다. 그들은 면담 연구에 대한 논평에서 다음과 같이 말한다. “휴지기, 단어 하나, 표현 하나가 나레이터로 하여금 이야기를 계속 하도록 초대했을지도 모르는데, 면담자들은 여자들의 삶의 극히 주관적인 차원들을 무시하거나 논평을 액면 그대로 받아들였다"(p. 12).

연구 면담은 일반적으로 연구 참여자와 연구자의 불평등한 관계 속에서 이루어진다. 특정 질문과 함께, 면담의 방향이 면담자에 의해 지배된다. 그러나 연구 참여자들과 친밀한 참여적 관계를 정립한 연구자들은, 비록 불가능한 것은 아니지만, 연구 참여자들과 그런 식의 면담을 진행하는 것이 어렵다는 것을 발견한다. 연구자가 면담을 하려는 의도를 갖고 면담을 시작했을 때조차도 면담은 대화의 형태로 바뀐다.

또한 연구 면담이 연구 참여자에 의해 지배될 가능성이 있다. 특정 주제와 관련하여 면담이 진행되므로 연구 참여자들은 그 주제와 관련하여 자신을 설명할 기회를 갖는다. 그러나 주제가 연구 참여자에 의해 선택되었든 연구자에 의해 선택되었든, 질문의 종류와 질문이 구조화되는 방식은 연구 참여자들에게 경험을 설명하는 하나의 틀을 제공한다. Minister(1991)는, "면담자의 질문을 바탕으로 선택된 주제, 한 사람이 한꺼번에 이야기 하기, 선택된 주제의 경계를 유지하는 지시적 언어를 사용하면서 면담에 참여하는 나레이터"(p. 35)는 현장 텍스트의 내용 구성에 영향을 준다고 말한다.

구술 역사 면담은 내러티브 탐구에서 가장 일반적으로 사용되는 면담 형태 중 하나다. 구술 역사 면담에서는 연구자의 의도가 무엇보다 우선시되는 일련의 구조화된 질문을 사용하는 것부터(Tompsom, 1978) 연구 참여자들로 하여금 각자의 방식에 따라 자신의 이야기를 하도록 요청하는(Anderson and Jack, 1991), 즉 연구 참여자들의 의도가 가장 우선시되는 방식까지 다양한 방식들이 활용된다. Anderson

과 Jack(1991)은 자신들의 연구를 다음과 같이 비평하고 있다. "제대로 된 질문을 강조하는 정보 수집에서 면담 과정 자체의 상호 작용을 강조하는 방향으로 관심을 전환"(p. 23)하는 것은 협력적으로 구성된 구술 역사 현장 텍스트의 역동적 가능성을 보여준다. 후자의 경우, 연구자와 연구 참여자는 구술 역사 대화에 참여하는 동안 각자의 구술 역사 자료를 제시한다.

Davies는 그녀의 연구 과정에서 연구 참여자들 각자와 구술 역사 면담을 하였다. 다음은 Tom이 연구 참여자였던 구술 역사 면담의 일부분을 발췌한 내용이다. Davies의 구술 역사 면담은 연구 참여자들이 각자의 방식에 따라 자신의 이야기를 하도록 했다기보다 구조화된 질문을 사용한 것에 가깝다.

Tom : 저는 오남매 중 넷째였어요. 큰 누나는 제가 초등학생이었을 때 간호사 교육을 받기 위해 집을 떠났기 때문에 누나가 집에서 살았던 것을 거의 기억하지 못해요. 둘째 누나 또한 간호 학교에 가려고 집을 떠났어요. 그래서 제가 아주 어렸을 때만 가족 캠프를 갔고 온 가족이 함께 크리스마스를 보냈죠. 우리는 Calgary의 북서쪽에 위치한 조그만 집에서 살았어요.

Annie : 그럼 Calgary에서 태어나셨어요?

Tom : 네. 1952년... 엄마는 늘 집이 너무 작다고 불평했고, 주부라서 늘 집에 있어야 해서 집을 싫어했어요... 형은... 저보다 3살이 더 많았어요... 그는 장남이었기 때문에 남자 아이들이 주로 하는 행동으로 인해 발생하는 부모와의 갈등을 만들지 않으려고 노력했어요. 언제나 형은 제가 상대적

> 으로 좀 더 쉽게 그런 행동을 할 수 있었다고 생각했고, 저는 언제나 제 동생이 우리 형제 중 가장 쉽게 그런 행동을 할 수 있었다고 생각했어요. 저는 지금까지도 둘째 누나와 가깝게 지내요. 우리는 전화 통화를 자주 해요... 그러나 큰 누나와는 별로 가깝지 않아요. 그녀가 집에서 산 적이 거의 없기 때문에 그렇다고 생각해요. 나는 우리 가족 모두가 함께 살았을 때 함께 캠핑 갔던 것을 기억해요. 그러나 당신은 때때로 정말로 당신이 그것을 기억하고 있는 건지 아니면 그저 사진을 보고 그랬을 것이라고 생각하는 건지 알지 못할 때가 있을 거예요. [1996, pp. 68-69]

구술 역사 면담은 자서전적이며 이 점은 Davies와 Tom의 구술 역사 면담의 전사 자료의 발췌문에서 명확히 드러난다. 종종, 우리는 연구 참여자들의 구술 역사를 구성할 틀을 만들기 위해 연구 참여자들로 하여금 ***연보***(annals)와 ***연대기***(chronicles)를 만들도록 한다. 연보와 연대기를 구성하는 과정에서 연구 참여자들은 그들의 경험을 회상하고 개인적 내러티브의 윤곽을 구성하기 시작한다. 연보와 연대기는 개인적 사회적 역사를 이야기하고 형성하는 기초로 간주될 수 있다. 학생들이 개인적 내러티브의 역사 구성에 참여하는 수업에서 우리는 통상적으로 연보와 연대기라는 개념을 활용한다. ***연보***(annals)란 일련의 기억들, 사건들, 이야기들의 날짜 목록을 의미한다. 예컨대, 학생들과 연구 참여자들은 출생을 시작점으로 삼거나, 먼 과거 중 가정사에서 중요했던 시점이나 날짜를 시작의 기준으로 삼기도 하며, 또는 좀 더 최근 날짜를 시작의 기준으로 삼아 시간 축을 구성한다. ***연대기***(chronicles)란 사춘기 시절이나 여행했던 때와 같이 특정 주제나 흥미로운 내러티브 줄거리를 중심으로 일어난 사건들의 순서를 의미한다. 시간의 축, 그리고 시간의 축을 중심으로 구성된 연보나 연대기는 내러티브의 기술이나 구술 역사의 구성에서 아주 유용하다. 다른 상황에서나 다른 사람들에게는 연보나 연대기가 별로 중요하지 않을 수도 있다.

사람에 따라, 시점에 따라 중요시하는 현장 텍스트의 종류가 달라진다는 사실은 이 장에 기술된 모든 현장 텍스트에도 적용된다. 어떤 때는 사진이 아주 중요한 현장 텍스트로 간주되지만, 다른 때는 현장 노트가, 또 다른 때는 연보가 중요한 현장 텍스트로 간주될 수 있다. 궁극적으로, 특정 종류의 현장 텍스트에 부가된 상대적 중요성의 최종 결정 요인은 현장 텍스트들의 혼합과 의미 있는 연구 텍스트의 구성에 있다. 이 문제는 9장에서 더 자세히 논의할 것이다.

가정사와 가족에 대한 이야기 형태의 현장 텍스트

가정사란 세대에 걸쳐 내려오는 가족 구성원이나 가족과 관련해서 일어났던 사건들에 대한 이야기들을 의미한다. 자신을 설명하려고 할 때나 부모들이 가치관을 확립하려고 할 때 가정사를 이야기한다. 한 음악 교사가 Tom의 집안 내력을 어떻게 확증했는가는 이 점을 잘 보여준다.

> 저는 정규 고등학교 프로그램에서 아주 우수해서 우리 교회의 음악 지휘자가 가르치는 음악 수업을 수강했습니다. 그 음악 교사는 나의 어머니와 아버지를 잘 알고 있었습니다. 우리 누나 둘도 그의 수업

을 들은 바 있습니다. 수업 첫 날 그가 출석을 부르면서 제 이름을 부를 차례가 되었을 때, 그는 저를 올려보며 물었습니니다, "너 Tom 아니니?" 저는 대답했습니다, "네, Tom입니다." "난 네가 여기서 최고의 가수가 될 거라고 확신하는데....." 언제나 이러한 집안 내력이 나를 따라다녔습니다. 그는 우리 가족을 알고 있었습니다. [1996, p. 71]

우리는 이것이 Tom의 집에서 대대로 내려오는 가정사로 그의 정체성 형성에 중요한 영향을 미쳤다고 본다.

Tom의 가족에 대한 이야기는 그가 가족에 대해서 이야기하는 구술 역사 면담의 전사 자료에서 살펴볼 수 있는데 그의 엄마는 자신을 "아주 작은" 집에 살고 있는 "가정주부"로 이야기한다.

Stone(1988)이 주목했듯이, 가정사의 경험은 존재론적이고 내적인 조건들을 갖는다. "가족의 첫 번째 관심은 가족 자체이지만, 두 번째 관심 영역은 세상과의 관계다. 일반적으로, 세상에 대한 가정사는 조상들이 경험한 관례들을 가족 구성원들에게 이야기하는, 교훈을 담은 이야기들이다. 자신을 가정 내에서의 역할에 상관없는 개별적 존재로 간주할 때조차도 가정사는 중요하다. 우리가 일원으로 속해 있는 사람들과의 네트워크는 개인의 정체성 형성에서 중요하다"(p. 7).

문서 형태의 현장 텍스트

어떤 탐구 현장에서든 일련의 문서들이 존재한다. 연구자로서 우리는 그러한 문서들 중 어느 것이 내러티브 탐구에 적합한지 결정할 필요가 있다. 이 장의 앞에서 주목했듯이, Bay Street 탐구에 적합한 문서로 우리가 선별적으로 선택한 것은 교수(teaching)에 관한 것이 아니라 정책과 관련된 문서들이었다. 그러한 생각을 갖고 우리는 교육 위원회의 사무실과 다른 곳에 쌓여 있는 공문서들을 검토하고 수집하였다.

Davies는 학교에서 팀 티칭과 관련된 정책 문서들, 팀 티칭과 관련된 최근의 그리고 교육 위원회에 보관된 문서들, 그녀가 함께 일했던 특정 교사 팀과 관련된 문서들을 수집했다. Davies가 수집하고 분석했던 문서들 중 일부는 학부모들이 학교 위원회에 보낸 레포트들, 대중 매체에 실렸던 이야기들, 학교구나 교육부의 정책 문서들, 교육부 비망록, 그리고 다른 의사 소통 통로를 통해 만들어진 문서들을 포함하였다. Bay Street School에서의 연구 초기에, 우리는 학교에 있는 비서들에게 우리 편지함을 만들도록 해서 교사들이 받는 모든 문서들을 수집했다. 그러나 후에 우리는 교사들은 다른 경로들을 통해서도 문서들을 받는다는 것을 알았다.

우리가 지적하려는 중요한 요지 중 하나는, 우리가 얼마나 쉽게 문서의 존재와 그것의 타당성을 쉽게 무시하거나 잊어버리는가이다. 연구 참여자와 친밀한 관계를 정립한 연구자들은 관계 자체에만 초점을 둠으로써 연구를 맥락화하는데 도움이 되는 풍부한 문서들을 무시할 수 있다.

사진, 기억상자, 기타 개인적 가족적 사회적 가공물 형태의 현장 텍스트

많은 사람들은 삶의 경험을 기술할 때 다양한 종류의 자료들을 수합한다. 연구자들 뿐만 아니라 연구 참여자들도 그러한 작업을 한다. 우리는 삶에서 중요했던 사람들과 특별했던 사건과 장소들에 대한 사진들을 수집하고 보관할 수 없다. 각 사진은 우리 시대의 특정 기억, 즉 우리가 구성하는 이야기와 관련된 기억이 선명해지도록 한다. 이외의 것들은 ***기억 상자***(memory box)라 불리는 것에 속한다. 기억 상자는 중요했던 시점, 사람, 그리고 사건에 대한 기억을 환기시키는 항목들을 담고 있다. 이러한 항목들은 우리의 기억이 "시작과 끝을 알 수 없는 파편들"(O'Brien, 1991, p. 39)과 이야기되는 사건의 파편들이 회상하도록 자극할 수 있다. 기억을 재생하는 풍부한 원천을 제공하는 것은 바로 삶 속에서 수집된 이러한 가공물들이다. 내러티브 탐구의 맥락에서 볼 때, 이러한 문서들을 살펴보는 일은 기억과 의미의 고고학이라 부를 수 있다.

공문서들과 박물관들은 사회적 내러티브 탐색에서 이와 유사한 역할을 한다. 예컨대, 캐나다 건국 100주년이 된 1967년에 캐나다의 전 지역에 퍼져 있는 커뮤니티들은 여러 커뮤니티의 구성원들로부터 문화 유물들을 수합하여 작은 박물관들을 건립했다. 그러한 작은 박물관들은 그들 커뮤니티의 사회적 내러티브를 표현하는 일종의 기억 상자가 되었다. 그 박물관들이 세워졌을 때, 지역 커뮤니티들은 이후에 책으로 편집되어 배포될 가족사와 가족에 대한 이야기들을 수집하는 일에 전념하는 집필 커뮤니티(writing communities)들을 형성했다. 이러한 것들 또한 사회적 내러티브를 구성하는 현장 텍스트들의 풍부한 원천이다.

현장 텍스트의 원천으로서의 삶의 경험

내러티브 탐구는 삶의 전체적인 경험들과 특정 연구 경험, 즉 탐구 속에서 독립된 경험의 영역들을 결합하는 흥미롭고, 때로는 혼란스러운 특성을 갖는다. 현상의 범위를 정하고 현상으로부터 거리를 유지하는 것은 다양한 연구에서 하나의 공리다. 내러티브 탐구에서는 가변적이지만 언제나 목적은 존재하며, 흐릿해지거나 바뀌더라도 언제나 연구의 초점이 있다. 내러티브 탐구의 경계들은 확장 또는 축소될 수 있으며, 시간적으로 어느 시점에 있든 간에 그러한 경계들은 한 방향으로가 아니라 상호 작용적으로 침투된다. 연구자의 개인적인, 사적인, 그리고 전문가로서의 삶의 영역들이 서로의 경계를 넘어 연구의 장으로 흘러들어온다. 게다가 동일한 강도는 아니지만 다른 방향에서는 연구 참여자들의 삶이 흘러 들어온다.

현장 텍스트 구성을 위한 이러한 유동성은 탐구에 유용한 현장 텍스트를 구성하게 될 삶의 경험에 대한 무한한 목록들을 가져온다는 점에서 중요하다. 범주화는 예컨대, 댄스, 극장, 음악, 필름, 예술, 문학과 같은 긴 목록을 만든다. 내러티브 탐구를 하겠다고 우리를 찾아온 학생들은 어디에서나 이야기를 들으며, 그들이 들은 이야기가 그들의 내러티브, 즉 지하철 타기, 라디오 듣기, 텔레비전 시청, 구기팀 돌보기에 연결된다는 점이 놀랍다는 듯이 이야기한다. 내러티브 탐구에 대한 우리의 이론적 강의는 학생들로 하여금 강의 및 다른 읽기 자료와 관련하여 읽기 일지를 쓰도록 요구한다. 일지를 쓰는 한 가지 원리는 그들이 읽은 내용과 현재 진행 중인 연구를 관련 짓는 것이다. Phillion은 그녀의 삶의 관심의 한 부분이 되어버린 예술 형태인 영화에 대한 현장 노트를 적는다.

위에서 언급된 읽기 일지처럼, 연구 현장과 연구 현장의 탐구와 직접적으로 관련되지 않은 삶의 경험에 대한 현장 텍스트와 탐구를 연결시킬 필요가 있다는 점에 주목하는 것은 중요하다. 우리는 왜 현장 텍스트(현장 노트, 사진, 시, 이야기 등등) 구성의 필요성을 느끼는가를 곰곰이 생각해 볼 필요가 있다. 예를 들어 영화를 보고 현장 텍스트를 구성할 때 연구자는 연구의 여러 측면들을 위해서, 예컨대, 연구자를 위해서, 연구 참여자들을 위해서, 아이들을 위해서 또는 현장 전체를 위해서 경험의 가능한 의미들을 탐색할 필요가 있다.

연구자가 현장 텍스트를 이해하는데 있어서 중요한 것이 무엇인가?

Davies가 사용한 서로 다른 종류의 현장 텍스트들을 살펴보면서 명확해진 점은 각각의 현장 텍스트들이 서로 명확히 구분되지 않는다는 점이다. 이야기들이 자서전적 글쓰기가 되고, 자서전적 글쓰기가 저널이 되는 것처럼. 더욱이 Davies 연구의 각 장을 살펴보면 다른 종류의 현장 텍스트의 구성이 무한정 가능하며 이야기나 저널, 또는 현장 노트에 대한 다양한 의미가 존재한다는 점이 명확하다.

이러한 혼란에 대해 곰곰히 생각했을 때, 우리는 이 장에서 원래 계획됐던 것이 계속 빗나가고 있음을 느꼈다. 우리는 일련의 현장 텍스트 종류들과 그것의 사례들, 즉 일지와 그 예, 메타포와 그 예, 가족사와 그 예를 제시하는 것이 중요하다는 생각 속에서 이 장을 시작했다. 연구는 전체적이고 그것의 위치가 정해져 있으며, 특정 연구에서 사용된 현장 텍스트들이 연구 전체에 걸쳐 서로 뒤섞여 있기 때문에 우리는 한계를 깨달았다. 우리는 Davies의 연구와 같은 복잡한 연구를 제시함으로써, 혼합된 현장 텍스트의 개념을 제시한 후, 다른 예들을 덧붙임으로써, 우리가 애초에 생각했던 현장 텍스트의 유형을 구체화시키려고 했다.

그러나 그러한 계획을 추진하면서, 우리의 계획이 어떻게 내러티브 탐구자가 될 것인가를 가르치고, 내러티브 탐구를 하고 있는 많은 석 · 박사 과정 학생들을 지도하면서, 그리고 수 년 동안 내러티브 탐구를 하면서 중요하다고 생각했던 점들을 드러내지 못할 수도 있다는 사실을 깨달았다. 우리는 다양한 종류의 현장 텍스트들을 미리 염두에 두고 지도를 하는 것이 아니며, 어떤 종류의 현장 텍스트가 중요한가에 대해서 미리 정해진 관념을 갖고 연구를 시작하는 것도 아니다. 오히려 우리는 우리 자신뿐만 아니라 다른 내러티브 탐구자들이 현장 텍스트를 구성하는 다양한 방식들을 개방적으로 받아들일 것을 권고한다. 사실상 우리는 언제나 현장 노트를 기록한다. 우리는 언제나 대화를 녹음하고 다양한 종류의 현장 텍스트를 구성한다. 더욱이 학생들이 연구를 하면서 "현장 노트처럼 지속적으로 무엇인가를 기록해야 하나요?"라고 물으면 우리는 "그러면 좋지요, 하지만 당신의 내부적 반응을 지속적으로 기록할 수 있는 방법을 찾아야 할 것입니다"라고 말한다. 학생들이 연구 중인 교실의 지도를 그려야 하는지를 물으면 우리는 그들에게 사진을 찍거나 아이들의 기술(description)을 활용하는 것과 같이 장소를 묘사하는 일련의 다양한 가능성들에 대해서 이야기한다. 학생이 우리의 연구에서 활용된 형식이 아니라 이야기 형식으로 현장 노트를 기록해도 되는가를 질문하면 우리는 "경험의 세부적인 부분들을 포착할 수 있다면 괜찮아요"하고 대답한다. 한 학생이 연극 속의 한 인물이 그녀에게 연구 참여자와 부딪혔던 딜레마를 연상케 한다고 말하면 우리는 "그것에 대해서 적어 보세요"라고 말한다.

내러티브 탐구자들이 현장 텍스트에 대해서 아는 것이 중요하다는 점을 상기하면서, 우리는 3차원적 탐구 공간 내에서 연구하기의 개념으로 다시 돌아간다. 앞 장에서, 우리는 3차원적 탐구 공간 내에서 내러티브 탐구자가 무엇을 해야 하는가에 대해서 논의했다. 이와 더불어 현장 텍스트를 그러한 3차원적 공간 속에 위치시키는 것도 중요하다. 앞에서 제시된 현장 텍스트들의 위치는 우리의 현장 텍스트와 동일하지 않다. 예를 들어 Davies의 이야기 형태의 시, '***새 학교***'를 보자. 시간적 차원에 따라 그 시를 자리매김해 보면, 그 시는 우선 그녀의 어린 시절의 한 시점을 언급하고 있다는 것을 알 수 있다. 그러나 언제 그 시가 쓰여졌을까? Davies가 어린 아이였을 때 그 시를 썼을까? 그녀가 논문을 쓰기 시작했을 때 썼을까? 아니면 연구 진행 중에 썼을까? 아니면 Davies의 엄마나 다른 누군가가 썼을까? 만약 그렇다면 그녀의 엄마는 그 시에 언급된 시점에 그 시를 썼는가 아니면 이후에 썼는가? 장소의 차원에 따라 그 시를 자리매김하는 것은 우리로 하여금 다음과 같은 질문들을 던지도록 한다. 이 시는 영국에서 쓰여졌는가? 아니면 캐나다에서 쓰여졌는가? 이 시를 개인적 사회적 차원에 따라 자리매김하면 현장 텍스트로서의 복잡성의 층위들은 더 추가된다. 이 시는 가족 사진들을 본 후 갖게 된 감정이나 느낌을 전달하기 위해서 만들어진 일종의 허구적 구성인가? 이 시는 사건에 대한 기억에 근거하고 있는가 아니면 기억된 이미지에 근거하고 있는가? Davies 혼자서 이 시를 지었는가? 아니면 다른 사람이 지은 시인가? 이 시는 Davies가 그녀의 어린 시절의 사회적 상황을 전달할 수 있는 허구적 구성물인가? 그녀는 영국의 수업 체제를 인식하게 되었을 때 이 시를 썼는가? 캐나다에서의 그녀의 경험과 영국에서의 경험의 사회 문화적 차이를 보여주려고 이 시를 썼는가? 이러한 질문들이 명료해짐에 따라, 현장 텍스트를 3차원적 공간 속에 위치시키는 일은 더욱 복잡한 작업이 된다.

현장 텍스트의 위치는 현장 텍스트와 현장 텍스트로부터 궁극적으로 구성될 연구 텍스트의 인식론적 위치에 영향을 미치기 때문에, 내러티브 탐구자들은 자신의 현장 텍스트를 어떻게 위치시킬 것인가의 문제들을 다루어야 한다. 예를 들어 내러티브 탐구자들이 자신의 어린 시절에 대한 보고서를 구성할 때, 현장 텍스트는 그 보고서에 객관적 사실이라는 지위를 부여한다. 그러나 현장 텍스트를 3차원적 탐구 공간의 관점에서 바라봄으로써 발생하는 복잡성은 텍스트가 사건에 대한 맥락적 재구성이라는 점을 명확히 보여준다. 이처럼 현장 텍스트들에 대한 조심스러운 자리매김이 없다면, 그리고 현장 텍스트들이 어떻게 자리매김되는가를 정확하게 인지하지 못한다면, 현장 텍스트로부터 구성된 연구 텍스트는 그것으로부터 생성된 지식과 의미에 대한 질문들과 비판들에 대해서 아무런 답도 할 수 없다.

c.h.a.p.t.e.r 08

현장 텍스트에서 연구 텍스트로

– 경험에 대한 의미 구성

현장 텍스트에서 연구 텍스트로의 이동은 또 다른 매우 어렵고 복잡한 이행이다. 초보 내러티브 탐구자들은 가장 어려운 이행 중의 하나가 이것이라고 이야기 한다. 우리도 이러한 이행을 해 가는 과정 안에서 많은 측면과 차원들을 다루었기 때문에 이러한 어려움에 대해 충분히 알고 있다.

서론

탐구자가 이 어려운 이행 단계(연구의 가장 중심 과정에 있는 이행)로 들어오면서, 탐구 초기부터 고려는 되어 왔으나 탐구자가 현장에서 일하고 그리고 현장 텍스트를 만들 때에는 잠재되어 왔던 중요한 사항이 다시 나타나게 된다. 정당화, 현상, 방법, 분석-해석, 이론적 문헌, 위치 잡기, 의도된 그리고 기술된 텍스트의 종류 등이 다시 탐구의 주요 주제로 등장하게 될 것이다. 이러한 것들이 이 장에서 우리가 다룰 주요 내용이다. 여기에서는 우리 스스로를 위해 그리고 우리와 함께 일하는 연구자들을 위해, 고려해야 할 필요가 있는, 또 연구 텍스트와 함께 생각해 볼만한 주제들을 다루려고 한다. 연구를 수행할 때 이러한 주제들은 초점의 대상으로 떠오르다가 사라지기를 반복할 것이다. 각 주제들은 현장에 있을 때 그리고 우리가 현장 텍스트에서 연구 텍스트로 이동함에 따라 달리 강조된다. 현장에서 활동할 때에는 별로 주목을 받지 못하다가 연구 텍스트를 상상할 때에는 매우 강하게 전면에 나타나는 주제들도 있다.

이미 이 책에서 이들 주제에 대하여 논의하였다. 4장에서 처음으로 우리는 내러티브 탐구자들은 무엇을 하는가? 라는 질문을 하였다. 그러나 이 장에서 우리는 이에 대한 논의를 다시 전개하고자 한다. 왜냐하면 이 주제들은 독자들이 지속적으로 관심을 두고 고려해야 하며 지속적으로 답을 해 나가야 할 일련의 질문과 이슈이기 때문이다. 우리는 독자들로 하여금 내러티브 탐구란 내러티브하게 사고하는 학습의 과정이고 내러티브하게 살아가는 삶에 동참하는 학습의 과정이며, 그리고 은유적인 3차원적 탐구 공간을 토대로 탐구하는 것을 학습하는 과정이라는 것을 익히도록 하기 위해 우리의 몇 가지 연구를 사례로 제시하고자 한다.

이러한 주제들은 공식적 연구 텍스트로 우리의 연구를 제시하게 될 때 처음부터 끝까지 또는 그 이상으로 연구를 이끌어 주는 주제들이다. 이 장에서 우리는 이 주제들이 현장 텍스트에서 구체적으로 연구 텍스트로 이행될 때 어떻게 드러나도록 고려되어야 하는지에 대하여 설명할 것이다. 그러나 독자들은 구체적으로 연구 계획서를 구성할 때, 현장에서의 활동을 협의할 때, 다양한 현장 텍스트를 만들 때, 강의, 논문, 책 혹은 학위 논문 등의 공식적 연구 텍스트를 작성할 때, 즉 연구의 전 과정에서 이러한 주제들을 검토하기를 원할 것이다.

내러티브 탐구자들은 무엇을 하는가?

4장에서 이미 이러한 질문을 제기하였다. 이 장에서는 내러티브 탐구자들은 무엇을 하는가라는 질문을 현장 텍스트에서 연구 텍스트로 이행하는데 초점을 두고 논의할 것이다. 연구 활동에 대해서 쓰는 것, 회의에서 발표하는 것, 저널을 위해서 쓰는 것, 클래스에서 발표하는 것, 책으로 쓰는 것 등에 대해 생각하기 시작할 때 우리는 무엇을 하는가? 이러한 이행을 하고자 할 때 우리는 의미의 문제나, 사회적 중요성 그리고 목적에 대해 질문한다.

연구를 시작할 때 이러한 질문들은 중요하다. 연구를 시작할 때란 예를 들어, 연구 계획서가 만들어지고, 현장에 들어가는 것에 대한 타협과 조정이 이루어지고, 그리고 연구 참여자와의 관계가 형성될 때 등이다. 연구가 진행되고 연구 참여자들, 현장 그리고 우리의 현장 텍스트에 점차 빠져 들어갈 때, 우리는 중요성의 문제, 의미의 문제 그리고 목적이라는 문제를 점차 잃어 버리게 되는 경향이 있다. 그러나 현장 텍스트에서 연구 텍스트로 넘어갈 때, 이러한 질문들(누가 관심을 갖는 거지? 그래서 어쨌다는 거지?)이 다시 나타난다. 우리의 연구 관심이 개인적인 것을 초월하고 있고 또 사소하지 않다고 어떻게 알 수 있는가? 누군가가 관심을 갖게 될 것이라는 것을 어떻게 알 수 있는가? 우리 연구가 의미가 있는 것인가?

일반적으로 의미, 중요성, 그리고 목적에 관한 질문은 누가, 왜, 무엇을, 어떻게, 맥락 그리고 형식에 대한 질문이다. 누구에게 쓰는 것인지? 연구의 주요 인물은 누구인지? 우리가 왜 쓰는지? 우리가 전달하려고 하는 것은 무엇인지? 어떤 개인적, 실천적, 이론적 맥락이 연구와 그 결과에 의미를 주는 것인지? 연구의 마지막 연구 텍스트는 어떤 형식을 가질 것인지?

정당화라는 주제가 우리 논의의 첫째 주제가 될 것인데, 연구자는 현장 활동을 할 때에도 자주 연구의 정당화에 대한 요청을 받는다.

정당화(왜?)

내러티브는 자서전적 성격이 매우 강하다. 우리의 연구 관심은 자신의 내러티브에서 나오고 내러티브 탐구의 줄거리를 형성한다. 교사 지식에 대한 연구와 결과적으로 내러티브 지식이라는 용어로 교사 지식에 대해 연구하도록 우리를 이끄는 것은, 교사와 아동의 경험에 대한 강한 관심과 우리의 가르치는 삶이라는 배경이다.

수 년 전 이 연구를 시작할 때, 우리는 Schwab이 말한 ***유동적 탐구***(fluid inquiry)에 매료되었는데 이는 연구란 명확한 이론이나, 방법론이나 그리고 전략 등에 의해 이루어지지 않는다고 주장하는 것이다. 연구에는 수많은 잘못된 시작과 막다른 길이 있다. 우리는 우리의 연구를 정당화시킬 수 있는 방법을 찾으면서 다른 사람과의 접촉점을 찾으려고 지속적으로 노력하였다. 우리는 학술지로부터 수없이 거절당했고 검토자들과 편집자들은 사회적인 중요성을 찾기 어렵다고 평가하였으며 우리의 연구가 매우 개인적이라고 평가하곤 했었다. 또한 그들은 우리의 연구가 매우 독특하며 자기 도취에 빠져있는 연구라는 꼬리표를 달기도 하였다.

그러던 과정 중 우리 프로젝트 중의 하나가 2년 간의 초청 세미나 시리즈의 후원을 받게 되었는데 이는 며칠 간 계속되는 개인적 지식(personal knowledge) 심포지움으로 발전하게 되었다. 1장에서 언급한 Mark Johnson이 참여하였다. 그 무렵 이 책에서 제시한 것처럼 명료하게 볼 수는 없었지만, 다른 사람과의 의사 소통이나 교환의 방법을 찾고 있었고 우리의 관심과 다른 사람들의 관심 간의 접촉점을 찾으려고 노력하고 있었다. 즉 우리는 정당화에 대한 우리의 감각을 공공적 그리고 사회적 중요성이란 감각과 연결시키려고 노력하고 있었다. 우리들의 관심과 사고의 방법은 충분하지 않다고 느꼈고, 사회적 중요성이라는 보다 광범위한 질문과 연계되는 탐구를 계속할 필요가 있다고 생각했기 때문이다.

수 년 동안, 우리는 개인적 그리고 사회적 정당화라는 주제 모두에 관심을 두고 있었다. 우리가 이 글을 쓸 때 조차, 우리는 타인의 만족에 대해서까지 속속들이 알아낼 수 없을지도 모르나 그것들의 중요성을 알고 있고 그리고 지속적으로 두 가지 모두에 접근하려고 노력하고 있다는 것을 깨닫고 있다. 내러티브 탐구자에게는 개인의 관심과 중요성에 대한 감각과, 타인의 작업과 삶 안에 표현되는 보다 넓은 사회적 관심 간의 관계를 보다 정교화시킬 수 있는 능력이 매우 중요하다.

이 글을 쓰는 동안, 우리는 정당화에 대한 개인적 감각을 수립하는 것이 쉽지 않다는 사실을 명료하게 깨달았다. 사람들은 명백한 것에 대한 간단한 표현과 같이 개인적 관심을 표현하는 것이 매우 쉽다고 상상할 지도 모른다. 그러나 이와 대조적으로 대부분의 우리는 우리의 탐구 관심이 무엇이며 어떻게 개인적 용어로 이를 정당화해야 하는가에 대하여 놀라울 정도로 잘 알고 있지 못하다. 왜 그 주제에 관심이 있으며 왜 그것을 그러한 방식으로 나타내고 있는가라고 질문 받았을 때 우리는 답을 명확하게 하지 못한다. 이러한 어려움(자주 인식하지 못하고 자주 잠재되어 있는) 때문에 우리는 내러티브 탐구를 시작하는 클래스나 연구 과정 중인 사람들에게 자주 그들의 관심과 관련된 현상들에 대한 일련의 이야기들을 쓰도록 요청하였다. Jean은 Hedy Bach(1997)가 어린 소녀와 함께 내러티브 탐구를 시작하려고 했을 때 그녀 자신의 어린 시절의 경험에 대한 이야기들을 쓰도록 하였다. Bach는 그녀의 이야기를 쓰고 타인으로부터 검토를 받으면서 어린 소녀의 교육과정 안에서 교묘하게 기피된 것과, 자신의 경험을 토대로 한 정당화에 대한 개인적 센스를 같이 엮어 쓰기 시작하였다.

우리는 개인적 용어로 탐구 관심에 대해 정당화하라고 장려하지만, 탐구의 기본은 사회적 용어로 탐구를 정당화해야 한다고 한다. 연구 텍스트는 개인적 탐구자가 없는 것처럼 쓰여져야 한다는 것이 일종의 규칙이라고 여겨지는 경향이 있다. 거기에는 '나'는 없는 것이다. 따라서 '나'를 사용하는 것은 쉽지 않다.

학교에서의 교사의 경험에 대한 내러티브 탐구에서 처음에 우리는 쓰기 텍스트에서 연구자인 '나'를 사용하는 것이 쉽지 않다는 것을 발견하였다. 초기에 논문 검토자나 편집자가 우리의 개인적 '나'는 문제가 있다고 보았기 때문에 Stephanie와 같이 제 3자적 기술 표현이 쉽다고 생각하였다. 사실 '나'라고 쓰는 것은 자기 도취적이라는 말을 듣기도 하였으나, 결국 이를 이겨냈고 개인적 중요성이란 센스를 점차 개발하게 되었다.

현장 텍스트에서 연구 텍스트로 넘어갈 때 '나'라고 쓰는 것을 준비할 필요가 있다. '나'라고 쓸 때 우리는 사회적 정당성의 센스를 전달할 필요가 있다. 우리가 '나'라고 할 때, 우리는 '나'가 '그들'과 연관된다는 것을 알고 있다는 것을 확실히 해 둘 필요가 있다. 이에 대해서는 목소리, 서명, 청중 등의 이슈에 대해서 다루게 될 9장에서 보다 상세하게 논의할 것이다.

현장 텍스트에서 연구 텍스트로 이행할 때 다시 나타나는 정당화의 또 다른 문제는 우리가 연구를 위해 왜 내러티브 방법을 선택하였는가 라는 질문에 대한 것이다. 왜 문화기술적 연구는 아닌가? 왜 근거 이론(grounded theory) 연구는 아닌가? 왜 내러티브 탐구인가?

특별하고 독특한 내러티브 탐구를 함으로써 현상으로부터 학습할 수 있는 것은 무엇이라고 생각하는가? 내러티브 탐구가 우리가 관심있는 현상에 대한 사회적이고 이론적인 대화에 어떻게 적합하며 사회적이고 이론적인 대화를 어떻게 확대시키며 변화시킬 것인가? 우리는 다른 이론이나 방법에 의해 알려질 수 없는, 어떤 특별한 우리의 현상을 연구한다는 것에 대해 설명할 준비가 되어 있어야 한다.

우리는 내러티브 연구를 처음 수행할 때 이러한 질문을 자주 들었다. 예를 들어 Jean의 박사 학위 논문 심사 때 심사위원 중의 한 명이 왜 Stephanie의 교실에서 함께 지냈는지를 물었다. 왜 Jean이 Stephanie의 이미지를 배우기 위해 인터뷰 질문만을 사용하지 않고 같이 교실에서 지내야만 했는가? 인터뷰 질문만으로는 알 수 없는, Stephanie와 함께 내러티브 탐구를 함으로써 알아낼 수 있는 것이 무엇인가? 지금은 이런 질문을 덜 받지만, 내러티브 탐구자들에게 이러한 질문을 하는 것은 매우 중요하다고 느낀다. 다른 이론이나 방법이 하지 못하는, 내러티브 탐구만이 우리가 우리 현상에 대해 알아낼 수 있도록 돕는 사항은 과연 무엇인가?

Joy Ruth Mickelson(1995)은 자기 아들이 행동 장애라고 판정받은 네 어머니의 경험에 대한 내러티브 연구를 수행하였다. Mickelson은 수 년 동안 학교 심리학자로 그리고 사회 사업가로 일해 왔다. 그녀의 연구에서, 그녀는 다양한 심리적 사회적 측정 도구를 사용하여 아이들을 평가하도록 요구 받았고 아동을 위한 적절한 교육적 환경을 만들어 주도록 요구 받아 왔다. 일반적인 사회의 담론은 결함 정도를 결정하기 위해서 또한 교정과 치료를 위해 적절한 교육적 장소를 결정하기 위해서 아동을 평가한다는 것이었다. 이론적 담론은 대체로 심리학과 교육학에서 추출된 학습과 발달 이론에 토대를 두고 있었다. 발달적으로 장애를 가진 아동들의 진단, 평가 그리고 치료에 대해서는 수많은 연구가 수행되어 왔다. 그러나 어머니들의 경험은 거의 침묵 속에 있었고 이러한 침묵 속에서 Mickelson은 이에 대한 내러티브 탐구를 수행하였다. 그녀의 내러티브 탐구의 의도는 어머니들의 경험을 듣는 것이었고, 그들의 이야기를 들으면서 그녀는 결함 모델이 아동과 함께 하고 있는 교사, 행정가, 부모, 심리학자들의 반응을 형성하는 방법에 대해 질문을 던질 수 있게 되었다. 이러한 내러티브 탐구는 어머니들의, 어머니들을 위한 경험뿐만 아니라 사회적이고 이론적인 맥락이 어떻게 어머니와 자녀들과의 관계 형성에 영향을 주게 하는 지를 밝히는 연구 텍스트를 만들게 했다.

Mickelson이 어머니들과 내러티브 탐구를 함으로써 얻게 된 것은 다른 방법으로는 얻을 수 없는 것이었다. 이러한 생각은 연구 계획서를 구성하기 시작할 때에 중요할 뿐만 아니라 현장 텍스트를 연구 텍스트로 이행시킬 때에도 역시 중요하다. 우리는 내러티브 탐구가 우리가 탐구하고자 하는 상황의 사회적이고 이론적인 맥락을 밝혀 줄 수 있는가에 대해 지속적으로 질문할 필요가 있다.

Jean의 박사 논문 심사에 대한 질문으로 돌아가서, Stephanie와 함께 한 내러티브 탐구는 Jean으로 하여금 어떻게 교사의 지식이 내러티브하게 구성되고 한 개인 안에서 구체화되는지 그리고 실천적으로 어떻게 표현되는지에 대해 이해할 수 있도록 해 주었다. 만일 Jean이 인터뷰를 사용했다면 교사 지식에 대한 개념화는 이루어질 수 없었을 것이다.

현상(무엇?)

내러티브 탐구는 언제나 특별한 놀라움, 연구 수수께끼를 중심으로 구성된다. 이는 일반적으로 연구 문제 혹은 연구 질문 등으로 불리운다. 그러나 이러한 언어나 용어는 우리가 내러티브 연구 활동이라고 생각하는 것을 잘못 나타낼 수 있다. 문제들은 명료하게 정의내릴 수 있는 가능성(definability)과 해결에 대한 기대를 수반하나 내러티브 탐구는 탐색이라는 감각과 '다시- 탐색한다'(re-search)는 감각을 보다 강하게 갖는다. 내러티브 탐구는 문제 정의와 해결보다는 탐구의 지속적인 재형성을 보다 더 강조한다. 내러티브 탐구에서 현상을 생각할 때 우리는 다음과 같은 질문에 대한 대답을 고려한다. 당신의 내러티브 탐구는 무엇에 관한 것인가? 또는 내러티브 탐구자로서의 당신에게 관심 있는 경험은 무엇인가?

Bay Street School에 대한 연구에서, 연구 초기의 초점은, 교사가 학교에서 정책 적용 환경을 경험하면서 어떻게 자신의 지식을 구성해 나가는가에 대해 이해하는데 두어졌다. 이러한 진술은 NIE에 제출한 우리의 1980년 프로젝트 계획서에 요약되어 있다. 자금 지원을 받는 모든 프로젝트에는 해당 기관이 지원하는 공공의 목적을 나타내는 명료한 진술이 있게 마련이다. 그러나 현장에서의 우리의 경험은, 수없이 변화하는 연구 수수께끼로 우리를 이끌고 이러한 수수께끼는 각각 약간씩 서로 다른 현상을 포함하게 되었다. 학교에서의 시간의 조직은 어떻게 교사의 경험적 지식에 영향을 주는가, 변화하는 정치 맥락은 어떻게 교사의 경험에 영향을 주는가, 교육적 지평안에서의 교사들의 관점은 그들이 누구인가에 대한 경험을 어떻게 만들어 내고 어떻게 그들의 정체성 등을 형성하게 하는가 등등.

어떤 면으로는, 흥미 있는 현상을 확인하는 일은 매우 명료하고 쉬운 일처럼 보인다. 그러나, 학위 과정 학생은 박사 프로그램에서 착실하게 코스를 이수해 나가면서도, 그들의 연구 문제를 명료히 하라는 요구를 피하려고 한다. Jean은 인품 좋아 보이는 교수가 엘리베이터 안에서 그녀에게 무엇에 대해 연구하려고 하느냐고 물었을 때, 엘리베이터가 10층까지 가는 동안 그녀가 연구하려는 현상에 대해 말할 수 있는 것처럼 보이려고 하면서 엘리베이터 구석으로 피하려고 했던 것을 기억한다. 이제 Jean은 내러티브 탐구를 하면서, 어떤 현상에 대해 내러티브 탐구를 하려고 하는가라는 문제는 쉽게 답할 수 있는 성격이 아니라는 것을 깨닫고 있다. 이는 탐구 초기나 연구 계획서에서 결정적으로 답해질 수 있는 것이 아니다. 탐구자가 연구 텍스트를 구성하는 과정에서 현장 텍스트를 읽고 또 읽는 과정에서, 탐구하는 ***대상***, 즉 현상은 탐구자에게 떠오르는 주제들 중에 있게 된다. 이러한 탐구 현상을 밝혀내고 명명하는 탐색이 필요하다. Jean은 경험과 지식 모두에 초점을 두고 현상을 밝혀내려고 노력했던 것과, 교사의 개인적 구성물이나 그 적용 과정을 연구하거나 아니면 교실에 대한 문화 기술적 연구를 하라는 지적을 받았던 것을 기억한다. 그녀는 매우 혼돈스럽고 불명확했으나 연구 텍스트를 기술하면서 그녀가 진실로 하려고 했던 연구에 접근할 필요가 있었다.

보다 최근의 예는 JoAnn Phillion의 경우인데 연구 계획서 발표시 연구 대상인 현상이 매우 논리적으로 명료하게 제시되었던 경우이다. 그녀는 연구 초기에 자신의 현상으로 명명했던 것에 따라 스스로를 Ms. Multicultural이라고 명명하였다. 그러나 바쁜 학교, 혼잡한 교실에서의 현장 활동 중, 현상은 그녀에게서 점차 멀어지게 되었다. 현장 경험의 복잡함은 매우 정교하게 정의된 연구 현상을 무력하게 만들었다. 연구자로서 우리는, 삶이 움직이지 않고 서 있으며 우리 안으로 들어오지 않는 것처럼 우리 현상을 정의하려는 경향이 있다. 그러나 삶은 정적으로 서 있지 않다. 언제나 우리의 삶에 관여하며 정적인 것과 변화하지 않는 것을 이동시키고 움직이게 하고 복잡한 것들과 상호작용한다. Phillion은 연구 텍스트를 쓰면서 다시 한 번 그녀가 연구하는 것을 밝혀내야 할 필요가 있게 되었다. 현장의 복잡함에 빠져들면서, 그녀는 이제 그것이 연구 계획서에 그렇게 명확하게 밝혀냈던 현상과 동일한 것이 아니라는 것을 깨닫게 되었다.

내러티브 탐구에서 현상은 일종의 변하기 쉬운 기반이라는 점을 인식하였기 때문에 우리는 초보 내러티브 탐구자가 탐구 과정의 여러 지점에서 그들의 탐구 현상을 명명할 수 있는 공간을 고안해 내었다. 그들은 연구 계획서 발표로 이어지는 코스에서, 연구 계획서 안에서, 연구 텍스트를 기술하는 세미나에서, 박사 논문의 많은 반복과 주제들에서, 그리고 마지막 논문 심사를 위한 가벼운 공공 세미나에서 그들이 연구한 것을 이야기한다. 어떤 측면에서 이러한 상황은 그들이 아직 말하기에 준비가 되지 않은 어떤 것을 말하도록 강요한다. 우리는 이러한 상황을 현상을 파악하는데 있어서의 불확실한 정체기(plateau)로 간주한다.

우리는 수 년 동안 연구를 지속해 온 Ming Fang He와 Annie Davies에게 들은 바와 같이, 첫 번째 정체기, 그리고 또 다른 정체기를 얻기 위한 그들의 치열한 노력을 보아 왔다. Davies는 그녀의 현상을 교사의 팀 티칭 경험으로, 그리고 그들의 지식의 표현으로 기술하였고, He는 중국과 캐나다 사이를 왔다 갔다 하는 여자 교사의 경험으로 보았지만 이는 그들이 탐구를 완성하기 이전까지는 이러한 현상에 대한 파악이 가능하지 않았다.

He와 Davies의 작업에서 보듯이, 우리는 탐구 현상의 기반 이동(shifting ground)은 그들의 미숙함의 문제가 아니라는 것을 강조하고 싶다. 우리는 우리 현상을 파악하고자 노력하면서 하나의 안정기로부터 또 다른 안정기로 불안정한 움직임을 계속한다.

현상은 또한 맥락 안에서의 연구자의 위치와 그들의 맥락을 어떻게 형성하는가에 따라 달라진다. 예를 들어 교실이라는 맥락 안에 교사 지식이라는 현상을 위치시킨다면 특정 몇몇 특징들이 강조되어진다. 우리가 교실 내 그리고 교실 외의 실천 모두에 교사 지식을 재위치시킨다면 다른 특징들이 전면에 나올 수도 있고 마찬가지로 어떤 특징들은 아직도 잠재되어 있을 수도 있다. 우리가 우리 자신을 교실 외에 위치한 연구자의 위치에 둔다면 우리가 교실 내에 우리를 두는 것과는 다르게 교사의 지식에 대해 이해하게 될 것이다. Bay Street School에서 우리의 현상은 개인적 사회적 영역에 있었다. 우리의 초기 연구는 교사의 개인적 지식의 구성에 초점을 두었었고 우리의 최근 연구는 교사가 일하는 교육적 지평에 초점이 있다. 3차원적 탐구의 복잡성은 기반 이동의 기초라고 할 수 있다.

초보 연구자가 현상을 파악하고자 노력함에 따라 방법에 대한 질문과 현상에 대한 질문을 혼동하게 된다. Bay Street School에서 우리는 우리의 현상을 두 참여자인 Stephanie와 Phil, 또는 인종 관계 정책과 언어 정책, 학교 안에서 작용하고 있는 교육 정책 관련 두 가지 주요 위원회로 파악했었을 수도 있다. Davies는 팀 티칭의 경험과 교사 참여자를 혼동할 수 있었고 He는 그녀의 세 명의 여자 교사 참여자와 정체성을 드러내는 그녀의 경험을 혼동할 수도 있었다.

방법(어떻게?)

현장 텍스트에서 연구 텍스트로 이행할 때 내러티브 방법의 탐구와 관련된 세 가지 고려 사항이 있는데 이는 이론적 고려 사항, 실천적인 현장 텍스트 지향의 고려 사항, 해석적 분석적 고려 사항이다. 이 절에서 우리는 현장 텍스트에서 연구 텍스트로 가는 이행에 초점을 두고 이러한 고려 사항에 대한 우리의 생각을 나누려고 한다.

이론적 고려 사항

우리가 이 책을 명료하게 만들려고 노력해 나감에 따라, 연구자에게 주요 이슈가 되는 것은 이론적으로 경험에 대한 내러티브적 관점을 구분해 내는 일이다. 이러한 이슈는 질적 연구에 대한 다른 방법을 연구하던 초기 내러티브 탐구자가 내러티브 탐구 방법을 위한 공간을 발견하고자 할 때 나타난다. 우리는 내러티브 방법으로 우리 연구를 시작하기 이전에 경험을 연구하기에 가능한 방법들을 찾고자 노력했었기에 방법을 구분하고 분류하고자 하는 이러한 욕구를 이해한다. 유사한 이론적 접근을 가진 것처럼 보이는 접근 방법이 있다. ***현상학, 민속지학, 민속지학 방법론 그리고 근거 이론***이 이에 해당한다.

교사 경험에 대한 연구를 처음 시작할 때, 1970년대 후반과 80년대 초반의 우리 연구에 대한 신뢰를 얻기 위한 다양한 질적 방법을 살펴보기 시작하였다. 예를 들어 Glaser와 Strauss가 기술한 근거 이론 방법을 연구하였다. 인터뷰 원고를 읽기 위한 방법으로 이론적 메모, 주제 그리고 영역 등의 아이디어에 입문하기 시작하였다. 우리는 또한 현상학, 민속지학 그리고 다른 방법들도 연구하였다. 우리는 현상학자들에 의해 유명해진 방법을 사용하면서 사건을 상상하는 아이디어를 탐구해 보기도 하였다. 그리고 또 민속지학자들에 의해 사용된 아이디어인 맥락을 이해하기 위한 방법으로 학교 맵(school map)이란 아이디어도 탐구하였다. 이러한 일을 하면서 우리는 다양한 방법들의 복잡성과 놀라움 가운데에서 우리 자신을 잃지 않으려고 무진 애를 써야 했다. 매우 매혹적인 방법들이 있었는데 이러한 매혹은 고정된 방법으로 몰아가는 아이디어와 개념으로 우리를 감싸버리도록 위협하였다. 방법 자체적으로 그 방법이 흥미로워 보일 때, 경험에 대한 우리의 연구 수수께끼를 유지하는 것은 어려웠다.

다양하고도 가능한 방법에 대한 우리의 탐구 여행은 비록 흥미있어 보여도 이론적 방법들을 구분하고 구별하는 탐구를 하는 것은 유용하지 않다고 느끼게 하였다. 초보 내러티브 탐구자들은 다양한 방법론적 이론의 정의와 절차를 보면서 그들 자신의 방법에 대해 걱정한다. 그리고 내러티브 탐구를 정의하고 다른 것들과 구별하려고 노력하고 그들에게 주어진 이론적 질적 방법론 구조 틀 안에서 내러티브 탐구에 적절한 장소를 찾으려고 노력한다. 그러나 우리는 이러한 접근을 장려하지 않는다.

이러한 접근이 광범위한 방법론들에 대한 이해를 도울 수는 있어도, 내러티브 탐구에는 별로 중요하지 않다. 왜냐하면, 3장에서 논의하였듯이, 내러티브 탐구 이론은 다른 형식적 탐구 이론과는 장소(place)가 다르기 때문이다. 3장에서 우리는 형식주의자(formalist)는 이론 안에서 탐구를 시작하는 반면, 내러티브 탐구자들은 살아있는 경험 그리고 이야기 안에서 말해진 경험에 대한 탐구를 시작하는 경향이 있음을 지적하였다. 따라서 우리는 내러티브 탐구는 다양한 이론적 방법론적 구조의 비교 분석 보다는 경험 현상의 탐구를 시작함에 있어 보다 생산적이라는 점을 지적하고자 한다.

연구를 진행해 나감에 따라, 내러티브 탐구자는 그들의 연구의 어떤 측면은 소위 민속지학이라고 부르는 특징을 나타낼 수 있고 또 다른 측면은 소위 현상학적 특징을 가지고 있다는 것을 발견할 수 있다. 현장 텍스트에서 연구 텍스트로 이행할 때 이론적 고려는 연구자가 자신의 연구 텍스트를 이론적으로 위치 지우려고 할 때 다시 전면에 드러날 수 있다. 연구를 할 때 우리는 우리의 이론적 방법론적 구조로서, 이야기된 지평 안에 살아있는 연구 참여자와 연구자의 경험의 내러티브와 함께, 경험에 대한 내러티브적 견해를 우리 연구의 전면에 드러내도록 하였다.

현장 텍스트에서 연구 텍스트로 이행할 때, 연구 중에 있는 경험에 대한 연구자적 경험과 현상을 탐구하려는 방법을 서로 엮어 넣도록 노력하였다. Bay Street School에서 연구를 진행해 나감에 따라, 우리는 교사의 경험을 내러티브하게 이해하려고 노력하였는데 이는 그들의 경험을 3차원적 탐구 공간을 활용하여 고려하였다는 것을 의미한다. 이는 시간적 차원, 개인적 사회적 차원 그리고 장소적 차원이다. 일련의 연구를 토대로 우리가 쓴 책인 『*Shaping a Professional Identity: Stories of Educational Practice*』(Connelly and Clandinin, 1999)에서는 우리가 ***~에 따라 살아가는 이야기***(Stories to live by)라고 용어를 붙인 것을 통하여 교사의 경험을 이해하고 있다라는 느낌을 주고 있다.

실천적인 현장 텍스트 지향의 고려 사항

현장 텍스트를 만들기 위한 실천적 전략은 7장에 소개되어 있다. 7장에서는 현장 텍스트 구성 방법을 자세하게 제시한 반면, 여기서는 현장 텍스트에서 연구 텍스트로 이행하기 위한 특별한 방법과 관련된 이슈를 다루려고 한다.

5장에서 우리는 내러티브 탐구자가 현장에 연구 참여자로 들어가기 위한 협상에 대해 논의하였다. 여기에는 관계의 협상, 목적 협상, 유용한 방법의 협상 그리고 이행에 대한 협상들이 포함된다. 현장 텍스트에서 연구 텍스트로 움직이기 시작할 때 이러한 협상은 다시 나타난다. 현장 텍스트에서 연구 텍스트로의 이행은 어렵지만 중요하다. 연구자로서 우리는 밀접한 접촉, 매일의 대화, 자주 여는 회의, 함께 작업하는 것에서 벗어나 현장 텍스트를 읽고 또 읽고 연구 텍스트 작성을 시작해야 한다. 이는 연구 참여자들과의 밀접한 관계가 끝났다는 것이 아니라 연구 참여자들과의 풍부한 살아있는 이야기로부터 연구 텍스트를 통해 다시 이야기되는 이야기로 초점이 이동했다는 것을 의미한다.

Jean은 연구 텍스트를 작성하기 위해 정기적으로 1주일에 3일씩 Stephanie와의 교실에서의 만남을 떠나는 일이 매우 어려웠다는 점을 기억하곤 한다. 처음에는 이행을 잘하기 위해 일주일에 한 번으로 방문 횟수를 줄였다. 그러나 아이들이 Jean에게 다른 때에는 그녀가 어디 있는지 그리고 왜 가끔 오는 지를 물어봄에 따라 그녀가 교실의 리듬을 깨고 있다는 사실을 알아차리게 되었다. 이러한 경험은 그녀가 처음에 교실에 들어갈 때 협상이 있었던 것처럼 나올 때에도 역시 조심스럽게 협상할 필요하다는 사실을 알아차리게 해 주었다.

그녀는 교실에서의 삶에 유용한 그리고 일상적 삶이 흘러가도록 하는데 적합한 방법을 찾아야 했다. 그녀는 현장에서의 연구 참여자와 관계를 새롭게 맺을 수 있는, 연구 텍스트를 구성하는 목적을 충분히 달성하면서도 관계를 유지할 수 있는, 그리고 여전히 현장에 유용할 수 있는 방법을 찾아야 했다.

우리는 Janice Huber(1999)와 Karen Whelan(1999)에 의해 수행된 대화 그룹 내러티브 탐구에서도 마찬가지의 사태를 보았다. 그들은 2년 이상 행정가 그룹과 교사 그룹을 만났다. 그러나 연구 텍스트를 작성하기 시작했을 때 대화 그룹과의 회의가 그다지 자주 열리지 않게 되었다. 그들의 어려움 중의 하나는 연구 텍스트를 쓰면서도 연구 참여자와 관계를 유지하는 방법과 연구 텍스트를 기술하기 위해 집중된 시간을 갖는 방법이었다. 이는 우리가 현장 텍스트에서 연구 텍스트로 이행할 때 고려할 필요가 있는 사항이다.

이는 우리가 우리의 연구 참여자들뿐만 아니라 우리의 현장 텍스트와도 사랑에 빠질 수 있다는 것을 깨닫게 될 때 보다 복잡해진다. 때로 우리의 현장 텍스트는 우리가 멈추길 원하며 텍스트 스스로가 말하려고 한다. 우리가 Davies의 현장 텍스트를 통해 연구하면서 보다 명료해지고자 노력할 때, 현장 텍스트는 초대, 편지, 대화, 이야기된 시 그리고 다른 매력적인 자료로 구성된다. 그러나 연구자로서 우리는 거기에 멈출 수 없다. 왜냐하면 우리의 연구 과업은 그러한 텍스트 안에서 의미를 발견하고 구성하는 것이기 때문이다. 현장 텍스트는 연구 텍스트로 재구성되어야 할 필요가 있다.

해석적-분석적 고려 사항

세 번째 고려 사항은 분석 및 해석과 관련된 것이다. 현장 텍스트에서 연구 텍스트로 이행할 때, 현장 텍스트에 대해서 우리는 그 의미와 사회적 중요성에 대해 물어 보아야 한다. Davies의 이야기된 시, Tom의 구술 역사 원고, 매일의 현장 노트들은 무엇을 의미하는가? 왜 연구자마다 의미에 있어 차이가 발생하는가? 이런 질문들은 현장 텍스트가 연구 텍스트로 이행될 때, 분석적 해석적 사항들이 전면에 드러남에 따라 행해지는 일반적인 질문들이다. 이러한 질문들은 연구 참여자들과 새로운 관계 맺음을 협상하는 과정에서 우리가 그들에게 이러한 질문을 할 때, 현장 텍스트가 스스로 이야기하도록 내버려 두고자 하는 우리의 욕구가 강할 때 보다 복잡해지게 된다.

합리적인 범위의 내러티브 탐구를 위한다면, 수집된 현장 텍스트는 너무 많아 보일 수도 있다. 컴퓨터 파일, 바인더 노트, 파일 폴더, 수집된 사진 및 또 다른 여러 자료가 있다. 현장 텍스트의 양을 점점 더 감당할 수 없게 됨에 따라 때로 컴퓨터 프로그램을 활용할 수 있다.

실제로 연구하는 과정에서 우리는 코드 및 검색 프로그램의 일종인 Non-numerical Unstructured Data Indexing Searching and Theorizing(NUDIST)를 활용하기 시작하였다. 그러나 이는 보다 세부적인 수준의 연구, 예를 들어 제한된 인터뷰 원고 자료, 초점 그룹 회의의 원고 등의 연구에 활용되도록 고안되었기 때문에 어느 정도의 수정이 필요한 프로그램이다. 우리는 수 년 동안 수집된, 서로 다른 종류의 수많은 양의 현장 텍스트를 탐구하기 때문에 이러한 컴퓨터 프로그램이 특별히 유익하다고는 생각하지 않는다.

이 모든 현장 텍스트를 가지고 무엇을 할 것인가를 질문하기 이전에 거기에 무엇이 있는가를 알아야 할 필요가 있다. 이는 문서 관련 작업이며, 현장 텍스트를 읽고 또 읽을 필요가 있으며 또 어떤 방법으로든 그를 분류해야 한다. 그래야만 어떤 현장 텍스트를 우리가 갖고 있는지 알 수 있다. 이는 저널, 현장 노트, 서류 그리고 기타 등에 대해 날짜, 현장 텍스트를 구성하는데 관련된 맥락, 포함된 인물, 주제 등에 대한 세심한 코딩을 포함한다.

우리가 무엇을 가지고 있는가에 대한 이러한 고려 즉, 문서 관련 고려 사항은 6장에서 이야기한 3차원적 내러티브 탐구 공간 내에 우리의 현장 텍스트를 위치시킨다는 이슈를 염두에 두고 이루어진다. 탐구 공간 안에 현장 텍스트를 위치시키는 것에 대한 질문을 고려할 때, 우리는 분석 관련 질문을 하게 된다. 그러나 분석 관련 질문은 이 어려운 위치 짓기 과업보다 훨씬 더 어려운 것이다. 어떤 사람에게는 내러티브 탐구가 단순히 연구자와 연구 참여자에 의한, 약간의 반성적 코멘트와 함께 이야기를 말하고 또 쓰는 것이라고 생각할 수도 있지만 현장 텍스트에서 연구 텍스트로 이행하는 과정은 매우 복잡하다. 내러티브 탐구자는 다양한 종류의 현장 텍스트 안에 포함된 것이 무엇인지 연대기적으로 또는 요약된 설명으로 구성하기 위하여 수없이 많은 시간을 현장 텍스트를 읽고 또 읽는 데에 보내게 된다. 초기의 분석에서 인물, 장소, 장면, 줄거리, 긴장, 마지막 포인트, 나레이터, 맥락, 톤과 같은 내용을 취급하겠지만 이러한 사항은 연구자가 끊임없는 다시 읽기를 하게 됨에 따라 점점 더 복잡해진다. 내러티브 분석 용어를 가지고 내러티브 연구자는 현장 텍스트를 ***내러티브하게 코딩하기***(*narratively code*) 시작한다. 예를 들어 현장 텍스트에 나타난 인물들의 이름, 행동과 사건이 일어난 장소, 서로 연결하는 이야기 라인, 명료하게 드러나는 간격 또는 침묵, 나타나는 긴장, 그리고 나타나는 계속성과 불연속성 등은 모두 가능한 코드이다. 내러티브 연구자가 이러한 작업을 하게 됨에 따라 그들은 현장 텍스트와 관련한 또 다른 현장 텍스트를 갖게 되기 시작한다.

그러나 궁극적으로 현장 텍스트를 연구 텍스트로 만드는 것은 의미와 사회적 중요성에 대한 대답이다. 이것은 연구의 분석과 해석 부분을 형성하는 질문이다. 일반적으로 현장 텍스트는 반성적인 내용으로 채워지지 않는다. 그보다는 경험에 가깝고, 기술되는 경향이 있고 특별한 사건을 중심으로 기술된다. 현장 텍스트는 듣는 것이든 보는 것이든 기록이란 성격을 가지고 있다. 연구 텍스트는 현장 텍스트와 달리 의미와 중요성에 대한 계속되는 질문에 의해서 만들어진다. Carr(1966)의 『*Hundreds and Thousands*』의 예에서와 같이 연구자는 개인적 경험과 사회적 환경 내에서 혹은 이를 통괄하는 주제, 긴장, 내러티브 줄거리, 패턴을 찾으면서 연구 텍스트를 기술한다. 예를 들어 Davies가 마지막으로 구성한 연구 텍스트에서 그녀는 자신의 이야기를 포함하여 수 년 동안의 팀 티칭에 대한 각 개인의 이야기를 설명하는 방법을 찾았다. 이는 개인의 이야기를 다시 이야기하는데 현장 텍스트를 끌어들이는 방법을 활용하여 매우 풍부하고도 자세하게 경험에 대해 설명하는 것이었다. 그리고 그녀는 또한 전문성이란 사회적 내러티브가 어떻게 전문적 지식의 지평을 구성하고 교사의 이야기를 형성하게 하는가에 대한 연구 텍스트를 구성하고 있었다. 연구 텍스트에서 그녀는 통찰력 있는 이야기를 쓸 수 있었는데 이는 그녀가 만들어낸 관계와 교사가 말하는 공간, 그들의 이야기를 살아있도록 만드는 공간이 있었기 때문이다.

현장 텍스트에서 연구 텍스트로 이행하는 과정에서의 분석과 해석의 모든 과정을 일련의 단계로 보는 것이 바람직하다. 그러나 이것으로 내러티브 탐구가 모두 다 이루어지는 것은 아니다. 협상이 처음부터 끝까지 이루어진다. 이야기 줄거리는 기술된 자료에 검토가 행해지고 연구 텍스트의 중요한 점을 추출해 내기 위해 현장 텍스트가 활용됨에 따라 지속적인 수정이 일어난다.

현장 텍스트에서 연구 텍스트에로의 이행은 복잡성에 따른 층위가 있다. 자연스러운 이행은 없으며 단 하나의 현장 텍스트가 있는 것도 아니고 현장 텍스트를 분류할 수 있는 그리고 분석할 수 있는 단 하나의 기준이 있는 것도 아니다. 현장 텍스트는 매우 거대하고 풍부한 연구 잠재성을 가지고 있다. 우리는 탐구자로서 우리 자신의 재이야기된 삶을 가지고, 또 새로운 연구 수수께끼를 가지고 텍스트를 다시 탐구해 보면서 현장 텍스트로 되풀이하여 다시 돌아가야 한다. 예를 들어 처음에 Bay Street School에서 구성된 현장 텍스트에 대한 우리의 의도는 어떻게 교사의 지식이 이미지의 형태로 현장에 실현되는가를 이해하는 것이었다. 몇 년 후에 우리는 교사의 지식 형성이 학교의 시간적 사이클과 교사의 실천 리듬과의 상호 작용으로서 실제로 어떻게 표현되는가를 이해하기 위하여 현장 텍스트를 다시 읽기 시작하였다. 최근에 우리는 Bay Street School의 문서 관련 현장 텍스트를 다시 읽고 있는데 연구의 의도는 되풀이하여 학교의 변화를 이해하기 위해서이다. 이번에는 이러한 현장 텍스트 다시 읽기를 우리들만이 하고 있지 않다. 다른 연구자들도 우리와 함께 읽고 있는데 현장 텍스트를 읽고 또 다시 읽으면서 텍스트가 그들 자신의 삶에서 나온 것처럼 보인다고 한다. 이 새로운 연구자들은 현장 텍스트에 나온 주제, 시간, 인물들과 친숙하지는 않으나 현장 텍스트에 자신들의 삶과 자신들의 이야기를 연관시키고 있다. 혼자 읽든지 혹은 새로운 연구자와 읽든지와 상관없이 그들이 현장 텍스트를 읽고 다시 읽음에 따라, 그리고 여러 가지 방법으로 그들을 배치함에 따라, 그들의 지난 경험을 드러내고 그를 현장 텍스트와 함께 나란히 놓음에 따라 그리고 그들이 현장 텍스트를 다른 연구 및 이론적 연구 활동과 관련하여 읽음에 따라, 현장 텍스트를 연구 텍스트로 만들기 위한 패턴, 내러티브 줄거리, 긴장, 의도, 그리고 주제 등은 기술하는 사람의 경험에 의해 다양하게 만들어지고 있다.

내러티브 탐구자가 되는 것을 학습하게 됨에 따라, 우리는 현장 텍스트를 합하여 연구 텍스트로 만들지는 못한다는 것을 깨달았다. 우리는 자주 현장 텍스트와 나중에 출판될 마지막 연구 텍스트 사이에 다양한 종류의 ***잠정적 텍스트***를 써나가고 있는 일에 몰두하고 있는 자신을 발견한다. 실제로 연구할 때, 우리는 다양한 잠정적 텍스트를 기술하였고 대부분을 연구 참여자와 공유하고 협상하였다.

이러한 잠정적 텍스트는 연구의 주변적 환경과 특별히 연구자의 연구와 학구적 삶에 따라 다양한 형식을 갖게 되고 또 달라진다. 때로 이러한 잠정적 텍스트들은 현장과 연구자와의 협상의 과정 중에서 만들어지기도 한다. 예를 들어 Jean은 박사 학위 과정 중 Stephanie와 초기 해석을 협상하기 위하여 “해석적 설명”이라고 부르는 내용을 만들었다. Davies도 유사한 내용을 만들었는데 이는 편지 형태로 기술되었다. Jean은 그녀의 해석적 설명이 마지막 연구 텍스트의 한 부분이 되도록 하였으나 Davies는 그런 의도가 없었다. 그녀의 잠정적 텍스트는 그녀가 현장 텍스트를 기술할 때 연구 참여자와의 지속적인 대화를 보다 풍부히 할 수 있도록 의도되었다. Davies의 경우 이 잠정적 텍스트는 현장 텍스트에 보다 가까운 반면, Jean의 경우는 연구 텍스트에 보다 가깝다고 할 수 있다.

Jean이나 Davies의 잠정적 텍스트 모두 앞서 기술하였듯이 진행 중인 연구의 한 부분이다. 또 특별한 연구 바깥의 연구자의 학구적 삶 자체가 잠정적 텍스트를 쓰게 하는 일도 자주 일어난다. 이러한 결정은 실제적 혹은 이론적 이유 때문일 수도 있다. Phillion의 첫 번째 잠정적 텍스트는 그녀가 참여한 학문적 협의회 때문에 기술되었다. 이는 연구 참여자와 협상된 구술의 형태로 제출되었다. 협의회의 시기는 그녀가 현장에 있을 때였다. 그녀는 현장 텍스트를 수집하고 작성하였으나 더 오래 현장에 있으려고 생각했었다. 따라서 그 잠정적 텍스트는 초기 현장 텍스트만을 토대로 만들어진 것이었다. 어떤 경우에는 이러한 잠정적 텍스트 쓰기가 현장 텍스트가 작성되기 시작하자마자 기술되어야 하는 경우도 있다.

잠정적 텍스트는 연구 과정 중의 어느 시기에 또 다른 목적으로 기술될 수도 있고 여러 다른 형태를 취할 수도 있다. 앞서 서술한 편지, 해석적 설명, 그리고 논문 발표 이외에 아이디어나 관심에서 비롯된 특별한 사건에 대한 이야기 형태의 진술도 실험해 보았다. 우리들의 연구 과정에서 나온 이러한 이야기 진술의 사례로 세 가지를 들 수 있다. 그 첫 번째 사례는 우리가 학문 벤치이야기라고 부르는 내용으로 이는 어떤 책의 장으로 사용되었다. 두 번째 사례는 Bay Street School 교장의 개인 철학 이야기로 이는 논문에 기술되었다. 마지막 사례는 출판되지는 않았지만 학교의 교육과정 자료 센터의 이야기이다. 우리는 마지막 사례를 학교에서의 자료 프로그램을 개발하는 과정에서 드러나는 이론-실천 관계를 파악해 내는데 사용하였다. 우리는 이러한 사례 진술에 있어 특별히 두 명의 자료 센터 교사들이 마음에 걸렸다. 그러나 이러한 진술에 대하여 그들과 협상하는 과정에서 진술 안의 그들에 대한 표현에 대해 의사를 표명하여 주었고 같이 공감하여 주었다. 그리고 우리는 우리 자신의 걱정과 관심에 대한 반성을 통하여 현장 텍스트에서 연구 텍스트로 가는 과정에 대해 더 많이 학습할 수 있었다. 그러나 이러한 자료들이 연구 텍스트가 되기는 어렵다. 때로 아마도 자주, 잠정적 텍스트는 연구 텍스트화되는 일이 없이 현장 텍스트에서 연구 텍스트로의 이행 과정에서 그 기능을 다한다고 본다.

두 명의 자료 센터 교사와 잠정적 텍스트를 공유하는 것에 대한 걱정과 관심은, 이것이 우리의 첫 번째 경험이었는데, 현장 텍스트에서 연구 텍스트로의 이행에 대하여 우리에게 많은 것을 가르쳐 주었다. 즉 분석과 해석을 하기 시작하면서 이러한 이행은 매우 불명료해 보이기 시작하였다. 각각의 연구에서, 잘 작동되어 따라갈 만한 명료한 길은 없었다. 각 연구를 둘러싼 환경, 수립된 관계, 연구자의 탐구적 삶 그리고 서로 다른 종류의 잠정적 및 최종 연구 텍스트의 적합성 등은 탐구하는 과정을 자주 혼돈에 빠뜨리고 의심이 들도록 만들었다. 이러한 의심과 불명료성은 끊임없이 잘못된 출발점에 서게 한다. 잠정적 텍스트와 최종 연구 텍스트를 기술하기 시작할 때, 어떤 연구 텍스트를 기술하려고 노력하나 이는 우리가 마음 속에 가졌던 의미를 제대로 포착하지 못한다는 것을 발견한다. 그리고 생생하지 못함과 우리가 전달하려고 했던 정신이 결여되어 있다는 것을 발견한다. 또한 연구 참여자도 연구 텍스트가 자신들의 경험을 포착하지 못하고 있다고 느끼고 의도한 청중에게도 부적합하다는 사실을 발견하게 될 수도 있다. 우리는 지속적으로 우리에게 적합한 것 그리고 우리의 목적에 부합되는 텍스트를 기술하기 위해 또 다른 종류의 연구 텍스트를 기술하려고 시도한다. 이러한 내러티브 형식의 피할 수 없는 반복적 실험은 9장에서 보다 상세하게 기술될 것이다.

의심과 더불어, 때로는 공황 상태나 또는 심각한 신경과민적인 상황이 올 수도 있다. 우리는 자료 센터 교사와 첫 번째 잠정적 텍스트를 공유하기 위해서 Bay Street School로 운전해 갈 때 느꼈던 신경 과민에 가까운 걱정을 기억한다. 내러티브 탐구에서 감동적인 순간 중의 하나는 연구 텍스트가 연구 참여자들과 함께 공유되어지는 순간이다. 쓰여진 연구 텍스트가 연구자와 연구 참여자 간의 일하는 관계를 변하게 만든다는 것에도 관심이 주어진다. 이러한 관심 아래 깔려 있는 두려움은 연구의 장을 잃어버릴 수도 있다는 두려움에서 연구자와 연구 참여자 간의 우정을 잃을 수도 있다는 두려움에 이르기까지 그 범위는 매우 넓다. 연구 참여자와 친밀한 관계를 맺고 있는 연구자는 연구 자료가 연구 참여자를 다치게 하는 것을 원하지 않는다. 내러티브 탐구자로서 오랜 경험을 갖고 있는 현재조차도 이러한 관심은 우리가 연구 텍스트를 연구 참여자와 공유하려고 할 때마다 새롭게 밀려 온다.

이러한 고려들은 내러티브 탐구자로서 우리에게 연구 참여자와 관계를 협상하도록 한다. 현장과 현장 텍스트 그리고 연구 텍스트 사이에서 이렇게 계속적으로 앞으로 혹은 뒤로 왔다 갔다 하는 이러한 감각은 우리가 연구에 대해 협상하려고 할 때 언제나 나타난다.

이론과 문헌

앞에서 우리는 현장 텍스트에서 연구 텍스트로 이행할 때에 3차원적 탐구 공간 내에 현장 텍스트를 위치 짓는 것에 대하여 간단하게 기술하였다. 이것은 우리가 생각하는 위치 짓기의 한 종류이다. 현장 텍스트에서 연구 텍스트로 이행할 때 우리에게 떠오르는 또 다른 종류의 위치 짓기는 사회적으로 그리고 이론적으로 연구를 맥락화, 즉 전후 관계를 설정하는 것이다. 우리는 이러한 위치 짓기를 심각하게 고려하는데, 왜냐하면 다른 학문적 공동체에서는 일반적으로 특별한 담론의 영역이 있고 이 영역 내에서 텍스트를 읽는다는 것을 깨달았기 때문이다. 예를 들어 교육 관련 학문 공동체에서는 교과목의 분류, 즉 언어 교육, 과학 교육 등으로 공동체를 구획 짓는다. 때로 교육 행정, 교육 심리학 등의 영역으로 구획 짓기도 한다. 때로 이슈별로, 즉 학교 개혁, 통합 교육 등으로 구획 짓기도 한다. 구획 지어진 담론에 대한 우리의 의식이 어떤 것이든지 간에 내러티브 탐구자로서 우리의 연구를 어디에 위치 지어야 할 것인가에 유념할 필요가 있다.

우리는 우리의 연구를 사회적으로 그리고 이론적으로 위치 지울 때 대화라는 은유를 사용하였다. 우리가 어떤 대화에 참여하기를 원하는지 우리 자신에게 물어 보았다. 예를 들어 우리는 초기 내러티브 탐구 과정 중 지식 사용에 대한 견해를 토대로, 학교 실천 안에서 이론과 실천이 어떻게 서로 연관되는가라는 광범위한 질문 안에서 Bay Street에서의 연구 활동을 수행하였다. 우리는 교사 지식의 인식론적 그리고 존재론적 이슈에 대한 대화에 참여하려는 의도로 연구 텍스트를 기술하였다. 또한 이후에는 학교 개혁과 관련된 대화에 참여하려는 의도를 가지고 연구를 수행하였다.

현장 텍스트에서 연구 텍스트로 이행할 때 특별히 관련되는 또 다른 주요 사항은 위치 짓기와 관련된 사항 중의 하나인데, 이는 또 다른 사상의 조류, 연구 프로그램, 이데올로기 등과 관련된 연구의 위치 짓기이다. 연구 계획서를 기술할 때에는 이러한 사항이 매우 중요한 반면, 현장에서 연구를 시작할 때나 우리가 현장 텍스트를 기술할 때 점차 배경으로 희미해진다. 그러나 그것은 현장 텍스트에서 연구 텍스트로 이행할 때 다시 나타난다. 우리는 사회적 중요성의 문제가 연구 텍스트를 쓰기 시작할 때 다시 표면에 드러나게 된다고 앞서 기술하였다. 우리는 어떤 종류의 학문적인 대화에 참여하기를 원하는 지에 대해 물어본다. 이는 다른 연구들 가까이에 우리 연구를 위치 지우려고 우리에게 요구하는 것이다.

예를 들어 Bay Street School에 관한 초기 연구에서 우리는 개인적 지식을 이해하려고 노력하는 우리 연구에 매혹 당했었다. 우리는 Polanyi(1958), Johnson(1987), Code(1991) 등 개인적 지식에 대해 매우 풍부하게 기술되어 있는 철학적 문헌들을 발견하였다.

철학적 문헌을 읽은 후에 우리는 개인적이라는 용어를 교사의 지식을 정의하기 위해 사용하였다. 그리고 교육 연구 문헌의 발전으로 눈을 돌려, "개인 연구에서 개인적이란 무엇을 의미하는지"를 이해하기 위해서 다시 문헌들을 살펴보았고 교사 지식에 대한 우리의 이해를 개인적 실천적 지식으로 위치 짓기 위해 이러한 문헌들을 활용하였다. 우리 연구의 이러한 위치 짓기는 내러티브 연구가 사회적 중요성을 갖는다고 답하기 위해 매우 필요하다고 본다.

의도된 텍스트의 종류

우리가 현장 텍스트에서 연구 텍스트로 이행하도록 하는데 해야 할 마지막 고려 사항은 우리가 쓰기를 원하는 텍스트의 종류이다. 9장에서 연구 텍스트에 대하여 논의하려고 하지만, 우리는 이 이슈를 좀 더 강조하고자 한다. 우리가 이 장 초기에서 기술한 바와 같이, 우리는 연구 텍스트를 기술하는 과정에서 다양한 잠정적 연구 텍스트를 기술할 수 있다. 우리는 여러 형식을 실험할 때 수 없이 잘못된 출발을 할 수 있다는 것은 이미 기술하였다. 9장에서 우리는 목소리와 서명의 내적 조건, 연구 목적, 내러티브 형식 그리고 청중들의 존재론적 조건 등에 대하여 다룰 것이다.

그리고 현장 텍스트에서 연구 텍스트로 실제로 이행할 경우 연구 텍스트를 나타내기 위해서 수없이 많은 형태가 있을 수 있다는 것을 이해하기 시작할 것이다. 우리는 자주 우리의 개인적 기호에 의해 연구를 시작한다. 우리는 우리와 유사하게 시작할 것을 제안한다. 예를 들어 당신은 자서전 읽기를 좋아하는가? 아니면 논쟁에 관한 기록? 아니면 사진 수집? 시? 기록? 드라마? 자신에게 이러한 질문을 하고 당신의 책장을 살펴보고, 당신이 도서관에서 책을 빌리는 패턴을 보는 것 등은 모두 의도한 연구 텍스트의 종류에 관한 질문에 답을 구하는데 기여할 수 있는 방법이다. 그렇게 연구는 수없이 많은 가능성을 열어 주지만 자주 사용하지 못하는 혁신적이고 매혹적인 형식을 제안하기도 한다.

연구 텍스트 기술을 시작할 준비가 됨에 따라, 우리는 우리에게 의미를 주는 다른 연구자나 작가들의 문헌을 읽는다. 우리는 Natalie Goldberg의 『*Writing Down the Bones*』(1986), 『*Wild Mind*』(1990)를 읽었고 또 Annie Dillard의 『*Writing Life*』(1987) 등을 읽었다. 이러한 책들은 우리의 마음을 새로운 가능성으로 열어주고 픽션화, 다양한 목소리의 제시 그리고 다양한 장르, 예를 들어 저널, 전사된 이야기 그리고 사진 등에 대하여 호기심을 갖게 하였다. 우리는 9장에서 연구 텍스트에 대한 이러한 고려 사항 및 또 다른 고려 사항을 제시할 것이다.

c.h.a.p.t.e.r 09

연구 텍스트 작성하기

이제 우리는 내러티브 탐구자를 위해서, 연구 텍스트를 쓰는데 있어서의 "왕복운동"이라고 부르는 과정을 기술하고자 한다.

서론

이 장에서, 우리는 쓰기 과정의 시작이 어떻게 연구자로 하여금 형식주의적이고 환원주의적인 경계로 되돌아가도록 하는가에 대해 논의할 것이다. 우리는 연구 텍스트를 작성할 때, 이러한 경계에서 살아가는 삶이 만들어 내는 그리고 반드시 협상되어야만 하는 긴장을 보게 된다. 우리는 연구 텍스트를 기술하면서 추억의 장소를 탐색하고, 불명료한 것을 처리해 내는 과업들을 수행한다. 대개의 경우, 현장에 들어가기 이전에 보다 명료했던 연구 목적들은, 연구 텍스트의 목적에 대해 의심의 감정을 품게 되면서 점차 바뀌고 변화하게 된다. 이러한 불명료함 가운데 보다 조심스럽게 고려되어야만 하는 몇 가지 이슈는, ***목소리, 서명, 내러티브 형식*** 그리고 ***청중***이다. 우리는 이 장의 마지막에, 연구 텍스트를 위한 가장 적절한 내러티브 형식 선택의 어려움에 대해 지면을 할애할 것이다. 이제 이러한 선택들을 하면서 연구를 진행한 두 사람의 내러티브 탐구자의 여정을 소개하고자 한다.

쓰기를 시작하면서 경험하는 긴장

연구 텍스트 쓰기를 시작하는 순간은 매우 긴장된 시간이다. 한편으로 현장을 떠난다는 긴장과, 수많은 현장 텍스트로 과연 무엇을 해야 하나 하는 초조함과 관련된 긴장, 또 한편으로는 청중을 생각하게 되는 긴장과 우리의 텍스트가 독자에게 과연 말을 걸 수 있을지, 어떤 방법으로 말을 걸지 등과 관련된 긴장이다. 내부적으로 들어가서 목소리라는 이슈에 대하여 생각할 때, 우리 자신과 우리 연구 참여자들 간의 공유된 이야기를 포착하고 그것을 과연 잘 표현할 수 있을 지에 대한 긴장들이다. 외부적으로는 청중과 형식에 대해 생각할 때의 긴장도 있다. 그리고 연구가 놓여진 입장을 어떻게 나타내야 할 것인가를 고려할 때의 긴장도 있다.

우리는 하나 혹은 또 다른 국면들을 선택하면서 내러티브 연구를 둘러싼 긴장을 무시할 수 없다는 것을 알고 있다. 우리는 과거에 과도하게 초점을 둘 수는 없다. 즉 현장과 현장 텍스트와 관련하여 미래도 고려해야 한다. 특히 청중과 연구의 사회적 개인적 영향에 대해 고려하면서 미래도 생각해야 한다. 우리가 현장과 현장 텍스트에 대한 충분한 주의 없이 연구 텍스트를 구성한다면, 우리는 연구 경험과 유리된 연구자의 흥미나 동기에만 봉사하게 되는 텍스트, 즉 연구 참여자의 경험과 명백한 관련이 없는 연구자의 흥미나 동기에만 초점을 두는 텍스트를 쓰게 될 위험을 겪을 수도 있다. 연구가 누구를 위해 쓰여지고 있고 그들에게 어떤 자각과 의미를 줄 수 있는지 고려하지 않은 채, 연구 참여자들과 함께 한 우리의 경험만을 포착하려고 노력해서는 목소리라는 이슈에 초점을 두기 어렵다. 연구 텍스트를 쓰는 내러티브 탐구자의 이러한 긴장은 우리가 3차원적 내러티브 탐구 공간에 우리의 연구를 위치시키려고 노력할 때 겪게 되는 긴장이다.

이 장을 시작하면서 잠시 우리가 써 온 것을 되돌아 살펴보았다. 내러티브 탐구 연구 텍스트의 저자가 가진 것은 매우 다양한, 이야기된 현장 텍스트 수집물들이다. 각 현장 텍스트는 어느 정도 개별적이며 내러티브적 특성을 가진 별개의 텍스트들이다. 어떤 현장 텍스트 안에는 표현된 것보다 더 많은 것이 내포되어 있을 수도 있다. 이러한 현장 텍스트들은 3차원적 내러티브 탐구 공간 내에서 수집되거나 위치 지워져 있기 때문에, 이것들의 조합은 내러티브의 완전한 감각을 표현하기에 더 많은 잠재력을 가지고 있다. 이제 내러티브 탐구자들이 직면한 과업은 이러한 현장 텍스트들을 포괄적인 내러티브 텍스트로 만들기 위해 선별하고 서로 적절하게 맞추는 것이다. 3차원적 내러티브 탐구 공간 내에서 연구자는 '왕복운동'을 반복하면서, 또 내적인 혹은 외적인 사항을 감안함과 더불어, 탐구 공간 내에 경험을 배치하면서 텍스트를 기술하려고 노력해야 할 것이다.

경계(boundaries)에서 연구 텍스트 기술하기

3차원적 탐구 공간 내에서 연구 텍스트를 기술하는 긴장에 대한 논의를 진행하기 이전에, 우리는 2장과 3장에서 소개한, 경계에서 살아가는 삶의 긴장을 살펴보고자 한다. 사고의 환원주의적이고 형식주의적 경계에서 내러티브하게 사고하는 긴장은 연구 초기에 중요하며 주목할 만한데, 현장에 있는 동안은 대체로 잊혀지는 경우가 많다. 연구는 자신만의 용어를 갖고 진행되게 된다. 어떤 사람의 내러티브 용어가 2장과 3장에서 논의된 환원주의적이고 형식주의적 용어와 서로 마찰을 일으키게 되는 것은 연구 텍스트의 구성과 청중과 함께 한 바람직한 서로 간의 대화에서이다. 우리는 2장과 3장에서 이러한 서로 다른 용어들은 모든 사람의 지적 세계의 부분이라고 지적하였다. 이러한 서로 다른 용어들은 단지 어떤 경계에서 어떤 사람들이 주장하여 논쟁을 불러일으키는 용어가 아니라 우리 모두의 부분이 되는 용어들이라고 할 수 있다.

형식주의적 경계에서 연구 텍스트 기술하기

Mary Shuster는 온두라스 출생 이민 2세 여자 교사와 함께 한 2년 동안의 작업에 기초하여 학위 논문을 쓰면서, 처음에는 자신이 그들의 사회적 경제적 지위에 관심이 있다는 것을 발견하였다. 그녀가 진행 중인 현장 연구 활동은 세 명의 연구 참여자와 함께 한 매우 개인적인 것이었으나 그녀는 자신이 연구 참여자들이 속한 사회의 인종주의적 그리고 성차별주의인 사회적 태도에 대한 사례로 현장 텍스트를 만들려는 충동과 싸우고 있는 것을 발견하였다. 그녀는 자신이 서로 반목하는 헤게모니적 사회 구조를 나타내는 내용을 쓰기 원하고 있음을 발견하였다.

논문 주제에 대한 논의에서, 사회적 구조에 대한 형식주의적 텍스트를 기술하기 위해서는 다른 종류의 연구가 보다 강력할 것처럼 보였다. 더욱이 그녀가 이 텍스트를 추구한다면 연구 텍스트에서 존중해야 할 그녀의 연구 참여자가 사회적 불평등을 나타내는 역할 안에서는 보조적 인물이 된다는 것을 깨달았다. Shuster는 그녀의 현장 텍스트에서 각 사람의 삶에 대한 미묘한 뉘앙스가 인종과 성의 범주를 세분화 시킨다는 점을 인식하였다. 일반적으로 인종과 성은 중요하게 작용하지만 그녀의 연구 참여자들에게는 중요하게 작용하지 않았다. 예를 들어, 한 연구 참여자는 그녀의 가정은 아이들을 평등하게 여기는 가정이라고 기술하였다. 그러나 성의 범주에 있어 일반적으로 온두라스 카톨릭 이민 가족들은 소녀를 억압하면서 키우고 있었다. 연구 참여자들이 어떤 범주의 대표자로서가 아니라, 서로 인간적으로 가까워졌을 때 범주는 보다 세분화되어 나누어졌다. 그러나 Shuster는 그녀의 연구 참여자들을 위해 보다 나은 세계를 지향하고 또 사회가 어떻게 인종주의자와 성차별주의자를 영속시키는가를 보이는 것이 그녀가 인식한 연구 참여자들의 불행한 사태를 해결한다고 생각하였기 때문에 형식주의적 연구 텍스트에 그녀의 연구 참여자들에 대해 과장되게 쓰려는 충동과 그들을 일종의 대표자로 기술하려는 충동을 가지고 있었다.

여기에는 매우 커다란 긴장이 수반되었다. 왜냐하면 그녀는 연구 참여자가 존중받기를 원하는 동시에 형식주의적 범주의 사례로서만 그들을 간주하면서 연구 참여자의 경험 배경을 통해 사회적 구조를 비판해야 했기 때문이다. 그녀는 형식적 범주의 사례로서 이야기된 삶을 제시하는 것이 아닌 이야기된 방법 그대로 그들의 이야기된 삶을 드러내는 형식을 발견하는 것이 필요했다.

환원주의적 경계에서의 연구 텍스트 기술하기

아마도 많은 사람들에게 내러티브와 환원주의적 용어 간의 상호작용은 연구 텍스트를 구성할 때 보다 다양한 방법으로 긴장을 유발할 것이다. 첫 번째 방법은 내러티브 탐구에서 기억과 그와 관련된 장소와 관련된다. 예를 들어, 때로 현장 텍스트는 그 텍스트들을 합리적으로 다루는 연구자의 능력을 넘어선다. 수많은 기록들이 있고 대체로 잘 조직 정리되어 있지 않다. 연구 텍스트를 쓰는 과정에서 연구자는 현장 경험의 기억을 다시 재분류하고 현장 텍스트의 참조 없이 한 관점 또는 다른 관점을 지지하면서 기억된 사건에 대해 진술하기도 한다. 연구자가 기억의 기록, 예를 들어, 연구 참여자들이 그들의 내러티브 역사를 회상하는 연구 참여자와의 인터뷰를 사용하는 일도 자주 일어날 수 있다. 또, 현장 텍스트의 도움 없이 기억에 의존해 자서전적 연구 텍스트를 쓰는 일도 일어난다. 이 세 가지 예에서 기억은 사실적인 특징을 갖는다. 예를 들어 연구 참여자는 어떤 특정한 방법으로 어린 시절을 기억하지만, 형제들이나 다른 사람과 논의해 보면 다른 가족 구성원에게는 다르게 기억되고 있다는 것을 알 수도 있다. 현장 텍스트로 돌아감이 없이, 연구자는 연구 참여자의 어린 시절 경험이 사실이라는 해석에 빠질 수도 있다. 현장 경험에서 암시적인 해석은 연구 텍스트 안에서는 주장하는 사실이 된다. 따라서 내러티브 현장 텍스트는 연구 텍스트 안에서 분명한 사실로 환원되어진다. 환원주의의 이러한 형식은 작가가 이전에 일어났던 사건이나 감정을 그것이 꼭 일어났던 일인 것처럼 기술하는 자서전적 텍스트에서는 매우 일반적이다. 그러나 기억은 경험의 연속선상에서 선별되고 공유되는 것이고 다시 이야기되는 것이다.

Ivan Schmidt의 이야기는 연구 텍스트를 기술할 때 환원주의적 경계에서 겪게 되는 두 번째 긴장을 나타내고 있다. Schmidt는 사회 사업가가 되는 경험에 대한 논문을 기술하면서, 5명의 사회 사업가와의 수 개월에 걸친 대화의 막바지에 어떻게 연구 텍스트를 써야 하는가에 관심을 갖게 되었다. 사회 사업가와 함께 한 현장 연구 활동은 매우 개인적인 일이었다. 그는 그들이 가족 안에서 어떻게 성장했는지, 학교 안에서 함께 그리고 다양한 비공식적인 환경에서 가족과 아이들과 함께 지냈던 과정, 직업 이전, 불만족하여 또 다른 직업으로 이전하였던 경험들에 대한 이야기를 들었다. 그들은 함께 이야기하였고 연구 참여자의 삶에 대한 사진 앨범을 보고 연구 참여자의 오래된 사진과 여러 글들을 보았다.

그가 연구 텍스트를 생각하기 시작했을 때, 한편으로는 그들이 사회 사업가로 살아가도록 이끈 복잡한 경험을 그대로 내러티브로 제시하는, 매우 풍부하게 짜여진 연구 텍스트를 만들어 내기를 원했다. 그러나 다른 한편으로는 연구 내용을 일반화시킬 수 있도록 기술해야 한다는 긴장을 느끼면서 5개의 경험의 내러티브를 통괄하는 주제를 제시하는 연구 텍스트를 원하기도 하였다. 그러나 그는 일반화된 주제를 쓰기를 원한다면 다른 종류의 연구 방법이 보다 적절하다는 것을 깨달았다. 그가 후자의 긴장에 굴복하여 일반화하려고 의도된 주제를 쓴다면 오직 5명의 연구 참여자만을 가지고 있기 때문에 바람직한 일반화를 얻지 못하고 오히려 풍부한 경험의 내러티브만을 잃게 될 것이다. 한편 그가 연구 참여자의 경험을 존중하여 독특한 내러티브를 쓰는 긴장에 굴복한다면 그의 연구는 환원주의적인 연구 방법을 위한 연구 준거에 맞추기 어렵다고 판단될 수도 있었다. 이는 그가 걱정하는 부분이었다. 여기서 긴장이 유발된다. 왜냐하면 그는 연구 참여자의 경험이 존중받기를 원하는 동시에 사회 사업가가 되려는 결정에 대해 일반화된 이론을 만들고 싶어하는 바람도 동시에 갖고 있기 때문이다.

Schmidt의 긴장은 내러티브 연구 텍스트를 기술함에 있어서 환원주의적 용어와의 갈등에서 오는 것이다. 이러한 갈등은 연구자가 연구 텍스트를 연구 참여자들의 작은 자서전을 쓰는 개별적 장으로 기술하느냐 혹은 연구 참여자를 가로지르는 공통적인 줄거리와 요소로 보느냐에 대해 의문을 가질 때 보다 잘 나타난다. 세 명의 연구 참여자와 함께 일하면서도 일반적인 분석 용어를 받아들여서 연구 참여자에 대한 분석 주제를 만들어 낼 수 있는지에 대해 의문을 갖는 박사 과정 학생을 만나는 것은 놀라운 일이 아니다. 연구자는 그들 스스로를 일반화되어질 수 있는 기록을 쓰는 사람으로 간주한다. 그 안에서 연구 참여자는 Schmidt의 예에서 그렇듯이, 주제를 지지하는 역할로 희미하게 사라진다. 이러한 종류의 환원, 주제쪽으로 하향하는(형식주의에서처럼 포괄적 범주로 상향하는) 환원은 연구 참여자에게 다른 역할을 부여하면서 다른 종류의 텍스트를 만들어 내게 된다.

쓰기, 기억, 그리고 연구 텍스트

앞에서 우리는 기억, 현장 텍스트, 그리고 연구 텍스트 간의 관련에 대하여 언급하였다. 현장 텍스트를 생각하는 한 방법은 현장 텍스트를 기억의 표지판으로 보는 것이다. 현장 텍스트 읽기는 현장 경험의 기억 토대 안으로 우리를 한 걸음 다가가게 해준다. 어느 정도 이것은 사실이다. 그러나 현장 텍스트는 기억 표지판처럼 기억을 변화시키는 장치도 된다. 처음에, 현장 텍스트는 경험을 형상화한다. 더 나아가 현장 텍스트를 읽고 또 다시 읽음에 따라 이는 현장 경험의 표지가 아니라 전부가 된다. 현장 텍스트와 어떤 부수적인 연구 텍스트들은 현장 경험으로 살아 남아 있는 모든 것이다.

이제 우리의 20년 정도 오래된 현장 텍스트 Bay Street School로 돌아가서 Bay Street의 현장 경험을 기억하려고 노력하고 또 서로 이야기해 보고자 한다. 때로 우리는 이 기억 활동을 성공적으로 해낼 수 있다. 우리는 우리가 생각하고 있는 것이 현장 텍스트에 의해 촉발되어 회상된 기억이라고 생각하고 있다는 점을 발견하였다. 대체로 사건 그 자체는 현장 텍스트 기록 없이 경험적 센스만으로 떠오르지 않았다. 일반적으로 현장 텍스트는 특수한 사태나 사건에 대한 기록이다. Dillard는 다음과 같이 말한다. "만일 기억력이 굉장히 좋다면 자서전을 쓰지 마라. 경험에 대해 쓰는 행위는 시간이 너무 오래 걸리고 당신의 휴가 보다 당신의 휴가 사진이 더 사실이라고 느끼듯이, 경험을 쓰는 것은 너무 강해서 당신이 쓴 것만이 당신의 경험 안에 남겨질 수 있다. 당신은 당신의 기억된 진리를 떼어내어 이를 새로운 것으로 대체시킨다."(Zinsser, 1987, p. 27).

내러티브 탐구에서 흔히 일어나는 일이긴 하지만, 현장 텍스트가 너무 많을 때 이러한 현장 텍스트를 관리하는 방법이 중요하다. 때로 컴퓨터 파일이나 코딩 시스템이 사용되기도 한다. 기억은 컴퓨터의 사용 여부에 상관없이 역할을 수행한다. 현장 텍스트의 전체 양이 과도하게 많지 않다면, 컴퓨터를 사용하여 코드 작업을 하는 사람이나 컴퓨터 없이 코드 작업을 하는 사람에게나 기억의 역할은 학위 논문을 위한 연구 텍스트를 작성하는데 유사하게 작용할 것이다. 그러나 현장 텍스트가 수 년 후 후속 연구를 위하여 활용되는 경우, 이는 우리가 Bay Street 현장 텍스트로 다시 돌아가게 된 경우와 유사한데, 이 상황은 완전히 다르다. 대체로 이는 기억이 수행하는 역할 때문이다. 현장 텍스트가 컴퓨터 파일화 되지 않고 연필로 쓰여진 것은 희미해지고 맥락에 대한 노트와 관련 노트들이 분실되었다면, 연구 텍스트는 오로지 기억에 의존할 수밖에 없다. 컴퓨터화된 파일 없이 연구 텍스트를 구성하기란 어려울 것이다. 컴퓨터화된 기록으로 인하여 기억은 작성된 연구 텍스트에 머물 뿐 아니라 컴퓨터화된 현장 텍스트 안에 머물기도 한다.

주된 연구 텍스트 기술에 있어 오래도록 유지되고 효과있게 현장 텍스트를 조직하는 방법으로 컴퓨터화되지 않은 접근을 취하는 것이 잘못되었다고 보는 것은 아니다. 그러나 과거에 토대를 두고 미래를 생각하기 위해서는 현장 텍스트 기록과 조직에 새롭고 좋은 기술을 사용할 것을 강하게 권장한다. 우리는 최근에 NUDIST를 사용하기 시작하였고, Microsoft Word와 같은 워드 프로세싱 소프트웨어 프로그램을 사용하기 시작하였다.

불명료한 가운데 연구 텍스트 기술하기

5장이나 이 장의 서두에서 우리는 내러티브 탐구자들을 3차원적 내러티브 탐구 공간 가운데에 있는 존재로서 언제나 시간, 장소 그리고 개인적 사회적 측면에 의해 위치해 있는 존재로 기술하였다. 더욱이 우리는 우리 자신을 우리와 연구 참여자들의 이야기 안에 존재하는 것으로 보았다. 우리와 연구 참여자들은 상황 가운데 함께 하는 존재들이다. 상황 가운데에 있는 존재라는 감각은 내러티브 탐구자가 그들이 연구 텍스트를 기술할 때 무엇을 해야 하는지를 결정 짓는다. 그러나 연구 텍스트를 기술할 때 상황 가운데에 있는 존재란 현장에서의 상황 가운데 있는 존재와 다를 수 있다. 아마도 탐구자들은 그들이 현장에 들어섰을 때보다 연구 텍스트를 쓸 때, 그들이 하고 있는 것 그리고 그들이 말하려고 원하는 것에 대해 확신이 덜 들 수 있다. 또 그들은 현장에서 경험을 할 때보다 스스로에 대해 안정적이거나 편안하다고 느끼지 못한다.

3장과 8장에서 우리는 내러티브 탐구에서의 이론의 위치에 대해 논의하였다. 우리는 이론이 실천의 장에서는 모호하고 당혹스런 역할을 한다고 기술하였다. 현장 작업 이전에는, 거리를 두고 보기 때문에 명료하고 이론의 용어로 이해 가능하고 연구 가능하며 해석 가능한 것으로 보이던 것이 현장 경험이라는 매일의 삶에 부딪히면

명료성을 잃고 만다. 앞의 연구에서와 같이 Shuster는 인종과 성이란 용어로 그녀의 연구 참여자에 대해 해석하기를 원했을 뿐만 아니라 그녀의 연구도 이러한 용어로 기술하기를 시도하였다. 온두라스와 캐나다 내에서의 그들을 보고 이해하면서, 성의 역동성이란 용어로 이들을 바라보고, 또 캐나다 안에서의 문화적 태도로 이들을 보면서, 그녀의 연구 참여자들이 이러한 이론적 측면을 나타낸다는 것이 매우 명료해 보였다. 그러나 현장에서의 경험은 이렇게 쉽게 보이던 이해를 파괴하였다. 내러티브 탐구자들은 연구 이전에 했던 것보다 이러한 연구에 더 깊이 몰두하게 된 후에 스스로에게 확신을 덜 갖게 되고 그들이 말하려고 하는 것이 무엇인지 불명료하게 된다는 아이러니를 경험한다. 만일 연구 경험이 명료성을 산출하는 것이었다면 그들 대부분은 연구 텍스트를 쓸 수 없다고 생각할 것이다.

연구자의 불명료성의 일부분은 어떤 특별한 연구 참여자를 알게 되고 또 그를 우려하면서 발생할 수도 있다. 추상적인 이론적 범주들은 연구 이전에는 최우선이었을 수 있다. 그러나 연구 참여자들 그리고 그들과의 관계는 연구 텍스트가 쓰여질 수 있는 주요 열쇠라고 볼 수 있다. 연구자는 사람이란 결코 어떤 고립된 이론적 개념이나 진술, 범주 혹은 용어의 특별한 사례(유사한 것도 있을 수 없음)가 될 수 없음을 배우게 된다. 그들은 복잡한 가운데 살아가는 사람이다. 그들은 이야기된 전경의 토대 위에 이야기된 삶 가운데 살아가는 인간이다.

내러티브 탐구자들이 품는 의심의 일부분은 현재 있는 존재(being)보다는 되어가는 존재(becoming)로서 사람, 장소, 사물 등을 기술해야 한다고 이해하는 데에서 오기도 한다. 그들의 연구는 사람, 장소, 그리고 사물이 이런 식이다 혹은 저런 식이다 라는 것을 말하려고 하는 것이 아니라, 그들은 내러티브 역사를 가지고 있고 그리고 어떤 방향으로 나아가고 있다는 것을 기술하는 것이다. 내러티브 탐구 텍스트는 기본적으로 시간적 요소를 가진 텍스트이다. 즉 과거에는 어떠했고 현재는 어떠하며 미래에는 어떻게 될 것이라는 것을 포함한다. 연구자는 추상적이 아닌 가장 적합한 텍스트를 쓰기 위한 방법을 발견해야 한다. 그리고 그 장소는 미래도 볼 수 있는 장소이어야 한다. JoAnn Phillion이 Bay Street School에서 Pam과 함께 한 삶에 대해 기술하였을 때, 그녀는 Bay Street School을 역사를 가진 장소로서, 현재의 장소로서 그리고 미래를 향해 현재 의존하고 있는 장소로 기술하였다. Pam 자신은 Bay Street School이라는 그 장소에서, 과거에 의해 결정되고 매우 불확실한 방식으로 미래를 결정하고 있는 복잡한 사건 안에, 즉 시간적인 전이 안에 존재하고 있었다.

또한 아직도 연구자들에게 불명료한 것은 과거, 현재 그리고 미래라는 상황과 사람과 장소와의 관계일 것이다. Bay Street School이라는 장소에 대해 시간에 의존하여 기술하는 것은 충분하지 않다. Phillion은 Bay Street School을 내러티브 역사라는 맥락 안에 위치시키기를 원했다. 내러티브 역사란 지역 사회와 학교가 어떻게 발전해 왔는지, 캐나다와 캐나다의 역사, 그리고 이주민 정책과 난민 보호 등과 관련된 정책들을 의미한다. Pam과 Phillion은 관계를 맺고 있었으나, 한편으로는 서로 다른 맥락을 가지고 있다. 더욱이 개인별로 서로 다른 맥락을 가지고 있다. 이러한 서로 교차하는 맥락은 연구를 이해하는데 있어서 차이를 가져오게 한다. 예를 들어 Pam의 맥락의 일부(Phillion의 경우도)는 Bay Street School의 맥락이다. 그러나 Pam은 또한 학교와 독립된 삶, 즉 그녀의 가르치는 것과 관련된 역사를 가진 삶을 가지고 있다. Phillion도 장래성 있는 학자로서 역시 그 자체의 역사와 미래를 가진 다른 맥락을 가지고 있다. Phillion

같은 내러티브 탐구자가 연구 텍스트를 작성하는 가운데 어떻게 관계, 맥락, 그리고 미래와 관련시켜 사람과 장소 그리고 사물들 간의 긴장에서 비롯되는 이야기 줄거리를 만들어 낼 수 있는가?

연구 텍스트 쓰기가 매우 혼란스럽다는 것은 새삼스러울 것도 없다. 연구자(연구 텍스트를 쓰는 사람)는, 매우 이질적이지만 3차원적 탐구 공간 안에서 서로 밀접하게 관련되는 사항들을 염두에 두고 그를 종이에 옮긴다. 연구자는 다양한 부분들을 명명하여 이름 짓는 것이 충분하지 않다는 것을 알고 있다. 명명하여 이름 짓는 것이 학문에 도움되지는 않는다. 이러한 부분들 모두는 연구자가 의미와 중요성이란 이슈와 싸울 때에 유념해야 할 것들이다. 이 모든 것들은 그들이 연구 참여자와 함께 이야기가 살아있도록 그리고 말해진 그대로 전달하기 위한 방법을 찾을 때에 보다 복잡해진다. 목소리, 서명, 내러티브 형식, 그리고 특별히 청중은 반드시 관심을 두어야 할 사항이다. 이제 이에 대하여 간단히 기술하고자 한다.

목소리

넓은 의미에서 보면 목소리는 연구 참여자, 연구자 그리고 텍스트가 말하는 다른 연구 참여자 그리고 다른 연구자에 딸린 부속물로 생각될 수도 있다. 목소리에 관해서는 많은 문헌이 있으며 현재 발전하고 있는 연구 분야이다. 내러티브 탐구에는 연구자와 연구 참여자 간의 관계가 있고 둘 모두를 위해 야기되는 목소리라는 이슈가 있다. 연구 텍스트를 쓰면서 연구자가 갖는 딜레마 중의 하나는 위기에 선 삶이라는 비유에서 알 수 있듯이, 연구 참여자가 이야기한 경험을 말하고 그들의 목소리를 표현하도록 설계되어 있는 연구를 하면서, 즉 청중의 목소리에 대해 생각하고 청중의 목소리에 영향을 주는 연구 텍스트를 만드는 동안에 연구자가 자신의 목소리를 표현하고자 할 때 균형을 유지하도록 애를 써야 한다는 것이다. 목소리에 대한 고려 때문에 발생하는 딜레마는 언제나 판단을 수반하게 한다. 연구자는 언제나 연구 참여자와 청중이 제기하는 합법적인 비판에 열려 있어서 부분적으로 벌거벗고 이야기를 하는 셈이다. 어떤 연구자는 목소리의 표현에 내포된 비판에의 초대에 침묵하기도 한다.

목소리에 대해서는 또 다른 고려 사항도 있다. 중요한 고려 사항 중의 하나는 연구자 그리고 연구 참여자 둘 모두에게 해당하는 목소리의 다중성이다. 우리는 우리의 연구 참여자가 모두 동일한 한 목소리를 가지고 있는 것으로 간주하지 말아야 하며 그들을 하나의 행동 양식이나 하나의 이론적 구조로 묶지 말아야 할 것이다. 우리와 연구 참여자들은 살아 있는 존재이고 많은 이야기를 말한다. 우리는 모두 이러한 다중의 줄거리 내에서 말을 하는 다중의 줄거리를 가진 인물들이다. 이러한 다중성을 포착하려면 우리는 들리는 목소리와 들리지 않는 목소리를 고려해야 할 필요가 있다. 또는 다른 방식으로 목소리를 듣기 위해서는 연구 참여자의 목소리의 중요한 부분들을 연구 텍스트의 맥락으로 가리고 침묵하게 하는 방법으로 연구 참여자의 목소리를 포함시킬 수도 있다. 연구자로서 우리는 연구 텍스트가 다양한 목소리로 말하도록 하기 위해 노력한다. 우리가 선택한 그리고 우리가 의식하지 못한 우리의 침묵은 연구 텍스트에서의 목소리에 대한 또 다른 고려 사항이 된다.

서명

목소리와 서명은 현장 텍스트를 연구 텍스트로 변환하는 쓰기 과정에서 서로 밀접하게 관련되어 있다. 침묵의 베일이 걷혀지고 연구자가 무언가 말할 것이 있다는 것을 알고 목소리의 힘을 느꼈을 때, 연구자는 그녀가 말하기 원하는 것을 말하는 방법을 발견해야만 한다. Geertz(1988)는 연구자가 텍스트 안에 어떻게 존재해야 하는지 알아내는 것은 어렵다고 했다. 그에 의하면, "그들의 텍스트 안에 그들 자신을 넣는 것(초상화같이 그들의 텍스트로)은 민속지학자가 그들의 문화 안에 그들 자신을 넣는 것만큼(상상력을 발휘하여 문화 안으로) 어렵다. 어떤 사람에게 그것은 더더욱 어렵다"(p. 17). Geertz는 텍스트 안에 존재하는 다양한 방법뿐만 아니라 현장에 존재하는 다양한 방법이 있다고 하였다. 저자로서 우리 각자를 나타내는 특별한 방법은 우리의 연구에 서명하는 것이다. 딜레마는 우리의 서명이 얼마나 선명하게 드러나야 하는가 하는 것이다. 너무 생생하면 현장과 연구 참여자에게 장애가 되는 위험을 초래하거나, 너무 모호하면 연구 텍스트가 연구 참여자의 관점에서만 이야기하고 있다고 생각하게 만든다.

지나치게 생생한 서명이 지니는 위험은 여러 문헌에서 잘 지적되고 있고 주관성의 남용이라는 주제 하에 다루어지고 있다. 한편 지나치게 불충분한 서명이 지니는 위험은 내러티브 탐구자가 그들이 쓴 것에 대하여 충분한 주의를 더 기울일 필요가 있다는 것을 나타낸다. 서명은 저자보다는 다른 텍스트나 다른 이론들이 연구 결과물에 드러나기 때문에 희미해질 수 있다. 마찬가지로 서명은 연구자가 연구 참여자 및 연구 참여자의 현장 텍스트가 연구 결과물의 저자가 된다고 상상하기 때문에 희미해질 수 있다. 서명이 희미해지는 이러한 두 가지 사항은 방어되어야 할 필요가 있다. 목소리를 얻는 데 있어서 그를 위한 서명은 연구자들이 연구 위에 자신의 도장을 찍는 것이다. 서명의 결과로서 텍스트는 리듬, 억양 그리고 표현을 갖는데, 이는 서명을 드러내고 연구가 어떤 저자의 혹은 어떤 협력자들의 연구인지 알아볼 수 있도록 한다. 서명에 대한 이러한 표현을 Geertz는 ***담론***(discourse)이라고 부른다. 담론 안에서의 서명과 이러한 표현은 저자의 정체성을 만들어 낸다.

서명은 일반적으로 연구자에 속해 있는 것으로 생각되나 연구 참여자를 지칭하는 것일 수도 있다. 내러티브 탐구자가 텍스트를 가지고 연구 참여자를 다시 찾아갈 때 그들의 질문은, 내가 맞게 이해했나요? 이것이 당신이 말한 것인가요? 이것이 당신이 한 일인가요? 보다는 보다 일반적이고 인간적인 것이다. 즉, 이것이 당신인가요? 여기서 당신 자신을 보나요? 다른 사람들이 읽을 때 이것이 당신이 원하던 인물인가요? 이는 보다 정확하게 연구 참여자가 한 것 그리고 말한 것을 썼는가에 대한 질문이기 보다는 정체성에 관련된 질문이다. Phillion의 글에서 Pam은 인간으로 나타나는가? 우리와 그녀는 다문화 학급 안에서 그녀의 존재 방식을 인식하고 있는가? 이것이 어떻게 그녀가 다양한 교수 학습의 세계를 알고 있다는 것에 대한 어조와 느낌을 주는가? 이제 우리 자신의 생각의 장소로서, 우리 마음 속에 있는 것을 파악해 내기 위하여 연구 참여자 서명(participant signature)이라는 용어를 사용하고자 한다. 그러나 다른 좀 더 풍부한 용어가 우리의 이해를 더 적절하게 표현해 낼 수도 있을 것이다. 우리는 텍스트의 서명에 대한 연구 참여자의 영향을 나타낼 수 있는 용어를 고려하고 있는데 이 용어는 서명이 연구자와 연구 참여자 간에 협상될 수도 있음을 나타낼 수 있는 용어를 의미한다(목소리와 서명에 대한 이 장은 Clandinin과 Connelly, 1994에서 인용되었다).

청중

연구 초기, 연구자의 상상 안에 살아 있던 청중은 현장 연구 활동 과정에서는 대체로 잊어버리게 되다가 다시 중요하게 되살아난다. 청중은 내러티브 탐구에서 중요하게 다루어야 할 필요 조건이다. 연구자와 연구 참여자 간의 공유된 의미와 소중하다는 느낌을 갖는 좋은 관계의 기쁨은 중요하기는 하나 내러티브 탐구 텍스트를 쓰기에는 불충분하다. 연구자 어깨 너머로 청중의 존재는 쓰기 과정과 쓰여진 텍스트에 가득 차 있을 필요가 있다. 청중을 잘못 판단하거나 다른 사람에 의해 의미 있는 것으로 읽혀지지 않는 텍스트를 쓰는 것은 변명이 가능하다. 그러나 청중을 의식하지 않고 청중에게 가치 있는 연구 텍스트가 과연 무엇인가에 대해 의식하지 않는 것은 용서되지 않는다.

청중을 인정하는 것은 연구자가 연구 텍스트를 기술할 때 갖는 또 다른 긴장이며 균형을 잡으려는 시도이다. 연구자는 청중을 위해 기술할 때, 연구 참여자에 대해 약간이나마 회의적이 되는 것을 느낄 것이다. 이는 공유된 순간, 친밀감, 비밀 그리고 연구 텍스트 안에 그들을 위한 장소를 발견하려고 하는 욕구에서 오는 것이다. 일하는 관계를 존중하려는 그리고 연구 참여자의 목소리와 서명을 위한 장소를 만들려는 연구자의 투쟁은 청중의 생각과 긴장 관계에 놓일 수 있다.

목소리, 서명 그리고 청중 간의 긴장

목소리와 서명의 확립은 우리를 연구의 내부, 현장 그리고 연구 참여자로 이끈다. 8장에서 지적하였듯이, 우리의 첫 번째 청중은 대체로 언제나 우리의 연구 참여자들이다. 뒤이어서, 청중은 언제나 상상 속에 그리고 연구의 외부에 존재한다. 내러티브 탐구 텍스트를 기술할 때 모든 다른 긴장 중에서 가장 극단적인 것을 채택하는 것은 부적합한 연구 텍스트를 산출하게 된다. 청중들에게 소개되는 차갑고, 비인간화된, 서명이 없는, 목소리가 없는 문서는 사회과학 연구에도 있는데 이는 아직까지 매우 바람직한 것으로 간주되고 있다. 그러한 연구 텍스트에서 연구자는 "연구자"이지 "나"가 아니며 연구 참여자는 "대상"이지 "Pam"이 아니라는 형식을 갖는다. 그러나 또 다른 극단 역시 마찬가지로 내러티브 탐구 텍스트에 부적절하다. "나", 그리고 "우리", 그리고 "Pam"과 다른 사람들이 친목회와 같은 친밀감을 확립하는 식으로 기술된 텍스트는 독자가 읽기에 약간 당황스런 느낌이 들도록 하며 좋은 내러티브 텍스트가 될 수 없다. 불행하게도 이러한 내러티브 탐구 텍스트의 특성은 흔히 비판되고 있는 특성이다. 자기 본위적인 기술에 대한 책임은 일반적으로 내러티브 탐구에 돌려지기도 한다. 때로 연구 텍스트를 쓸 때 과도한 감정 이입은 이러한 책임 전가가 맞다고 할 수 있는 근거가 되기도 한다.

연구 텍스트를 쓰는 저자는 지속적으로 서명, 목소리, 그리고 청중들 간의 균형을 잃지 말아야 한다. 때로 아마 어떤 절, 장, 그리고 전체 텍스트에 걸쳐서 청중에 너무 많은 무게가 쏠릴 수도 있다. 때로는 서명과 목소리 그리고 사적인 구성들에 무게가 두어질 수도 있다. 언제나 이러한 긴장의 양면에 초점을 맞출 필요가 있으며 연구 텍스트를 쓸 때 의식적으로 자각할 필요가 있다.

연구 텍스트를 쓰기 시작할 때 다가오는 또 다른 긴장은 내러티브 형식의 선택과 관련된 긴장이다. 8장에서 우리는 내러티브 탐구자들은 연구 텍스트를 쓸 때 좋아하는 형식의 범위를 고려해 보아야 한다는 점을 제안하였다. 연구자에게 할 수 있는 질문은 어떤 종류의 읽기를 좋아하는가이다. 이는 우리가 자주 연구 텍스트를 쓸 때 우리 자신에게 묻는 질문이다. 우리는 대체로 학위 과정 학생들에게 이 질문에 대하여 생각해 보도록 요청한다. 이는 완전히 개인적인 취향에 의해 선택이 이루어지는 것처럼 보이나 실제로는 그렇지 않다. 언제나 목소리, 서명, 그리고 청중 간의 긴장이 존재한다. 더욱이 개인적인 것 즉, 연구자와 연구 참여자의 경험에 적합해 보이는가와, 사회적인 것 즉, 연구 안에서 소개된 사항들을 둘러싼 지속적인 대화에 적합해 보이는가 간의 긴장도 있다.

Janice Huber, Karen Whelen, Wendy Sweetland에 의해 수행된 연구(진행 중)에서 우리는 어떻게 그들이 연구 텍스트를 둘러싼 복잡한 긴장과 타협하는가에 대한 하나의 예를 보았다. Huber와 Whelen은 교사 참여자 그룹과 함께 내러티브 탐구를 수행하는 박사 과정 학생들이다. 그들은 학위 논문을 위한 형식을 선택하였는데, 이는 출판을 하기 위해 기술한 그들의 현장 연구를 토대로 그들 각자가 5개의 소논문을 쓰는 것이었다. Sweetland는 교사 참여자 중의 한 사람이었는데 그를 연구 참여자이자 공동 저자로 포함시키면서 그들은 목소리와 서명의 이슈에서 발생하는 복잡한 긴장을 겪기 시작하였다. Sweetland의 목소리는 연구 텍스트의 일부가 되었다. Huber와 Whelen은 그녀를 대신하여 견해를 말하지 않았다. 텍스트는 공동으로 만들어졌다. 그들은 개별적으로 장을 쓰는데 동의하였고 각자 다른 사람이 쓴 장에 대해 검토 의견을 주었으며 이러한 의견 중 일부를 포함시켰다. 그들은 자신의 자서전적 경험을 포함시키면서 각자 자신의 이야기를 썼다. 서로의 글에 대한 검토 의견은 현장 연구 활동 중에 쓰여졌으며 이는 현장 텍스트의 일부가 되었다. 공유된 현장 텍스트에 근거하여 공동 저술된 텍스트를 만들어내는 데 따른 복잡성은 목소리를 둘러싼 긴장을 잘 드러낸다. 그러나 이는 오직 긴장의 일부분에 불과하다. 그들이 저술한 각 장들에는 자신들의 서명이 새겨진다. 각 장들은 그것을 저술한 연구자의 독특한 도장이 찍혀진다. 어떻게 그들은 이러한 독특한 장들을 하나의 총괄적인 서명을 가진 즉, 모든 저자들을 적절하게 표현하는 하나의 서명을 가진 하나의 텍스트로 엮어 만들 것인가?

그러나 이는 긴장의 일부분일 뿐이다. 아직도 청중이라는 이슈를 생각해야 한다. 연구자들은 어떤 저널을 위해 쓰고 있는가? 그러한 저널에 학술적인 논문으로 인정받기 위해서는 어떻게 해야 하는가? 학술적인 공동체에서 받아들여지려면 어떻게 해야 하는가? 내러티브 형식의 이슈가 나타나는 것은 이러한 긴장을 협의하는 과정 중에서이다.

내러티브 형식

"나는 내 학위 논문 쓰기를 시작하고 싶습니다"라고 Bev Brewer는 논문 관련 회의에서 말했다. "나는 논문 스타일로 글을 써왔다고 생각합니다. 그런데 내가 바른 길을 가고 있는지 의문입니다. 이에 대해서 논의를 할 수 있습니까?" Bev는 커뮤니티 컬리지의 성인 교육에 대하여 학위 논문을 쓰는 중이었다. 그녀가 회의에 가져온 텍스트는 약 15페이지 정도의 분량이었고 연구 참여자들과의 회의에 대한 기술들이었다. "이는 연구 참여자들에 대한 소개입니다" 그녀는 세 가지 가능한 목적 즉, 학회 발표 글, 출판 가능한 논문, 학위 논문을 위해 이 기술된 내용을 사용하고 싶다고 말했다.

Michael은 텍스트를 읽은 후에 Bev와 함께 내러티브 형식에 초점을 두고 대화하였다. 그들의 논의는 약속된 시간까지 길게 이어졌다. 텍스트를 잠재적인 학회 발표 자료로 구성하는 경우 Bev에게 할당된 시간에 대해 논의하였고 청중에게 자료를 배포하기 원하는지 그렇지 않은지, 읽혀질 자료로 원하는지 아니면 저널에 발표될 보다 양이 많은 자료로 만들기 원하는지 등에 대하여 논의하였다. 논문에 내는 것과 구두로 발표될 것은 서로 다른 양식이어야 하기 때문이다. 그들은 어떤 저널이 어떤 특별한 형식을 요구하는지 그리고 발표하기 위하여 어떤 저널들을 염두에 두는 것이 유용한지에 대하여 논의하였다. 또한 10분 발표와 25페이지 논문 안에서 어떤 종류의 그리고 얼마나 많은 아이디어와 관점, 그리고 주제들이 소개되어야 하는지에 대하여 논의하였다. 그들은 구두 발표 텍스트와 저널을 위한 텍스트 간의 차이에 대하여 지속적으로 논의하였다.

또한 마지막 연구 텍스트, 즉 논문에 적합한 잠정적 텍스트의 쓰기에 대해서도 이야기하였다. 이것이 초기에 혹은 중간에 혹은 심지어 마지막까지 적합한가? 학회 발표 논문과 잠정적 텍스트가 학위 논문의 부분이 되는 것이 가능한가? 후에 잠정적 텍스트를 마지막 연구 텍스트, 즉 학위 논문으로 하기 위해서는 무엇을 해야 하는가? 학회 논문에 학위 논문의 부분이 되지 않을 내용을 포함할 필요가 있는가?

이러한 것들은 모두 연구 텍스트를 기술하는 가운데 실제로 논의해야 할 사항들이다. 회의, 학회 자료, 학위 논문 등 텍스트의 직접적인 목적과 청중에 대한 분명한 아이디어가 없다면 어디에서부터 시작해야 할지 아무 아이디어도 갖지 못한다. 그들은 이러한 긴장을 느끼면서 작업할 필요가 있다.

어려움은 점점 깊어져 간다. 우선 저술된 것을 학위 논문을 위해서 사용한다고 가정해 보라. 그것은 어디에 적합할까? 텍스트에 논의의 주요 특징(주요 문제, 연구 현상의 특성, 탐구의 유형 등이 소개되어 있어야 한다)이 포함되어 있다면 박사 논문의 도입 부분에 이 텍스트를 사용할 수 있을 것이다. 또한 이는 방법론 기술에도 사용이 가능한데 방법론에서는 연구 참여자를 소개하거나 현장 연구 활동에서 사용되는 대화적 방법론을 제시하는데 사용이 가능하다. 논의되고 있는 성인 교육 문헌이나 실제에 대한 비판이라는 주제에 주요 이야기로도 사용될 수 있다. 한편, 글 쓴 것이 Bev의 잠정적 텍스트, 학회 발표, 논문 발표의 토대로 사용된다고 생각한다면, 그들은 Bev가 학회에서 말하기 원하는 것, 논문 안에서 말하기 원하는 것에 대해 좀 더 알아야 할 필요가 있다. 글 쓴 것이 그녀가 어떻게 생각하느냐에 따라 그녀의 학위 논문의 어떤 부분에도 적합하게 사용될 수 있는 것과 마찬가지로, 글 쓴 것은 앞으로 있을 학회 자료나 가능한 논문을 위해 어떤 특별한 견해를 제시하도록 구체화될 수도 있다.

이에 대해 그들이 어떻게 생각해야 하는가? 어떻게 진행시켜 나갈 것인가? 간단히 말하면 마지막에 도착하기 이전에 목적을 미리 생각하고 상상해야만 한다.

Bev와 Michael은 Aristotle에 대해서 논의하였고, 그녀는 형상과 질료, 그리고 목적과 수단에 대하여 생각하면서 회의를 마쳤다. Aristotle은 목적인(目的因)을 내어놓는 동력인과 연합된 형상과 질료의 원인들을 말하였다; 건축물을 산출하는, 건축가와 건설업자에 의해 건축 자재와 함께 건축 계획; 미술 작품을 산출하는, 미술가에 의해 미술 자료와 함께 연합된 미술을 위한 아이디어; 학위 논문 텍스트를 산출하는, 연구자에 의해 현장 텍스트와 함께 연합된 학위 논문 아이디어. 이는 물론 현재 문제가 되고 있는 것에 대한 극히 단순화된 견해이다.

Bev와 Michael은 또한 John Dewey의 '성장의 과정에서 추구하는 목적 혹은 활동 속에서 형성되는 목적'(end-in-view)이라는 용어에 대해서도 이야기를 나누었다. 실제적인 작업을 진행하면서 사람들은 결코 눈을 감고 일하는 것이 아니라 무엇을 하기 위해 그리고 만들어 나가기 위해 마음 속에 어떤 견해를 품고 있고 또 역으로 이 자체가 활동 속에서 형성되는 목적을 형상화시킨다는 아이디어를 가지고 일을 한다.

내러티브 형식은 Aristole의 형상인(形相因) 또는 Dewey의 활동 속에서 형성되는 목적이라는 견해와 유사하다. 내러티브 탐구 연구자들은 자신들을 과도하게 특수화하거나 과도하게 제한하는 바 없이 마지막 학위 논문 텍스트를 위한 형식을 상상할 필요가 있다. 때로 매우 특수한 것, 예를 들어 잘 개발된 인물, 줄거리 그리고 장면이 있는 픽션을 만들어낼 수도 있으나 때로는 모호한 형태로 마음 속에만 어떤 텍스트의 종류가 있을 수도 있다. 또 잠재적인 장들을 상상해 보거나 부분들 - 첫 번째는 이것을 쓰고 두 번째는 이것을 세 번째는 그 외의 것과 같이 - 만을 상상해 볼 수도 있다. Bev는 저널 리뷰를 할 때 성인 교육에 대한 새로운 사고 방식을 갖는데 도움을 준다고 생각한, 또 그녀가 하는 일과 유사한 두 권의 성인 교육에 대한 책을 읽었다. 그녀는 이것이 학위 논문의 장이나 장과 관련한 내용들을 상상하는데 아이디어를 가져다 주고 또 내러티브 형식에 대한 간단한 내용들을 추출하는데 도움을 준다고 생각하였다.

이러한 고려 사항들은 내러티브 형식에 대한 질문의 중심을 이룬다. 물론 그들은 우리가 연구 텍스트를 기술해 나가면서 점점 더 정련되어갈 것이다. 그러나 마지막 연구 텍스트가 완성되기 전까지는 명료하지 않다. 텍스트 쓰기가 진행되면서 형식은 변하고 점차 성장한다. 이는 발전적 성격을 갖는 현재 진행 중인 유기체적인 개념이다. 쓰기 그 자체는 마지막 텍스트의 실제적인 형식에 차이를 가져온다. Bev와 Michael이 그들의 대화 안에서 처음 잡아낸 초기의 형식으로부터, 쓰여진 텍스트 안에서 마지막 깨닫게 되는 형식에 이르기까지 점차 성장 또는 발전을 하게 된다.

연구할 때의 대화는 두서가 없어서 앞뒤가 안 맞고 분절될 수 있다. 형식을 찾고 있다고 느낄 수도 없이 혼란 속에서 갈팡지팡하지만 형식 찾기는 내러티브 탐구자들이 해야 할 일의 한 부분이다.

1장에서, 우리는 연구 텍스트 구성을 위한 가능한 방법에 대해서 사고하는 가운데 큰 변화의 과정이 있다고 기술하였다. 이러한 연구 텍스트에 대하여 Geertz는 "불만족스럽고 잡다하고 불확실하며 서툴게 형성된 거대한 고안물"(1995, p. 20)이라고 표현하고 있다. Marcus와 Fischer (1986)는 이러한 시간을 "실험적 순간"이라고 표현한다. 내러티브 형식에 대한 의도적인 실험이 이루어지고 있는데, 문학적인(Bakhtin, 1981), 시각적인(Chatman, 1990), 시적인(Rose, 1990), 극적인(Turner, 1980), 그리고 기타 다른 표현 양식이 이에 해당한다. 이러한 형식과 다른 형식들이 최근에 Eisner(1991)에 의해 제시되어 왔고, Denzin과 Lincoln(1994)에 의해 논의되었다. Denzin과 Lincoln은 우리의 시대를 질적 연구의 "제5의 시기"(p. 11)이라고 명명하고 제6의 시기에 대한 그들의 예견에 대해 기술하였다.

이러한 유동성(fluidity)에 대한 흥분은 독자로 하여금 어느 것이나 어느 정도는 할 수 있고 청중들에게 확신을 줄 수 있다고 생각하게 한다. Barone과 Eisner(1997)는 형식의 실험을 강조하면서 "교육 연구의 수행과 제시를 위한 새로운 형식의 표현을 탐구하는 것 그리고 개척하는 것은 매우 의미가 있는 일이다"(p. 92)라고 기술하고 있다. 학위 과정에서 그리고 학문적 컨퍼런스에서 연구 텍스트를 구조화하기 위한 장치로 흔히 예술에 토대를 둔 탐구 형식이라고 불리는 것에 대한 실험이 이루어지고 있다. 한 대학 게시판에 붙은 포스터에서 "예술적인 연구를 탐구하는 대학 명단"을 발표한 바 있다. 그러나 여러 가지 형식이 자서전적 주제에 적합하다고 보는 Edel의 주장은, 어떤 형식도 어떤 특별한 탐구를 위한 것은 아니라는 점을 제시한다.

내러티브 탐구 텍스트를 쓸 때 우리는 3차원적 탐구 공간 내에서 써야 하고 현장 경험을 내러티브하게 포착하는 방식으로 써야 하며, 청중을 고려하여 텍스트를 써야 한다는 긴장 속에서 균형을 유지하는 데 신경 써야 한다. 연구 텍스트의 형식을 구성하는 데 있어서 여러 가지 가능성이 있다고 하더라도 연구자는 3차원적 내러티브 탐구 공간이라는 특징 안에 어느 정도 속박된다.

내러티브 탐구 텍스트를 위한 형식이라는 이슈로 즉각적으로 들어가기 이전에, 우리는 독자들이 내러티브 탐구의 연구 텍스트가 복합적인 그리고 유동적인 토대를 갖는 '거대한 장치'이며 모호한 형태를 형성하는 거대한 장치임을 다시 되새기기 바란다. 이 모호한 형태는 각 상황을 적합하게 나타낼 수 있도록 다양하게 형식이 바뀔 수 있는 것으로서 분명하거나 명확하지는 않으며 전체를 둘러싸는 형태임을 상기하기 바란다.

연구자나 내러티브 탐구의 연구 텍스트를 읽는 독자들은 애매모호함을 수반하고 그리고 Dewey가 『*The Quest for Certainty*』

(1929)라고 부르는 것에 대한 포기를 수반할 수도 있는 어려움에 대해 인내를 할 필요가 있다. 이러한 복잡성을 이해함에 따라 우리는 형식을 고려하는 것에 포함된 복잡성을 어떻게 전달해야 하는가에 대해 심각하게 고심해 왔다. 우리는 문헌 안에서 많은 구조, 예를 들어 Bruner(1990)의 패러다임적 앎과 내러티브적 앎, Chatman(1990)의 세 가지 텍스트 형태(내러티브, 기술, 주장), 그리고 Wolcott (1994)의 질적 자료의 변환(기술, 분석, 해석) 등을 발견했지만, 그 어떤 것도 내러티브 탐구 텍스트를 형성하는데 포함된 경험의 질을 반영하지 못했다. 우리는 우리의 의미를 전달하기 위한 은유를 찾아 왔으며 내러티브 형식을 **스프**에 비유하게 되었다.

이 은유는 내러티브 형식에 대한 탐구를 시작하는데 매우 유용하다. 다양한 종류의 조각, 야채, 쌀, 국수, 양념, 소금과 후추 등이 들어간 김이 나는 스프를 상상해 보자. 혹은 약간 다른 내용물의, 다른 양의, 다른 크기의 조각, 다르게 양념된 다른 스프도 상상해 보자. 스프라는 은유를 가지고 생각할 때, 우리는 스프와 같이 우리의 내러티브 냄비에는 다양한 내용물이 들어갈 수 있다는 것을 깨닫게 된다. 우리 연구 텍스트의 어떤 부분들은 사람, 장소, 그리고 사물들에 대한 풍부한 묘사로 차 있을 수도 있고, 다른 부분들은 구성된 사람, 장소 그리고 사물들 간의 관계에 대한 이해를 주장하는 진술들로 구성될 수도 있으며 장소, 시간, 장면, 줄거리 안에 위치한 사람에 대한 풍부한 내러티브로 구성되어 있을 수도 있다. 우리에게는 이 모든 것이 내러티브 텍스트이다. Chatman의 세 가지 텍스트 유형을 활용하면 모든 유형 즉, 주장, 기술, 내러티브 등이 모두 거기에 있다. 그러나 이들 유형은 제시되고 있는 현장 경험에 따라, 그리고 탐구자에 따라 서로 다른 비중으로 거기에 있게 된다. 예를 들어, 기술과 내러티브가 없고 오직 주장만이 있다면 우리는 그것을 내러티브 탐구라고 칭하지 못한다. 또한 우리는 기술과 주장 없이 오직 내러티브만 있다면 내러티브 탐구라고 하지 못한다.

스프 은유는 내러티브 텍스트의 필요하면서도 곤란한 또 다른 특성을 나타내 준다. 때로 스프를 담는 그릇이 명료할 때가 있다. 형식이 구체화된 대학의 학위 논문을 쓸 때가 이에 해당된다. 또 우리는 25페이지 전후를 요구하는 저널에 내러티브 텍스트를 쓰는 경우도 있다. 그릇은 우리를 위한 형식을 제공해 주고, 우리는 내러티브 텍스트를 그 안에 맞추어 쓰면 된다. 이 장의 초반에 제시된 이야기, Bev와 Michael의 논의는 그릇을 파악하는 중요성과 불명료성에 대해 다룬 것이다.

그릇에 대해 생각하는 또 다른 방법은 현장 경험을 생각하는 것과 어떻게 이 경험이 형식을 형성하는가에 대해 생각하는 것이다. Carol Dietrich의 "Narrative of a Nurse-Educator: The Interconnected Beginnings of a Daughter, a Teacher, a Friend, Family -A Personal Source of Practical Knowledge"(1992)에서는 그녀가 자서전을 쓰려고 했다는 것이 명백하게 드러난다. 자서전을 형성하거나 혹은 규제하는 명백한 문학적 형식이 있다. 다른 사례, 즉 Joy Ruth Mickelson의 "Our Sons Are Labeled Behavior Disordered: Here Are Our Stories"(1995)에서는 그릇의 종류가 덜 명확하다. "비행"이란 꼬리표가 붙여진 소년들의 엄마들에 대한 그녀의 연구에서, 엄마들과 함께 한 그녀의 연구는 상호 작용적이고 수용적인 표현 형식을 요구하였고 이러한 탐구의 요구를 고려하면서 그녀는 내러티브 연구 텍스트 형식으로 엄마들에게 보내는 편지를 사용하였다.

우리의 은유적 스프는 내러티브 탐구의 연구 텍스트 형식의 복잡성을 상상하는 하나의 방법이 되었다. 우리는 Chatman(1990)의 텍스트 유형의 영역 구분을 하나의 아이디어로 받아들였으나 Chatman의 영역 구분은 내러티브 연구 텍스트를 구성하는데 제대로 도움이 되지 못했다는 것을 깨달았다. 우리 각자가 내러티브 연구 텍스트 작성과 관련된 긴장을 어느 정도 가지고 있다고 생각하는 것이 옳다면 처음부터 끝까지 철저하게 내러티브적인, 완벽한 텍스트는 있을 수 없다고 생각한다. 모든 연구자는 언제나 긴장 속에서 언제나 다른 형식으로도 쓰는 것이 가능한, 그리고 언제나 향상될 수 있는, 다른 현장 텍스트를 가지고 아직 또 다른 탐구가 상상되어지고 시도될 수 있는 일종의 정거장과 같은 텍스트를 쓰게 된다. 우리는 잘 수행된 내러티브 탐구의 연구 텍스트인 두 학위 논문을 통해 우리의 길을 발견해 나갈 때 이에 대하여 이해하게 되었다. 다음에서 우리는 먼저 Ming Fang He(1998)의 "전문적 지식 전경: 중국과 캐나다에서 3명의 중국 여교사의 문화 순응과 문화 변용 과정"(Professional Knowledge Landscapes: Three Chinese Women Teachers' Enculturation and Acculturation Processes in China and Canada)을 다루고, 그 다음으로 Chuck Rose(1997)의 "교사 실천의 이야기: 전문적 지식 전경을 탐구하기"(Stories of Teacher Practice: Exploring Professional Knowledge Landscapes)」를 다룰 것이다.

He가 쓴 논문의 내러티브 형식

He는 3명의 연구 참여자인 Shiao, Wei 그리고 자신과 함께 현장 연구를 하면서 내러티브 학위 논문을 작성하였다. 그녀의 현장 텍스트는 세 여자의 기록된 대화를 토대로 중국과 캐나다에서의 삶에 대한 이야기와 설명으로 구성되었다. 논문은 프롤로그로 시작되었는데 3차원적 내러티브 탐구 공간 내에서의 이야기로 시작된 프롤로그였다. 이야기는 He와 두 명의 연구 참가자의 과거로 갔다가 다시 그들이 누구인가 그리고 새로운 땅에서 어떻게 되었는가라는 수수께끼로 시작되었다. 또 내적으로 그녀가 이 연구를 하게 된 개인적인 이유와 외적으로 이 연구의 사회적 중요성에 대하여 언급하고 있다. 또한 중국과 캐나다에 대한 전반적 상황과 함께 그녀 자신이 살고 있다고 생각하는 이 둘 사이의 장소에 대해서 기술하였다. 다섯 페이지의 프롤로그에서 그녀는 Welty(1979)가 "시간의 주형" 그리고 "줄거리의 주형"(p. 164)이라고 부르는 것에 대해 기술하였다. 이러한 주형은 이야기의 그릇이자 이야기 전달자, 즉 시작과 끝이 있는 "움직이는 삶에 대해 말하는"(Welty, p. 164) 표현들이다. 프롤로그는 1장 "우리의 전경에 대한 우리의 탐색을 시작하는 방법에 대한 이야기"(The Story of How We Began Our Search for Our Landscapes)로 이어진다. 1장의 제목에서부터 독자는 프롤로그의 주형에 따라 텍스트에 구조가 어떻게 도입되는지 볼 수 있다. 우리는 연구 참여자들이 무엇인가를 찾는 과도기에 있으며, 이는 이야기의 형식으로 소개될 것이라는 것을 이해할 수 있다. 이 장은 저녁 식사 이야기로부터 시작되고 세 여성 간의 대화의 형식으로 중국에서의 삶에 대한 회고가 나타난다.

학위 논문은 세 여성의 삶을 기술하는 몇 개의 장으로 나뉘어진다. 초기의 장은 문화 혁명 이전 그들의 어린 시절에 대해 기술하고 있다. 다른 장은 이주민으로서 캐나다에서의 삶과, 박사 과정 동안의 학문적 삶을 기술하고 있다. 논문은 은유적 언어로 쓰여지고 이야기 전개 안에 일시적 중단과 공백이 있어 독자로 하여금 어떻게 삶이 끝날 것인가에 대하여 호기심을 갖게 만들고 있다. 세 명의 여성은 "사이에 존재하는" 문화적 전경 안에서 살아가는 존재로 표현된다. 그들의 삶은, 그들의 이야기가 학위 논문에서 끝나는 것 같이, 불안정한 긴장과 새로운 정체성에 대한 수수께끼로 가득 차 있다. 학위 논문은 보다 전통적인 제목인 "연구로부터 학습한 것"으로 결론을 맺고 있다.

1장에서 He는 프롤로그에 소개한 줄거리의 주형 채우기를 시작하기 위해서 대화를 통해 얻어진 이야기를 사용하였다. 그녀는 또한 ***문화 변용***과 ***문화 순응***에 대한 문헌에서 그녀의 연구가 어떻게 위치 지워질 지를 기술하였다. 그녀는 간단히 "이 연구는 서로 다른 문화와 인종 그룹 간의 상호 연결에 대해 매우 큰 영감을 제공할 것이다"(pp. 20-21)라는 그녀의 논제를 옹호하는 주장을 기술하였다.

2장 "전경을 내러티브화하는 경로를 탐색하기: 방법론과 이론적 배경"(Searching for a Path to Narrativize the Landscape: Methodology and Theoretical Backgrounds)에서 그녀는 연대기적 순서로 이야기하면서 그녀가 연구를 이해하면서 연구와 연관된 문헌을 이해하고 연구와 연관시키려고 시도했던 개인적 여정에 대해 기술하고 있다. 2장의 중간까지 그녀는 연구 참여자와의 대화에 관한 이야기를 소개하고 그들의 협동적 연구의 과정으로 우리를 이끌었다. 또한 그녀는 그녀와 연구 참여자들의 공유된 이야기 속에 담겨있는 윤리적 이슈에 대해서도 이야기 하기 시작하였다.

3장 "우리가 성장했던 전경을 내러티브화하기: 나, Shiao, Wei의 이야기"(Narrativizing the Landscapes in Which We Were Brought Up: The Tales from Me, Shiao and Wei)에서는 연구 참여자 각자의 중국에서의 학교 이야기를 기술하고 있다. 이러한 자서전적인 내러티브에는 중국의 학교와 사회적인 삶에 대해 매우 자세하게 기술되어 있다. 자세한 이야기들은 특정 시기에 구체적인 이야기를 제시하는 형식으로 되어 있다. 3장 마지막의 간단한 문장에서 그녀는 그녀의 전체적인 주장의 어떤 부분이 이러한 내러티브를 통해서 탐구되고 제시되었는가에 대해 이야기하고 있다. 그녀는 그녀가 설정한 가정 즉, 세 여성은 중국 최고의 문화를 가졌다는 가정에 논쟁의 여지가 있음을 발견하였다.

4장 "양쪽 문화 사이에서 가르치기에 대한 갈등 이야기"(Confliction Stories of Teaching In-Between Cultural Landscapes)에서는 3장과 같은 형식을 따른다. 즉 풍부하고 자세한 기술이 있는 개인의 전기적 내러티브와 자세하게 설명된 구체적인 이야기를 기술하고 있다. 이 장은 이야기가 일어나는 문화적 맥락을 전면에 드러내는 머리말을 포함한다. 맥락은 전체에 적용되나, 때로는 머리말에서와 같이 다시 드러나게 기술되기도 한다. 4장을 결론 짓는 이야기에서 He는 이야기가 정체성의 문제와 어떻게 연관되는가에 대해 다시 한 번 설명하고 있다.

5장, "망명생활 전경에서의 이방인들의 이야기"(Strangers' Stories in an Exile Landscape)에서는 캐나다에서의 연구 참여자의 삶에 대해서 기술하고 있고 여기서 논문의 형식이 바뀌고 있다. 즉 현장 텍스트에 대해 기술하면서 대화체로 기술하고 있다. He는 이야기를 끌어내어 기술하고 이를 해석과 혼합하여 전개하였다. 그녀는 이전 장 보다 더 내러티브하게 해석과 주장 간의 균형을 잡으면서 주장을 전개해 나갔다.

6장 "외국이라는 전경에서 교육 연구 수행 방법을 배우는 이야기"(Stories of Learning to Do Educational Research in a Foreign Landscape)에서 He는 연구를 하기 위한 학습의 아이디어를 아동기에 시작된 그녀의 변형 이야기와 서로 연결시키고 있다. 이는 6장과 이전의 장들 간에 수립된 내러티브 일관성을 보여주며 대화의 조각을 서로 연결한 이야기에 기초하여 일련의 여정을 기술하고 있다. 장소라는 측면에서 분할된 텍스트 형식을 사용하여 그녀는 이야기와 대화의 조각들로 그녀의 전체적인 논의를 구성하고 있다.

7장 "외국에서 융통성 있는 내러티브 탐구자 및 학자가 되는 법을 배우는 이야기"(Stories of Learning to Be A Fluid Narrative Inquirer and Scholar in a Foreign Landscape)에서 He는 이전 장에서 시작된 여정을 지속하고 있다. 다시 한 번 그녀는 자신의 주장, 개인적 반응 그리고 분할된 텍스트와 혼합된 대화의 조각들을 사용한다. 그녀는 이 장에서 논문 전체에 걸쳐 여러 장에서 이야기된 세 여성의 이야기와 연결시키기 위하여 여행의 은유를 사용한다. 그녀는 각 장마다 계획된 여행의 서로 다른 부분들을 설명하기 위해 경계(boundaries)라는 개념을 채택한다. 마지막 부분에서는 새로운 전경이 경험될 때의 정체성 형성에 대한 그녀의 주장을 요약하고 있다.

마지막 장인 "문화적, 교육적 그리고 언어적 변화를 통해 정체성 만들기: 정체성 퍼레이드"(Crafting Identities Through Cultural, Educational and Linguistic Change; Identities on Parade)에서 그녀는 다른 장에서 그녀가 했던 것과는 매우 다른 어떤 것을 하고 있다. 논문의 발견물이라고 하여 연구에서 목적했던 것을 요약하듯이 기술하고 있는데 그릇의 형식은 은유적인 스프에 넣으려고 했던 것을 모두 넣어서 구체화된 것처럼 보인다. 이러한 두 가지 형식 간의 긴장은 언어 사용에서 나타나는데 그녀는 여행이라는 아이디어를 나타내기 위해 퍼레이드라는 개념을 사용하였으나 일반화와 통찰력(그녀는 이를 "발견물"이라고 명명하였는데)에 대해 기술하기 위하여 내용의 대부분을 할애하고 있다.

에필로그인 "중국과 캐나다 간을 흐르는 생애에 걸친 탐구"(A

Life Long Inquiry Forever Flowing Between China and Canada)의 초기 페이지에서, He는 좀 더 내러티브하게 이야기된 형식으로 다시 돌아가고 있다. 그녀는 어떻게 세 여성의 이야기가 미래를 지향하고 있는지 기술하고 캐나다와 중국 안에서의 변화하는 전경에 대하여 기술하고 있다.

Rose가 쓴 학위 논문의 내러티브 형식

Rose는 세 사람의 연구 참여자, 즉 Sara, Clark 그리고 자기 자신과 함께 현장 텍스트를 기술하면서 학위 논문을 썼다. 그의 현장 텍스트는 학교와 교실 참여, 연구 참여자 저널, 대화 그리고 기억해 낸 개인적 이야기로 구성되어 있다.

1장 "서론"은 자서전적이며 그의 연구 주제와 주요 용어들이 소개되어 있다. 그는 교사로서 가르치고 교장을 하던 곳으로부터 멀리 떨어지지 않은 학교에서 보냈던 어린 시절을 돌아보면서 그의 연구를 조심스럽게 3차원적 내러티브 탐구 공간 안에 위치시켰다. 우선 안식년을 마치고 교장으로서 학교에 돌아왔던 가장 최근에 대한 이야기로 시작하고 있다. 그리고 나서 학교에서의 어린 시절, 교사 시절 그리고 학교 교장으로서의 시작에 대해 자서전적 이야기로 시간을 거슬러 올라왔다. 그는 시간에 따라 이동하였고 그의 논의를 세우기 위해 그리고 현상을 표현하기 위한 은유로서 가장 최근 학교에서 어떻게 교사들이 학생들의 모자 쓰는 방식에 대해 반응하는가에 대한 이야기로 장을 마쳤다. 그는 학생들이 모자를 쓰는 법을 선택하는데 인내심이 많은 교사와 그렇지 않은 교사들에 대한 날카로운 비교를 하였고 모자를 써 왔던 학생들을 어떻게 해야 하는가에 갈등을 느끼는 교장으로서의 딜레마에 대해 기술하였다. 특별한 사건에 대한 그의 갈등 이야기는 그가 교장으로 일하는 전경을 이해하려고 노력함에 따라 또 다시 반복된다. 그의 논문에는 모자 이야기가 반복적으로 제시된다. 그는 내적으로 이러한 연구를 하는 개인적 이유를 찾고 외적으로는 그의 연구에 대한 사회적 중요성을 찾고자 하고 있다.

그의 논문을 처음 보면 우리에게 익숙하게 구성되어 있다. 즉 도입, 문헌 고찰, 방법론 등으로 구성되어 있다. 그러나 4장, 5장 그리고 6장은 두 명의 연구 참여자인 Clark와 Sara와 함께 한 Rose의 경험 이야기를 들려주는 일련의 편지로 구성되어 있다. 세 사람 모두 전문적 지식 전경을 만들거나 이에 의해 만들어지는 인물로 그려진다. 마지막에는 교장으로서의 삶에 대한 자신의 이야기를 또 다시 기술하는 것으로 결론 맺어진다.

2장인 문헌 고찰에서, Rose는 교사 지식과 교사 교육의 현장에 대해 기술적 분석을 주로 제시하고 있다. 그는 문헌 고찰을 모자 이야기 및 그의 연구 참여자 중의 하나인 Clark를 소개함으로써 연구 현장과 연계시키고 있다. 그는 문헌들이 그에게 "적합하게 보이는 것과, 관련있는 실천의 용어"(1990, p. 49)에 대한 개념들을 제공해 주었다고 이야기하였다. 이 장을 쓰면서 Rose는 교사 교육에 대한 학문적인 대화를 주로 하였는데 이러한 대화는 교사 지식과 관련 있는 것이었다.

3장 방법론에서 그는 방법론으로서 내러티브 탐구를 선택한 것에 대해 조심스럽게 논의하고 있다. 비록 문헌 검토 형식을 기본적으로 따르고 있지만(즉 주장을 기술하고 증거를 제시하면서), Rose가 그의 연구 참여자를 소개하고 현장에 들어갈 때의 협상에 대해 기술하는 부분에서는 두 개의 내러티브 절을 할애하고 있다.

4장 "내러티브 I"에서 Rose는 어린 시절의 경험, 학교 경험 그리고 교사로서의 경험에 대한 Clark의 내러티브를 소개하고 있다. 내러티브는 연대기적으로 소개되고 있다. 이러한 연대기는 그의 주장과 연관된 이론적 해석을 언급하는 제목이 있는 절로 구분되어진다. 예를 들어 한 절에서 Clark의 첫 교수 경험의 연대기는 "가르치기의 시작: 보다 더 전문적인 지식의 맥락"(Beginning Teaching: One More Professional Knowledge Context)이라고 제목이 붙어있다. 전체 장은 Clark에게 보낸 편지의 형식으로 제시되어 있다. 편지는 이야기 대화, 그리고 현장 노트로 구성되어 있고 이 모든 것에는 해석적 코멘트가 군데군데 들어가 있다. 편지들은 우리가 일반적으로 생각하는 편지가 아니다. Rose는 내러티브가 그와 연구 참여자들 간에 협동적으로 구성된 진술이라는 점을 들면서 이를 "상호작용적 구성"(p. 208)이라고 표현하였다.

5장 "내러티브 II"는 Clark에게 보낸 두 번째 편지인데 같은 형식을 사용하고 있고 현장 텍스트와 유사하다. 두 번째 편지의 마지막 문단에 이 편지는 Clark의 실천을 해석하고자 한 것이라고 지적하고 있다. Rose는 마지막 절에 그가 일련의 "문제와 딜레마"(p. 140)라고 본 것에 대해 기술하고 그에 대한 Clark의 반응을 유도하고 있다. 여기서 우리는 Rose와 Clark의 관계는 진행 중에 있다는 느낌을 얻게 된다.

6장 "내러티브 III"에서 Rose는 그의 두 번째 연구 참여자인 Sara에게 편지를 하고 있다. 4장, 5장, 6장 모두 "친애하는 Sara"와 같은 인사말로 시작하고 있다. 그는 그들이 함께 한 작업에 대한 연대기적 진술로 편지를 시작하고 이어서 "가족과 같은 공동체: 환영, 수용, 보살핌"(p. 150)과 같은 여러 가지 줄거리의 개요를 기술하고 있다. 각 줄거리는 그 줄거리를 예시하는 기술과 내러티브를 활용하여 전개된다. 그는 전문적 지식 전경, 교실 안의 장소, 그리고 교실 밖의 장소 등을 줄거리와 함께 엮어 제시하고 있다. 그리고 Sara의 반응을 유도하는 것으로 편지를 맺고 있다.

7장 "가르치는 맥락 안에서 형성하기"(Shaping in the Contexts of Teaching)에서 Rose는 그의 주장의 주된 요소 중의 하나를 말하고 있는데 이는 맥락이 교사의 지식을 형성한다는 것이다. 7장에서는 4장, 5장, 6장에서 제시된 이야기를 그가 만들고자 하는 다양한 논점과 세부적 주장의 사례로 사용한다. 여기서는 이전의 세 개 장의 편지에서 매우 생생하게 제시된 이야기를 상기시키는 내용과 참고 자료로 가득 차 있다. 각 페이지들은 이론적 문헌이 아니라 사람, 사건, 이야기 요약들로 가득 차 있다. 이것도 Rose가 제시하려던 주장이다. 독자는 Clark와 Sara가 그들이 가르치는 것을 시작할 때의 맥락에 영향을 받았다는 강한 느낌과 함께 자료를 읽게 될 것이다.

8장 "쉽지 않은 가능성"(Daunting Possibility)에서 Rose는 어떤 의미에서 모든 것을 다 하고 있다. 이 장은 교장으로서의 Rose의 연구 문제와 딜레마로 우리를 다시 조심스럽게 돌아가도록 하고 있다. 그는 앞으로 Clark와 Sara와 함께 하는 연구가 어떻게 될 것인가 그리고 교장으로서 어떻게 될 것인가에 대해 의문을 가지고 있었다. 그는 이를 문헌 참조 없이 그가 이전 장에서, 살아온 삶에 대한 상상을 돕는데 사용한 표제 기사나 전경 같은 추상적인 내러티브 범주를 참조하여 연구하고 있다. Rose는 교사 지식에 대한 전반적 주장을 이론적 측면과 함께 엮고, 논문의 등장 인물 및 사건과 관련시켜 이야기하고 있기 때문에, 이 장은 반성적 성격을 갖는다. 그는 독자로 하여금 내러티브 탐구가 개인적 사회적 중요성 모두를 필요로 한다는 것을 상기시키면서 연구의 이러한 개인적 사회적 의미를 기술하는 것으로 이 장을 끝맺고 있다.

내러티브 형식을 찾아서

이 절을 시작하면서 제시한 내러티브 형식에 대한 우리의 대화 이야기는 연구 텍스트를 구성하는 과정에 있는 내러티브 탐구자로서 우리가 하고 있는 것, 우리가 함께 연구하고 있는 사람에게 요청하는 것의 핵심을 나타낸다. 이번 절에서는 우리가 발견한, 연구 텍스트를 구성하는 데 도움이 되는 방법들을 간략하게 소개할 것이다.

다른 내러티브 학위 논문이나 책 읽기

우리는 He(1998)나 Rose(1997)의 학위 논문이나 Vivian Paley (1989, 1990)의 내러티브 연구 텍스트 등을 읽는데, 초보 내러티브 탐구자도 다른 사람의 연구를 읽어야 한다. 이는 두 가지 이유에서이다. 첫째는 현장 텍스트를 쓰는 것과 연구의 문제를 상상해 보고, 이러한 것들을 다른 사람이 만들어 놓은 형식에 적용시켜 보는 것을 시도해 보기 위해서이다. 우리 자신의 텍스트를 구성하기 위한 전초 작업으로 다른 내러티브 탐구를 읽고 상상해 보는 과정은 우리 자신의 가능성을 여는 것이고, 지금껏 배워왔던 형식주의적이고 환원주의적인 연구 형식에 의해 만들어졌던 폐쇄된 공간에서 벗어나는 것이다. 다른 사람의 연구 텍스트를 읽으면서 우리는 이러한 연구들과 내러티브 사고 방식 간의 경계에서 연구를 추진할 수 있는 가능성을 보게 된다.

두 번째 이유는 더 중요한 이유일 수 있는데 우리 자신만의 탐구 과정을 만들어 내기 위하여 또 다른 탐구 과정의 재구성을 상상해 보기 위해서이다. 다른 사람의 탐구 과정 읽기와 상상력 있는 재구성은 우리로 하여금 또 다른 가능성을 볼 수 있도록 해 준다. 초보 내러티브 탐구자와의 연구에서 우리는 자주 그들에게, 내적으로 완전히 자기 자신만의 학위 논문을 생각해 볼 것을 요구한다. 그들 스스로를 완전히 학위 논문의 저자 위치에 놓고 현장 텍스트의 과정, 딜레마, 경계 그리고 선택 등에 대해 생각해 보라고 요구한다.

우리가 가르치는 코스의 주된 과제는 학생들이 관심을 가지는 학위 논문을 선택해서 이를 수업 시간에 발표하는 것이다. 우리는 연구 문제나 연구 결과를 제시하는 것보다는 연구의 과정을 재구성해 보기를 요구한다. 우리는 학생들에게 연구 계획서를 읽게 하고 이것과 완성된 학위 논문과 연관시켜 보기를 요구한다. 또 가능할 때마다 학위 논문 저자와 이야기하고 저자의 관점에 서서 그들의 경험에 대해 이야기해 줄 수 있는 사람을 요구하고 학위 논문을 마칠 때까지의 학문적인 삶에 대해 이야기를 나누도록 요구한다. 이러한 방식으로 우리는 연구 경험을 재구성하고 이를 저자의 모든 학문적 삶의 여정에 투입해 보고자 노력한다. 이러한 일들을 하는 우리의 목적은 도움이 되는 특별한 전략들이 있기는 하지만 그 어떤 전략을 얻고자 하는 것이 아니고 그보다는 초보 연구자들이 그들 스스로 내러티브 탐구를 해내는 것을 돕고자 하는 것이다.

은유 찾기

내러티브 탐구자들과 함께 수 년 간 일하면서 우리는 사람들이 자주 자신들의 연구에 대하여 생각을 보다 잘하기 위해 한 가지 은유, 혹은 몇 가지 은유들을 사용한다는 것을 깨달았다. 다양한 연구들에서 은유가 사용되어졌다. 예를 들어, 내러티브 자화상(Bowers, 1993), 시각적 내러티브(Bach, 1997), 델타 강(Hedges, 1994), 여정(He, 1998), 그 외에 콜라쥬, 거미줄, 퀼트, 성지순례, 연대기 등이 사용되었다. Edel([1959] 1984)은 텍스트 형식으로 연대기, 초상화, 그리고 소설을 사용하였다. Mallon(1984)은 연대기, 순례자, 여행자, 창조자, 옹호자, 고백자 그리고 죄수 등의 용어를 사용하였다. 이 저자들과 다른 연구자들은 내러티브 연구 텍스트의 저자에게 도움이 될 수 있는 은유들을 제안하고 있다.

은유를 신중하게 사용하려고 하는 저자들은 몇 가지 사항에 유의할 필요가 있다. 우리는 은유가 형식을 찾고자 하는 저자들에게 도움이 되는 일면이 있다고 생각한다. 그러나 위험도 있다. Lakoff와 Johnson(1980)은 은유가 때로는 효과를 떨어뜨릴 수도 있고, 은유를 선택하고 때로 너무나 그 은유에 집착하여 결과적으로 연구 텍스트가 너무나 인위적인 형식으로 흐를 수도 있다고 지적한다. 이런 사항이 벌어졌을 때 은유의 의의는 줄어든다. 그럼에도 불구하고 가능한 위험을 인지하고만 있다면 은유는 내러티브 형식을 만들어 내는 데 도움이 될 수 있다.

읽기 선호 파악

우리가 읽은 텍스트의 종류에 민감하게 주의하는 것은 특별한 내러티브 연구에 적합한 내러티브 형식을 만들어 내는 주요 과정 중의 하나이다. Michael이나 Jean은 둘 다 다독하는 편이다. Jean은 책장을 보면서 "나는 그 책을 갖고 있었어. 그리고 얼마 전에 다 읽었어"라고 말했던 모든 순간들을 회상한다. 이러한 분실된 책 중의 많은 책들이 그녀의 집 책장에 있다는 것을 깨닫게 되는 것은 이 같은 순간들을 생각해 볼 때이다. 이것을 깨달으면서 그녀는 더 이상 자신의 개인적 읽기 자료와 전문적 읽기 자료 간에 선을 그을 수 없다는 점을 이해하였다. 우리가 내러티브 탐구를 할 때 Ann Marie MacDonald의 『Fall on Your Knees』(1996)와 같은 픽션 - 이는 매우 다양한 문학적 장르 즉 저널, 대화, 편지 등을 실험하고 있는데 - 도 내러티브 형식의 이슈에 도움이 되는 매우 즐거운 읽기 혹은 자료가 될 수 있다. Jean은 더 이상 그녀가 May Sarton의 저널을 읽을 때 이것을 개인적 이유로 읽는 것인지 혹은 전문적 이유로 읽는 것인지 구분하지 않는다. Robert Cole의 『Call of Stories』(1989)가 내러티브 탐구에 중요한가 혹은 개인적 영감을 위해 중요한가?

어디에 책을 두고 있는가에 대한 Jean의 혼란은 그녀와 다른 내러티브 탐구자들에게 개인적인 것과 전문적인 것 간의 구분이 얼마나 모호한가에 대한 외적인 표시이다. 개인적인 것과 전문적인 것 간의 모호한 구분은 우리가 개인을 위해 읽기 리스트를 만들거나 다른 사람을 위해 가능한 읽기 자료를 제안할 때 보다 더 어려워진다. 우리의 읽기 선호에 대해 인식하자는 주장은 내러티브 탐구자들이 내러티브 연구 텍스트를 구성하는 과정에 있을 때 우리가 장려하는 사항이다. 우리는 개인적인 것과 전문적인 것, 사실과 허구 간의 엄격한 구분을 두었던 것을 넘어서서 자신의 읽기 선호를 인지할 수 있도록 권장하고자 한다.

많은 다양한 종류의 텍스트를 광범위하게 읽을 뿐만 아니라 읽은 텍스트의 종류에 대해 인지하는 것은 내러티브 탐구자로서 우리가 새로운 형식을 실험해 보는데 도움을 준다. Alvarez는 그녀의 쓰기 리듬의 한 부분으로서 매일 아침의 읽기의 중요성에 대해 이야기하였다.

> 나는 이른 아침의 읽기 시간을 내가 가장 좋아하는 작품과 저자들을 읽는 시간으로 간주한다. 나는 또한 이 시간을 최상의 작가들이 만든 영어라는 음악에 내 자신의 목소리를 맞추어 보는 시간으로 간주한다. 이것이 바로 내가 나의 이른 아침 시간을 잡지, 가벼운 책, 실용서, 신문 등에 허비하지 않는 이유이다. 나는 이러한 것들을 즐기긴 하나, 이들은 언어를 정보, 자극, 도움, 가십 등을 제공하기 위해, 그리고 우리의 소비 문화 속에서 많은 경우에 무언가를 팔기 위해 사용한다. 이것은 내가 듣고자 하는 합창이 아니다.[Alvarez, 1998, p. 286]

우리는 자신의 것을 작성하기 위해 전주곡 그리고 반주곡으로서 다른 사람들이 쓴 텍스트 읽기와 우리가 읽은 텍스트의 종류에 주목하자는 Alvarez의 주장에 동의한다.

형식의 실험

때로 연구 도중 내러티브 탐구를 하려는 학생들이 Jean에게 찾아오기도 한다. Jean이 학생들의 연구를 내러티브 형식으로 쓸 수 있도록 도와 달라고 연구자, 학생 또는 교수들이 학생들을 자주 보내곤 한다. 이는 몇 가지 이유에서 도전이라고 볼 수 있으나 내러티브 탐구는 추가물이 아니다. 어떤 종류의 연구를 내러티브 탐구로 전환시키듯이 탐구의 마지막 단계에 내러티브 탐구를 시작할 수는 없다. 내러티브 현장 텍스트가 아닌 것에서 이야기가 만들어질 수 없다고 하는 것은 아니다. 그러나 우리에게는 연구 이후에 구성된 그러한 연구 텍스트는 내러티브 탐구 텍스트가 아니라고 할 수 있다.

내러티브 탐구자에게 형식에 대한 질문은 연구 초기부터 시작된다. 현장 이야기 과정으로 들어가기 이전에 우리 자신의 이야기를 할 때조차 이미 줄거리에 대한 잠정적 감각이 있다. 우리가 연구 참여자들과 함께 같이 살아나가고 그들과 함께 이야기를 할 때, 구성 중인 줄거리 라인이 다시 이야기, 즉 그들을 다시 살려내고 다시 이야기되어진다. 이런 모든 이야기하기와 살아가기 등은 우리 연구 텍스트의 내러티브 형식을 미리 예시하는 것이다.

연구자로서 우리가 연구 참여자들과 함께 한 광범위한 현장 연구 활동에서 장소를 옮기기 시작하고, 읽고 다시 읽고 우리 현장 텍스트를 코드화하기 시작할 때, 그리고 우리가 내러티브 탐구자 및 다른 연구자의 텍스트 읽기를 계속할 때, 우리는 또 다시 고쳐 쓰기의 가능성을 볼 수 있을지도 모른다. 이러한 새로운 가능성은 다른 내러티브 형식을 제공하기도 한다. 우리는 초보 내러티브 탐구자들이 내러티브 형식에 관한 지속적인 연구 실험을 하고 있는 것으로 스스로를 보기를 권고한다. 이 장에서 앞서 제시된 Huber, Whelan, Sweetland는 마지막으로 만들어 낸 하나를 선택하기 이전에 다양한 형태의 내러티브 텍스트를 만들어 냈다. 그들은 하나를 선택하여 텍스트의 일부분을 써보고 그것을 스스로와 자신들의 연구에 시도해 보고, 그리고 그것이 그들의 목적, 그들 자신의 현장 텍스트에 맞는지 맞지 않는지 시도해 보았다. 청중, 목소리 그리고 서명 관련 이슈는 제대로 시행되는 형식 찾기에 몰두함에 따라 형식의 이슈와 서로 혼합되게 된다. 그들이 자신의 텍스트에 대한 대화를 위해 Jean에게 올 때, Jean은 이미 수립되거나 수용된 형식보다 3차원적 내러티브 탐구 공간 내에 위치한 질문에 대해 주로 반응하는 자신을 발견한다.

반응은 형식을 위한 실험의 과정에 주요 부분을 차지한다. 우리는 초보 내러티브 탐구자에게 향상을 위한 그룹 만들기를 권유한다. 이 그룹은 진행 중인 연구를 공유하고 서로에게 개인적으로 검토를 해주는 그룹이다. 우리는 내러티브 탐구자들이 연구 텍스트를 작성하는 몇 주 혹은 몇 달 동안 서로 그들의 연구 텍스트를 공유하는 기회를 갖는 지지 집단을 갖기를 권한다. Alvarez는 쓰기를 하고 있는 지지 반응자 집단의 중요성에 대해 말하지 않았지만, 그녀는 우리가 자신의 연구를 크게 읽음으로써 학습하게 되는 것을 강조하고 있다. "실제로 듣는 사람이 부정적으로 반응하지 않을 때조차 누구에게인가 나의 연구를 읽는 과정은 나 자신이 만들어 봉한 자기애적인 덧칠을 벗겨 내는 것이다. 나는 자신이 쓴 것을 다른 사람이 쓴 것처럼 듣기 시작한다. 우리가 우리 자신이나 소수의 너그러운 친구들을 위해서만 쓰지 않는 작가가 되기 원한다면 이는 나쁜 일이 아니다."(Alvarez, 1998, p. 289).

우리의 경험으로는 자료를 읽고, 반응이 주어지고, 개정이 이루어지고 그리고 텍스트는 다시 공유되는 과정을 거친다. 이러한 과정 중의 지지 작업들은 모든 사람이 연구 과업에 참여할 때 보다 성공적이다. 각 연구자들은 연구 텍스트 작성 시의 이슈와 싸우면서 복잡한 방식으로 이러한 텍스트를 작성하는 어려움을 이해하게 된다. 이러한 그룹은 형식과 관련한 지속적인 실험을 지원한다.

예를 들어 연구 텍스트를 제시할 때 내러티브 탐구의 가장 어려운 특성 중의 하나는 다시 이야기하기 라는 내러티브의 특성이다. 쓰여진 자료는 가만히 있는 것처럼 보인다. 즉 내러티브가 완성된 것처럼 보인다. 인물들의 삶이 구성되고, 사회적 역사가 기록되고 모든 사람들이 볼 수 있도록 의미가 표현된다. 그러나 내러티브 탐구를 수행한 사람들은 쓰여진 자료, 즉 연구 텍스트가 삶과 마찬가지로 오늘 이루어진 내러티브적 통찰이 내일의 연대기적 사건이 되는, 지속적인 전개 과정이라는 것을 안다. 내러티브 탐구자는, 내러티브는 아직 끝나지 않았고 이야기는 새롭게 이야기될 것이고 삶은 새로운 방법으로 다시 살아질 것이라는 의식을 전달하는 과업은, 전혀 만족스럽지 못한 방법으로 끝날 수도 있다 라는 것을 미리 안다. 내러티브 형식은 언제나 실험적인 것이다. 연구자가 개인적으로 결과에 만족한다고 하더라도 독자들이, 저자에 의해 의도된 다시 이야기된 삶의 질을 인쇄된 초상화로 고정시킬 수도 있다는, 즉 내러티브를 얼어 붙게 할 수도 있다는 것을 기억해야 한다. 향상 그룹 안에서 다른 연구 참여자의 검토 반응은 가장 좋은 텍스트가 구성될 때까지 형식에 대한 실험을 지속시키는데 유용할 것이다.

진행 중인 작업이라는 감각을 유지하기

내러티브 탐구자로서 연구 텍스트를 작성하면서, 우리는 우리 자신이 아직 또 다른 방법으로 경계에 서 있다는 것을 발견하였다. 환원주의적 연구로 학위 논문을 쓰는 학생들은 그들의 논문을 장별로 완성한다. 그들은 도입, 문헌 연구, 방법론 등 장별로 논문을 써나간다. 각 장은 지도 교수에 의해 검토되고 승인된다. 필수적으로 쓰게 되어 있는 장이 모두 기술되고 승인받았을 때 마지막 디펜스를 할 준비를 하게 된다. 그러나 이는 내러티브 탐구자들이 연구 텍스트를 쓸 때 마주치게 되는 상황은 아니다. 이것이 경계에서의 또 다른 긴장이다. 자주 내러티브 탐구를 하는 학생들은 논문을 쓸 때 환원주의적 연구와 유사한 과정을 통한 연구를 기대한다. 내러티브 탐구 텍스트를 쓰는 과정은 매우 다르다. 이러한 과정을 표현하기 위해 우리는 이를 "왕복운동"이라고 표현하였다. 우리는 하나의 장을 쓰고 이를 검토해 주는 반응 그룹과 공유하고, 검토를 받고 수정을 하고 그리고 우리가 할 수 있는 정도에 따라서 이러한 과정을 반복한다. 우리는 그것을 한편에 두고 다른 장을 시작한다. 우리는 그것을 또 한편으로 둘 때까지 유사한 과정을 반복한다. 우리는 미적인 통일성이란 감각을 추구하면서 두 개의 장을 동시에 읽어 본다. 두 장을 함께 읽으면서 하나의 장을 다른 장과 대조하면서 미적인 완전성이란 감각을 가지고 무엇이 전체적인 내러티브 통일성을 가져올 수 있는지 추구하면서 두 장을 수정한다. 유사한 과정을 따라서 반응을 수용하고, 개정하고, 옆에 챙겨두고 다른 장 혹은 절을 쓰고, 그리고 나서 이를 다른 장과 대조하고, 마지막까지 조각들이 하나 하나 의미를 가지고, 순간들이 모두 의미를 가지고 전체적인 통일성에 이르기까지 왕복 운동 과정을 지속하게 된다.

청중과 연구 텍스트의 구성

8장에서 우리는 지속적인 학문적 대화 안에서 각각의 특별한 내러티브 탐구의 위치 짓기의 중요성에 대해서 기술하였다. 대화, 실질적 내용, 수용의 규칙 등은 형식에 매우 중요하다. 사고의 형식주의적이고 환원주의적 경계에 대한 우리의 논의는 연구 텍스트의 종류가 그것을 읽는 사람의 사고 방법에 의해 형성된다는 것을 명확히 해준다. 경계에 대한 이슈는 자주 특별한 현장, 대학 또는 우리가 우리 자신을 발견할지도 모르는 장소 내에서, 변경된 연구 형식에 대한 지각과 수용 가능성을 언급한다. 연구자는 그들의 청중을 내러티브 형식의 하나의 원천이라고 생각하기 때문에 그들은 특별한 학문 분야나 그룹 컨퍼런스에서 발표할 논문의 종류에 대하여 생각할 필요가 있다. 특별한 저널 그리고 편집진들에게 받아들여질 논문 형식의 범위에 대해서도 생각할 필요가 있다. 그리고 출판될 책에 대해서도 고려할 필요가 있고 책에 표현될 연구 형식에 대해서도 생각할 필요가 있다. 물론 우리는 연구 텍스트의 구성이 창의적이지 않아도 된다는 것을 제안하는 것은 아니다. 만일 우리의 연구가 받아들여지고 영향을 갖는다면, 우리는 경계를 밀어낼 기회를 갖는 것이나 청중의 믿음 너머로까지는 이를 밀어내지 않도록 우리의 텍스트를 만들 필요가 있다.

c.h.a.p.t.e.r 10

내러티브 탐구에서 지속적으로 제기되는 질문들

이 장에서, 우리는 연구자가 연구 현장에 들어가려고 준비할 때 처음에 부딪히게 되는 문제점들에 대해서 논의할 것이다. 그러한 문제들은 연구 텍스트를 구성하고 공유하는 전 과정을 통하여 연구자가 지속적으로 고민해야 할 문제들이다. 그러한 문제들은 내러티브 탐구의 전 과정에 걸쳐 드러나는 문제들이다. 우리는 연구의 전체 국면을 따라 그러한 문제들을 논의하려고 이 장까지 그것들에 대한 논의를 미루었다. 우리는 현장에서 현장 텍스트로, 그리고 연구 텍스트로 이동하면서 연구의 전 과정에 걸쳐 어떻게 그러한 문제들이 경험되는가를 보여줄 것이다.

서론

이 장에서 우리의 초점은 문제들을 제기하고 그것들을 논의하는데 있다. 그러한 문제들 중 어느 것도 명확한 해답을 가진 것은 없다. 우리는 내러티브 탐구자들이 연구의 전 과정에 걸쳐 알아야 하고, 깊이 생각해봐야 하는 문제들을 제기할 것이다. 지속적으로 제기되는 그러한 문제들은 특정 시점의 특정 연구에서 잠정적으로 고려해야 할 사항들에 비추어 임의적으로 해결된다.

다음 문단에서 논의될 문제들은 윤리적 쟁점, 익명성, 소유권, 관계의 책임성, 연구자로서 우리가 어떻게 이야기 되는가, 사실과 허구의 구분, 발생할 수 있는 위험, 장애, 남용 등에 관한 것이다. 마지막에서는, 우리가 내러티브 탐구자에게 아주 중요하다고 생각하는 것, 즉 지속적으로 깨어있기를 살펴볼 것이다.

윤리성

윤리적 문제는 내러티브 탐구 전반에 걸쳐 이야기될 필요가 있다. 윤리적 문제는 연구자가 윤리 검열 양식을 기입하고 연구를 위해 대학에서 승인을 받을 때 일회적으로 처리하면 되는 문제가 아니다. 연구가 진행됨에 따라 윤리적 문제들도 바뀌거나 변한다. 윤리적 문제들은 연구의 어느 단계에서든 가장 중요한 문제다.

우리 대학뿐만 아니라 대부분의 대학에서 연구를 시작하기 전에 연구를 위한 윤리적 승인을 받아야 한다. 여러 면에서, 탐구에 대한 협상을 시작하기 전에 연구 계획서에 대한 윤리적 승인을 받는 것은 내러티브 탐구의 일부인 관계적 협상을 역행하는 것이다. 그러나 윤리적 승인은 기관의 필수 조건이다. 이 점이 내러티브 탐구자들을 꼼짝할 수 없는 함정에 빠뜨린다. 탐구자들은 기관에서 윤리적 승인을 받기 전까지는 연구 참여자에게 접근하면 안 된다. 만약 탐구자가 연구 참여자에게 먼저 접근한다면 그것은 기관의 요구 조건을 어기는 것이다. 만약 탐구자가 기관의 윤리적 승인을 받은 상태에서 연구 참여자에게 접근한다면 연구의 몇 가지 측면들은 더 이상 협상될 수 없다. 더욱이 이미 승인된 윤리적 승인 용지와 서명을 위한 청원서를 가지고 연구 참여자와 협상을 시작하는 것은 어려운 출발이다.

두 명의 박사과정 학생인 Schroeder와 Webb(1997)은 연구 참여자와 기본적 관계조차 갖기 전에 연구에 대해서 명확하고 자세하게 기술해야 한다는 점의 모순에 대해서 지적했다. 그들은 의무적인 윤리 검열 과정의 몇 가지 문제점을 제기한다. 그 중 여기서 논의하기에 좋은 문제가 연구 참여자의 동의에 대한 해석이다. 그들은 다음과 같이 진술한다.

> 연구 시작 단계에서 연구에 동의한다는 서명을 한 연구 참여자들이 본인이 동의한 내용을 충분히 알고 있다는 대학의 기대는 연구의 시작에 앞서 연구 프로젝트가 충분히 설명되었다는 것을 함의한다. 그러나 시간이 흐르면서 연구는 변하는 경향이 있기 때문에 연구 참여자와의 협동 연구의 현실도 시간의 흐름 속에서 변하게 된다. 연구 참여자의 역할도 연구의 전반에 걸쳐 변할 수 있다. 연구 참여자의 역할은 자료 수집자, 자료의 해석자, 연구의 공동 저자라는 역할을 포함한다. 그러한 역할들은 연구자가 연구 참여자에게 연구 참여를 요청할 당시는 기대되지 않았던 것일지도 모른다.[pp. 239-240]

학교에서 수행했던 우리의 연구를 생각해 볼 때, 접촉했던 모든 사람들로부터 어떻게 동의서를 얻을 수 있었는지 모르겠다. 기관의 맥락에서 연구 참여자의 동의서를 받는 것은 무엇을 의미하는가? 그러한 맥락에서 연구 참여자의 동의서는 무엇을 의미하는가? 연구에 참여하는 것에 동의할 권위를 누가 갖고 있는가? 교장이나 교사 같은 개인이 동의서를 양도할 수 있는가? 아니면 연구자로서 우리 자신이 연구에서 접촉할 모든 사람들로부터 동의서를 받아야 하는가? 물론 학교구나 병원 같은 곳에서 주어지는 단체 동의서도 있다. 그러나 그러한 단체 동의서도 위에서 제기된 질문들에 답하지는 않는다.

비록 대학의 윤리지침이 기술적이고(technical), 세부적이고, 합법적이라 할지라도, 인간을 대상으로 하는 연구에 대한 대학의 윤리지침에 부합하는 것이 윤리적 승인이라고 생각하는 것은 우리로 하여금 내러티브 탐구의 전 과정에 걸쳐 기본이 되는 관계에 대한 쟁점들을 고려하지 못하도록 한다. 어느 부분에선가 우리는, 관계의 문제라는 관점에서 윤리적 문제를 생각해야 한다고 기술하였다. "일상적 의미로 우정이라는 개념은 둘 또는 그 이상의 사람들이 체험한 경험 영역의 상호 교류, 공유를 의미한다. 단지 접촉하며 지내는 사람과는 안면이 있는 것이지 우정이 있는 것은 아니다. 협력 연구도 이와 같은 맥락에서 이야기될 수 있다. 관계들은, McIntyre가 함의하듯이, 우리의 삶의 내러티브적 통일성에 의해 서로 연결된다."(Clandinin and Connelly, 1988, p. 281).

관계의 관점에서 동의서에 대한 윤리적 승인을 이해하는 것은 우리의 질문을 다른 관점에서 생각해 보도록 한다. 법적으로 볼 때 동의서의 질문들은 해결될 수 없으며, 복잡성의 정도로 볼 때 문제의 해결은 불가능하다. 관계의 관점에서 볼 때 연구자는 윤리적 요인들로 저지된다. 연구를 진행하면서 내러티브 연구자들은 동의서의 합법성에 관한한 자신이 거의 피할 수 없는 어둠 속에 있다는 것을 발견한다. 그러나 관계의 관점에서 볼 때, 연구자는 연구자로서 연구 참여자들에 대해 갖게 되는 책임을 고려해야만 한다. 우리가 우정에 대한 책임의 도의를 염두에 두어야 하는 것처럼, 참여적 관계에서 내러티브 연구자로서 우리가 갖는 책임의 도의를 염두에 두어야 한다.

이와 같은 관계의 윤리 문제는 Bay Street School에서의 첫 번째 모임에 앞서 우리에게 이야기된 이야기들을 듣고 이해할 때 내러티브 탐구의 일부가 되기 시작했다. 그러한 문제들은 우리가 이미 연구를 진행하기 훨씬 전에 시작되었다. 예를 들어 5장에서 살펴보았듯이, 우리는 Bay Street School과 그 학교의 교장 Phil에 대한 이야기를 그 학교에 도착하기도 전에 들었다. 그러한 이야기 망은 우리를 학교로 이끌었고 관계의 협상을 위한 맥락을 구성했다. 우리는 가치 중립적인 맥락으로 들어간 것이 아니었다. 우리는 우리가 들었던 학교 이야기에 적합하다고 느끼는 전반적인 연구 문제를 갖고 있었다.

윤리적 문제에 관한 협상은 또한 우리가 처음 학교에 가기 훨씬 전에 시작되었다. 예를 들어, Jean은 자신의 이야기를 했다. 그녀는 2차 대전 후 몇 년 동안 고립된 채 모진 기후에서도 생존을 위해 이웃들과 서로 의존하며 살아가는 법을 가르쳐 주었던 농장 공동체에 대해서 이야기했다. 탐구 윤리를 이야기할 때, 연구자로서 우리의 경험에 대한 내러티브에서 비롯되는 윤리적 쟁점을 자각할 필요가 있다. Blaise(1993)은 다음과 같이 말한다. "삶의 사건들, 우리가 있었던 장소들, 우리가 알고 있는 사람들은 끊임없이 우리의 의식 속에 되살아난다. 우리의 삶은 한 편의 장편소설과 같다. 소설의 후반부를 살 때, 세상은 빛으로 가득했고, 친숙한 장소였으며, 세상 속의 모든 사람들의 이름을 알았던 삶의 전반부에 대한 주요 페이지들을 결코 건너 뛸 수 없다. 삶의 전반부는 약동의 순간이었다. 어떤 경고나 대가없이, 원하면 언제든 전반부 삶의 주요 페이지들로 되돌아 갈 수 있다"(p. 43).

4장에 나온 Michael의 이야기가 암시하듯이, 그의 어린 시절의 경험들은 전이 과정에 있던 Ming Fang He와 중국 여성들에 대한 그녀의 연구 속으로 흘러들어 왔다. 비록, 그 이야기가 Michael의 "결정적인 첫 페이지들"이 Michael, Ming Fang, 그리고 Ming Fang의 연구 참여자들의 관계에 미친 영향에 대해서 탐색하지는 않지만, 우리는 어떻게 그러한 이야기들이 그들의 관계에서 서로 다른 대화, 태도, 반응을 촉발했으며 어떻게 그것이 지도 교수와 학생의 관계와관련된 윤리적 문제에 영향을 미쳤는가를 추측한다.

그러나 우리 기관의 내러티브 또한 연구 참여자들을 연구 과정에서 보호되어야 할 대상으로 간주하는 거대 내러티브에서 기인한 윤리적 쟁점에 대해서 이야기한다.

Bay Street School의 연구 현장에 들어갔을 때 우리는 연구자들의 경험에 대한 내러티브로부터 발생하는 윤리적 문제와 기관을 통한 거대 내러티브로부터 발생하는 윤리적 문제에 직면했다. Bay Street School에서 첫모임을 시작했을 때, 즉 내러티브 연구 현장에서 우리가 어떤 존재인가에 대해 첫 번째 협상을 시작했을 때, 우리는 연구 참여자들과 내러티브적 통일성을 협상하고 있다는 것을 인식했다. 현장에서 우리가 어떤 존재인가에 대한 질문들은 고려되고 이야기되어야 한다. 우리가 교실에 있어야 했는가? 아니면 교실 밖에 있어야 했는가? 우리는 관찰자라기보다 참여자였어야 했는가? 만약 우리가 참여자였다면 어디에서 누구와 함께 연구에 참여했어야 했는가? 우리는 교사였는가? 연구자였는가? 여성이었는가? 남성이었는가? 친구였는가? 대학생이었는가? 보조 교사였는가? 교장의 절친한 친구였는가? 이러한 다양한 줄거리들 중 우리는 어디에 위치되었으며, 학교의 참여자들에게는 어떤 줄거리가 이야기 되었는가?

그 이후, 윤리적 문제들은 우리가 현장에서 연구할 때와 현장 텍스트를 구성할 때 나타났다. 학교에서의 우리의 현존은 비밀과 익명성의 문제를 협상하기 어렵게 만들었다. 학교의 방문자들이 우리를 보고 우리가 거기서 무엇을 하고 있는지 물었을 때, 우리는 어떻게 대답했는가? 우리나 연구 참여자들이 연구자로서 우리가 그곳에 있다고 말했다면 익명성이 모호해졌을 것이다. 만약 연구 참여자들이 다른 사람들에게 우리의 연구 관계를 알렸다면 익명성은 더욱 문제가 됐을 것이다.

현장 텍스트에 대해서는 어떠한가? 현장 텍스트를 쓸 때 가명을 사용해야 하는가? 지도 교수나 다른 팀원들과 이야기할 때 연구 참여자들을 가명으로 언급해야 하는가? 우리의 연구 참여자들이 특정 사건, 대화, 문서에 대한 현장 텍스트를 보관하지 말라고 요구했다면 우리는 당연히 그렇게 했을 것이다. 그러나 그러한 사건과 대화는 우리에게 영향을 미쳤고 미래의 다른 사건이나 대화를 중요하게 생각하도록 하거나 그것들에 경청하도록 이끌었을 지도 모른다. 요구사항을 존중했을 때조차도, 우리는 사건의 목격이 우리에게 영향을 미칠 수 있다는 것을 알고 있었다.

중간 연구 텍스트를 구성할 때 나타나기 시작한 윤리적 쟁점들도 있다. 8장에서 우리는 연구 텍스트를 연구 참여자들에게 보여주었을 때 들었던 의문과 불확실성에 대해서 기록하였다. 연구 참여자들에게 해를 끼치지 않는 것이 우리의 책임이므로, 연구 텍스트를 연구 참여자들에게 보여주는 것에도 윤리적 쟁점들이 존재한다. 우리가 연구 텍스트를 구성했을 때, 연구 참여자들은 첫 번째 독자, 가장 중요한 독자로 간주될 필요가 있었다. 왜냐하면 연구 참여자들 덕분에 삶의 이야기들을 파괴시키지 않은 텍스트를 구성할 수 있었기 때문이다. 그러나 연구자로서 우리는 또한 광범위한 청중인, 학문 공동체 내에서의 담론들과의 대화에 대한 배려와 책임을 갖고 있다. 또한 우리는 연구 텍스트에서 우리가 특정 연구 현장에서 어떻게 살았고 우리의 이야기를 어떻게 이야기 했는가를 이야기할 필요가 있다.

윤리와 익명성

위에서 제기된 윤리적 문제 중 하나인 익명성은 연구 전반에 걸쳐서 골치 아픈 쟁점이다. 주목했듯이, 인간을 연구 대상으로 할 때 지켜야 할 대학의 윤리적 지침에 의하면 익명성을 보장하는 것은 중요하다. 대부분의 질적 연구에서, 특히 내러티브 탐구에서, 익명성의 쟁점은 반복적으로 나타나는 문제다. 우리가 말했듯이, 익명성을 보장할 때조차도 우리가 의미있는 방식으로 그렇게 할 수 있다는 것은 분명하지 않다. 우리가 현장에 있을 때, 방문자들이나 다른 사람들은 우리가 그곳에 지속적인 관심을 갖고 있는 사람이라고 인식한다. 우리가 그곳에서 하고 있는 일을 감추려고 노력할 때조차도 다른 사람들은 우리가 연구자로 그 곳에 있다고 말할지도 모른다. 연구 참여자들은 우리가 누구이고 거기서 무엇을 하고 있는지 말할 수도 있다. 예컨대, 우리가 Bay Street School에서 연구할 때, 교장이었던 Phil은 우리가 학교에 거주하는 연구자라는 점을 자랑스럽게 공포했으며 방문자나 다른 사람들에게 그가 연구 참여자라고 말했다. 반면, Stephanie는 그녀의 학교구에 있는 상급 관리자들이나 고문자들이 그녀가 우리 연구의 일원이라는 것을 알게 되는 것을 꺼렸다. 그녀는 학교구에서 온 사람들이 그녀가 이 연구에 관계되어 있다는 것을 알게 될 것 같으면 연구로부터 조심스럽게 거리를 두었다.

이러한 문제들은 우리가 현장으로부터 멀리 이동해서 연구 텍스트를 구성하기 시작했을 때 다소 변했다. Phil과 Stephanie 둘 다 우리가 구성한 중간 연구 텍스트와 마지막 연구 텍스트에서 익명성을 유지했다. 그러나 종종 Phil은 우리에게 보고서를 발표하고 연구에 대한 공공 포럼에 참여하도록 권했다. 그러한 공공 장소에서 그는 실명을 사용했으며 그가 이 연구 속의 Phil이라고 말했다. Stephanie 또한 학교구나 학교 주변을 벗어나면 익명성에 대한 자신의 입장을 바꿨다. 대학에서 그녀는 사람들이, 즉 교수들이나 대학원 학생들이 그녀가 연구 속의 Stephanie라는 것을 알아주는 것을 기뻐했으며, 자신을 소개할 때 실명을 사용했다.

윤리성의 일부인 익명성에 관한 문제는 연구 참여자들이 연구 과정의 다른 부분에서 다른 역할을 맡게 되었을 때, 다른 식으로 변한다. 예를 들면, 연구의 초기 단계에서 연구 참여자들은 익명성에 동의할지 모르지만, 연구가 진행되면서 다른 역할을 맡게 되었을 때, 자신이 공동 저자라고 생각되면 본인이 인지되기를 원한다. 예를 들어, Wendy Sweetland는 Janice Huber와 Karen Whelan과의 연구에서 연구 참여자로 연구를 시작했다. 연구가 진행됨에 따라 그녀는 점점 자신을 공동 연구자 또는 연구 텍스트의 공동 저자로 인식하게 되었고, Huber와 Whelan과 함께 보고서를 쓸 때, 결국 익명성을 포기했다. 종종 교사들이나 다른 전문가들은, Phillion의 연구에서 Pam이 그랬던 것처럼 그 연구가 자신들의 연구로서 인정받을 수 있도록 본인들의 실명을 쓰기를 요구한다. 물론 이 문제는 연구자나 연구 참여자에게 골치 아픈 문제다. 왜냐하면 사람들 즉, 연구 참여자들의 내부 기관이나 내부 사람들이 연구 참여자들을 기관의 내러티브를 가치 비하하거나 존중하지 않는 사람으로 볼 때 위험이 따를 수도 있기 때문이다. 예를 들면, 그들이 했던 비판이 받아들여지지 않을 수도 있고, 그들이 학교의 비밀을 폭로하고 있다고 간주될 수도 있으며, 그들이 인기를 노리는 것으로 간주될 수도 있다.

물론, 다른 가능한 결과가 있다. 여기서 사람들은 연구 초기에는 자신의 실명이 사용되길 원하며, 익명으로 처리하지 말아 달라고 말할 수 있다. 나중에 가서야 즉, 현장 연구가 진행 중일 때나 중간 또는 최종 연구 텍스트 작업을 할 때, 그들은 만약 그들의 실명이 드러난다면 곤란할지도 모른다는 것을 지각하기 시작한다. 그 때, 그들은 가명을 사용하거나 안전과 익명성을 보장하기 위해 활용할 수 있는 다른 가상화(fictionalizing) 방법들을 요구할 수도 있다.

연구 텍스트에서 아이들의 실명을 사용하는 것과 관련된 윤리적 문제 또한 골치 아픈 문제이다. 종종 내러티브 탐구에 참여한 아동이나 청소년들은 연구 텍스트에서 그들의 실명이 사용됨으로써 자신들의 이야기가 정당화되기를 원한다. 부모가 동의하면 그들의 실명이 사용되는 경우도 종종 있다. 익명성에 관한 이러한 모든 문제들의 중심에서 관계라는 화두를 늘 염두에 두어야 한다. 가능한한 명확하고 다양한 방식으로, 익명성과 관련된 이러한 결정들로부터 펼쳐질 수 있는 이야기들의 잠정적 줄거리들을 우리는 연구 참여자들과 함께 풀어가야 한다.

우리가 명확히 하려는 점은 익명성은 연구의 전 과정에 걸쳐 드러나는 문제라는 것이다. 연구자는 연구 참여자들과 연구 전경이 변하거나 바뀔 수 있다는 점을 인지해야 한다. 일단 정해졌거나 고정되었던 것도 또 다시 변화의 토대가 된다.

소유권과 관계에 대한 책임

논문 계획서의 일부로 개인적 정당화를 구성할 때 대부분의 초보 내러티브 탐구자들은 이야기의 소유권에 관한 질문에 부딪히게 된다. 그 질문은 일반적으로 탐구자의 이야기 속에 명명된 인물들이 그 이야기의 소유권을 갖고 있는가 아니면 탐구자가 소유권을 갖고 있는가라는 관점에서 제기된다. 예컨대 자신의 학교 경험에 대해서 쓴 학생들은 교사, 학생들, 형제들 또는 이야기에 언급된 다른 사람들로부터 동의를 얻어야 하는가를 질문한다. 그들이 이야기를 하고 있으니까 그들이 이야기의 소유권을 갖고 있는가? 이야기 속의 인물들을 익명으로 하면 그것으로 충분한가? 아버지, 형제, 또는 특정 학년의 특정 교사에 대해서 쓰는 경우 처럼, 익명이 불가능한 경우 이 문제는 더욱 복잡해진다.

소유권의 질문은 현장 텍스트를 기록하는 동안 다시 제기된다. 예컨대, 현장 노트를 기록하면서 내러티브 탐구자들은 모든 현장 노트가 연구 참여자와 공유되어야 하는가에 대해 의문을 갖는다. 현장 노트의 소유권은 그것을 기록하는 연구자에게 있는가 아니면 연구 참여자에게 있는가? 연구자와 연구 참여자의 관계에 따라 공동 소유권이 가능할 수도 있다. 연구자와 연구 참여자는 둘 다 현장 노트의 말투나 어법에 대해서 협상해야 하는가?

우리는 Bay Street School에서 현장 노트를 기록할 때 우리가 느꼈던 불확실성을 기억한다. Stephanie가 Jean에게 했던 몇 가지 이야기들에 대해서 Jean은 어떻게 반응했어야 했는가? 어떤 이야기들은 현장 노트에 기술되어서 Phil(다른 연구 참여자)같은, 다른 사람들이 그 이야기들을 읽었다면 문제가 됐을 수도 있다. 종종 연구자는 연구 참여자들과 공유할 수 있는 자료와 공유하기에 적합하지 않다고 느끼는 자료를 구분하기 위해 개인 저널을 기록한다. 이 점은 현장 텍스트 단계에서 사적인 것으로 보호되었던 자료들이 연구 텍스트 단계에서 공적인 것이 될 수 있는지 또는 공적인 것이 되어야만 하는가라는 질문을 제기한다.

소유권의 문제는 윤리성과 관련된 문제와 현장에서 협상된 관계를 희미하게 만든다. 단도직입적으로 말하자면, 연구자는 언제든 관계가 종결될 수 있으며, 현장에서 떠나라는 요구를 받을 수도 있다는 점을 인지하고 있다.

소유권의 문제는 연구 텍스트를 구성할 때 또 다시 제기된다. 석 · 박사 과정 학생들은 그들의 이름이 최종 연구 텍스트에 올라갈 것이고, 소유권이 연구 참여자들이 아니라 명확히 그들에게 있다는 점을 알게 될 때 소유권에 대해서 예민하게 느낀다. 이러한 문제들은, 연구자의 목소리가 연구 참여자의 목소리에 동화되거나 연구자의 목적을 위해 연구 참여자들의 목소리가 이용되는 것을 비판하는 문헌들을 읽게 되면 더욱 복잡해진다.

우리는 이 부분을 쓰면서, 비록 그러한 문제들이 종종 소유권이라는 관점에서 제기되지만, 소유권의 개념은 다양한 측면에서 제기되는 딜레마와 문제들을 포괄적으로 생각하는데 가장 적절한 개념은 아니라는 것을 깨닫는다. 내러티브 탐구에서 소유권의 문제는 관계에 대한 책임이라는 관점에서 다시 생각하는 것이 더 유용할 수도 있다. 연구 계획서를 쓸 때 제기되었던 문제를 다시 생각해보면, 초보 내러티브 탐구자들은 그들의 유년 시절이나 학교 경험에 대한 이야기의 소유자가 누구인가의 문제보다 부모나 형제 같은 다른 사람들, 즉 익명이 불가능한 다른 사람들과의 관계에서 갖게 되는 책임의 문제를 생각하는 것이 더 유용하다. 학생들은 부모에 대한 기억이나 부모가 갖고 있던 가치관을 존중하고 싶어한다. 소유권보다 관계 속에서 가져야 할 책임의 견지에서 이 문제를 생각하는 것이 더 적절하다. 저자들은 자신이 기억하고는 있지만, 다른 사람은 그것이 이야기되는 것을 원치 않거나 그것이 이야기되는 과정에서 상처를 받을 수도 있다는 느낌 때문에, 자신의 기억을 근거로 이야기해서는 안 된다고 결정할 지도 모른다.

유사하게, 현장 텍스트를 구성할 때도, 소유권의 문제보다는 우리가 관계를 맺고 있는 사람들에 대한 책임에 관한 질문이 더 중요하다. 신뢰감이 쌓일 때 연구 참여자들은 연구자들에게 그들이 원하는 것이 무엇인지 이야기하도록 한다. 그러나 연구자들은, 아마도 텍스트가 궁극적으로는 어떻게 읽힐 수 있는가를 좀 더 인식하고 있는 연구자들은, 연구 참여자들의 자연스러운 모습보다 어떻게 그들을 묘사할 것인가에 더 주의를 기울일지도 모른다.

연구자로서 우리는 어떻게 이야기되는가?

내러티브 탐구자로서 처음 연구를 시작했을 때, 우리 에너지의 대부분은 어떻게 연구 참여자들을 이야기할 것인가였다. 우리는 우리에 대한 이야기들도 존재한다는 것을 인식하지 못했었다. 우리가 그것을 인식하지 못했다는 것은 우리의 순진함을 보여준다. 만약 우리가 연구를 관계 맺음으로 보았다면 그것은 쉽게 생각할 수 있었던 문제였다. 물론 우리가 연구를 수행하는 연구 전경도 이야기된다. 연구자들이 연구 전경에 대해서 이야기하는 것처럼, 우리와 함께 연구에 참여했던 사람들은 우리에 대해서 이야기할 것이다. 우리에 대한 이야기는 우리가 현장에서 현장 텍스트로, 그리고 연구 텍스트로 이동할 때 우리와 함께 존재한다.

초보 연구자로서 Bay Street School에 들어가는 것을 처음 협상했을 때, 우리는 우리에 대한 이야기들을 서서히 인식하게 되었다. Stephanie는 Jean이 석사 논문 작업을 하고 있으며 Michael은 박사 논문 작업을 하고 있음에 틀림없다고 대수롭지 않게 언급했다. 그러한 언급을 통해 우리는 연구 참여자들 중 한 사람이 우리에 대해 이야기하고 있다는 것을 알게 되었다. Phil은 종종 우리를 "연구자들"이라고 언급했다. 즉 그는 우리를 그의 이야기를 듣고 그가 자신의 행위를 반성적으로 이해할 수 있도록 돕기 위해 그 곳에 와 있는 사람들이라고 이야기했다.

그러나 우리가 그 학교에서 친밀하게 함께 작업한 연구 참여자들만 우리에 대해서 이야기한 것은 아니다. 2학년을 맡은 초보 교사 Marie와의 추후 연구에서, 우리는 아이들 또한 우리에 대해서 이야기했다는 것을 알게 되었다. Jean이 교실에 들어오는 것을 좋아했던 2학년 학생 중 한 명은, 곧 3학년 선생님이 떠날텐데, 그러면 Jean이 그 자리를 대신해서 학급을 맡을 수도 있다고 Jean에게 소곤소곤 속삭였다.

연구자로서 우리가 누구인가에 대한 이야기들은 면담이나 대화를 할 때 현장 텍스트에 명백히 드러난다. 연구 참여자들이 우리에게 이야기하는 방식은 우리가 어떻게 이야기되고 있는가를 말해준다. Bay Street School에서 연구할 때, 연구 초기에 연구 참여자들이 우리에게 말하는 방식을 통해 그들이 우리를 워크숍이나 교사 전문성 향상 활동을 통해 그들에게 지식을 전달하려는 전문가로 이야기했다는 것을 눈치 챌 수 있었다. 그들이 우리가 함께 연구하는 관계라는 것을 점차적으로 신뢰하게 되면서, 우리를 믿을 수 있는 친구나 동료로 이야기했다. Jean은 몇 년 후 캘거리에서 어린 소녀들을 연구하면서, 소녀들과 나누었던 대화를 들으면서 소녀들이 그녀를 그들의 진보와 학교 업무에 관심을 가진 방문교사로 이야기했다는 것을 알았다.

또한 연구자로서 우리가 누구인가에 대한 이야기는 연구 텍스트를 구성할 때 명백해진다. Bay Street School에서의 장기간의 연구에서 연구 참여자들 중 한 사람이 우리의 작품을 읽고 다른 사람에게 우리가 누구인가에 대해서 이야기했을 때, 우리는 우리가 어떻게 이야기 되었는가를 알게 되었다.

연구자들은 그러한 이야기들에 민감할 필요가 있다. 종종, 연구자들은 적극적으로 자신을 변화시키려고 한다. Bay Street School에서 교사들을 위한 일련의 워크숍을 맡아달라고 요청받았을 때 우리는 그러한 상황에 직면했었다. 만약 우리가 워크숍을 맡는다면 학교에서 우리는 연구 참여자와 맺고 있는 관계를 바꾸어야 하며, 그들은 우리를 전문가로 규정할 거라고 생각했다. 이는 우리의 참여적 역할과 우리들이 우리에 대해서 했던 이야기를 파괴하는 것이라고 생각했다. 다른 사람들의 이야기를 거스르는 것은, 독자들이 상상할 수 있듯이, 긴장을 야기할 수 있다. 우리는 워크숍을 하지 않음으로써 우리가 학교를 단지 이용만하는 사람, 가져가기만 하고 베푸는 것은 없는 사람으로 취급될 위험을 무릅썼다.

사실과 허구

내러티브 탐구에서 사실과 허구의 구분은 명확하지 않다. 우리가 기술한 것의 사실성과 진실성의 문제로 고민할 때, 또는 고민하게 될 때, 사실과 허구의 구분은 연구 텍스트와 관련한 문제에서 가장 빈번히 제기되는 쟁점이다. 그러나 이 문제를 곰곰이 생각하면, 연구의 초기 단계에서 이미 명백했고, 연구 텍스트를 쓰면서 한층 강화된 문제들이 심각해진다.

연구자가 연구 현장에 존재하면서 이야기하거나 사건을 진술할 때, 우리는 이야기의 근거가 궁금할 지도 모른다. 기술된 사건들이 실제로 일어났는가? 어떻게 우리가 그것을 아는가? 이야기를 한 사람은 어떻게 그것을 아는가? 이러한 질문들에 대한 답은 쟁점 중인 이야기나 사건에 따라 달라질 것이다. 우리는 사건이나 이야기를 현장 텍스트에 기록할 때 그러한 질문들을 다시 제기할지도 모른다. 때때로, 우리는 다른 현장 텍스트들과 관련된 개인 일지 속에서 궁금증을 제기한다. 현장 텍스트에 이야기를 기술하거나 사건을 기록하는 것은 잠정적이다. 그것은 우리의 관심과 주변 여건에 달려있다.

이러한 질문들을 곰곰이 생각할수록 명확하고 확실한 해답을 찾는 것이 힘들다. 사실처럼 보였던 것이 점차 연구자나 연구 참여자의 기억에 의해 재구성된 것으로 보인다. 이러한 재구성은 허구로 간주되어야 하는가? Torgovnick나 Blaise같은 회고록 작가들과 자서전 작가들은 사실과 허구의 구분은 불가능하다고 주장한다. 자신의 회고록 『*Crossing Ocean Parkway*』(1996)에서 Torgovnick는 그녀가 받았던 질문을 제시한다. 당신의 어머니는 무슨 생각을 했었는가? 이 질문의 답으로 그녀는 다음과 같이 기술한다.

> 내 책에서, 부모님과 형은 인물들로 제시된다. 즉 기억으로 굴절된 사실에 근거한 재현을 의미한다. 다른 회고록에서처럼, 그들은 그들의 모습 자체가 아니라 내 삶이라는 드라마의 배우들로 등장한다. 내가 의도적으로 부모님을 회고록 속의 인물로 바꾸었는가? 글쓰기 작업에 빠져들 때까지 나는 그 점을 생각하지 못했지만, 그럼에도 불구하고, 나는 그렇게 했다. 우연히 비서에게 부모님을 모시러 가야해서 곧 사무실에서 나갈 거라고 무심코 이야기했을 때 이 사실을 깨닫게 되었다. 그녀는 말했다, '아, 그 분들이 당신의 Bensonhurst 수필에 나온 그 사람들입니까?'[pp. 175-176]

그러한 질문은 Torgovnick로 하여금 사실과 허구에 대해서 생각하도록 했다. 그녀에게는 실제 삶 속의 부모나 이야기 속의 부모는 동일한 사람들이다. 그러나 그녀의 비서 같은 독자들에게는 이야기 속의 부모가 잘 알려진 모습이다. 독자들에게 이야기 속의 부모는 필연적으로 허구적 인물이다. 그러나 Torgovnick에게, 책 속에서 부모로 묘사된 인물은 실제 삶으로부터 구성된 인물이다. 그들은 누구에게 얼마만큼 사실적 인물이거나 허구적 인물인가?

회고록을 읽을 때 독자들은 그 속의 사건과 인물을 실제 사건과 인물로, 즉 회고록을 구성하는 해석과 내러티브 줄거리가 구성되는 사실들로 생각하기 때문에 Torgovnick와 그녀의 비서 사이의 대화는 사실과 허구의 문제를 더욱 혼란스럽게 한다. 하지만 그녀의 비서 같은 독자들은 "그들이 같은 사람들입니까?"라고 물을 수 있다. 그녀는 회고록에서는 실제 인물들이 어느 정도 허구화되었다고 추측했을 것이다. 아마도 허구화된 것으로 가정했을 것이다. 무엇보다도 이 이야기는 독자와 텍스트의 관계가 어떻게 사실과 허구의 문제에 영향을 미치는가를 보여준다. 이 경우, 사실과 허구의 질문은 저자에 의해서 사실로 밝혀졌다. 책 속의 인물들은 실제 그녀의 부모이므로 책 속의 인물들은 사실적 인물들이다. 그녀의 비서의 질문은 이야기 속의 부모와 실제의 부모가 동일한 사람이 아니라는 점을 함의한다. 독자인 비서에게 있어, 이 문제는 사실이든 허구이든 어느 방식으로든 해결될 수 있다. 그러나 저자에게는 쉬운 해결책은 없다. 회고록을 쓰면서 부모라는 인물을 만들어낼 때 그녀의 부모는 허구화되었다고 Torgovnick는 말한다. 텍스트 속의 사실은 독자나 저자 모두에게 잠정적으로는 허구다. 그렇다면 우리는 그것을 소설로 보아야 하는가?

『*Post-Modern Autobiography*』(1993)에서 Blaise는 소설의 출발점에 대해서 논의한다. 그는 다음과 같이 말한다, "모든 소설은 거의 자서전적이다. 일반적으로 그것이 소설이 되는 것은 가장(disguise)의 정도다. 대부분의 작가들은 본인의 경험을 소설 속의 인물에게 배당하지만, 어떤 의미에서 나는 다른 사람의 경험을 나의 것으로 주장한다"(p. 201).

Blaise에 따르면, 모든 것은 자서전적이기 때문에, 자서전이나 회고록을 포함하여, 모든 것은 사실이라고 말할 수 있을 것이다. 그의 관점에 의하면, Torgovnick의 관점처럼, 사실과 허구는 허구화 또는 가장의 정도의 문제다.

이 작가들은 내러티브 탐구자들에게 사실과 허구의 쟁점과 관련된 다양한 관점의 가능성을 제공한다. 우리가 내러티브 연구를 계속한다면 이러한 문제들은 우리와 함께 할 것이다. 비록 해답은 없을지도 모르지만 우리는 이 문제를 계속해서 탐색할 수 있다.

위험, 장애, 그리고 남용: "비판적 연구자로서의 나"

내러티브의 위험, 장애, 그리고 남용 또한 내러티브 탐구의 전 과정을 통하여 지속적으로 고려되어야 할 문제들이다. 비록 그러한 문제들이 이 책의 전반에 걸쳐 드러났지만, 마지막 절인 이 절에서 그러한 문제들을 다시 한 번 생각해보고 싶다. 이 절에서 위험, 장애, 그리고 남용에 대한 완벽한 항목을 제공하지는 않을 것이다. 우리는 단지 초보 내러티브 연구자들로 하여금 그들이 현장에 들어갔을 때, 현장 텍스트를 구성할 때, 중간 연구 텍스트를 구성할 때, 그리고 최종 연구 텍스트를 구성할 때 비판가들의 말에 귀를 기울일 것을 상기하려고 한다. 모든 응답은 어느 정도의 타당성과 주요 핵심을 담고 있다는 것이 우리의 관점이다.

예컨대, 내러티브 탐구의 중심 원리 중 하나인 연구의 간주관적 특징을 예로 들어보자. 내러티브 탐구가 전적으로 개인적이며 간주관적이라는 비판을 무시하는 것은 나르시시즘과 유아론적 사고의 위험으로 빠지는 것이다.

내러티브 연구 텍스트를 구성할 때 부딪히는 또 다른 장애는 우리가 "헐리우드류의 줄거리"라고 불러온 것, 즉 결말에서 모든 것이 다 해결되는 줄거리다. 그러한 줄거리들은, 비판적 문화 기술지에서 종종 발견되는 면밀하고 완고한 혹평이 있는 줄거리거나, 프로그램의 평가와 실행에서 종종 볼 수 있듯이, 연구자나 연구 참여자의 좋은 의도가 연구의 모든 측면에서 드러나는 줄거리들이다. 연구 텍스트의 그러한 줄거리는 잠정적이고 임의적인 것이 아닐 뿐만 아니라, Geertz와 Bateson이 제시한 것과는 다르다. Spence(1986)는 철저하고 절대적인 줄거리를 만들어내는 과정을 "내러티브 매끄럽게 다듬기(narrative smoothing)" (p. 211) 과정이라고 불렀다. 이는 현장 텍스트나 연구 텍스트를 구성하는 동안 내러티브 탐구에서 지속적으로 진행되는 과정이다. 따라서 줄거리를 만드는 과정에서 매끄럽게 다듬어진 내러티브와 내러티브를 매끄럽게 다듬는 과정에서 은폐된 내러티브 사이의 균형을 어떻게 잡을 것인가는 연구자의 판단에 달려 있다. 내러티브를 매끄럽게 다듬는다는 사실은 독자에게 또 다른 기회를 여는 것이다. 그것은 이야기된 이야기 못지 않게 이야기되지 않는 이야기에도 주의를 기울일 것을 암시한다. Kermode(1981)는 이야기되지 않은 이야기란 꼼꼼한 독자가 관심을 갖게 될 내러티브의 비밀이라고 보았다. 내러티브 탐구자는 선택된 것, 가능한 대안적 이야기들, 그리고 "비판가로서의 나"의 관점에서 내러티브의 한계점으로 보이는 것들을 의식적으로 논의함으로써, 독자들이 내러티브를 더 잘 이해할 수 있도록 한다.

연구의 전 과정에서 우리가 위험, 장애, 그리고 남용에 대해서 생각할 수 있었던 한 가지 방법은 내러티브 탐구자로서 내가 갖고 있는 다양한 나의 모습들(multiple "I' s")을 통해서다. 비록 Welty는 소설가들은 비평을 피할 수 있다고 주장하지만, 내러티브 탐구자들은 비평을 피할 수 없다. 그녀는 다음과 같이 말한다. "이야기를 쓰는 것과 비판적 분석을 하는 것은 플룻 연주곡을 작곡하는 것과 플룻을 연주하는 것처럼 서로 별개의 재능이며, 두 영역에서 숙련된 작가는 이중적 능력을 부여받은 것이다. 그러나 그러한 사람조차도 이 두 가지 능력을 동시에 발휘할 수는 없다"(p. 107). 내러티브 탐구자들도 이러한 견해를 따르지 않을 수는 없지만 "비판적 연구자로서의 나"를 향한 방법을 찾아야 한다. 여기서 의미하는 비판의 개념은 행하는 것과 비판하는 것을 서로 관련된 활동으로 보는 문학 이론에 의거한 Welty의 개념에서 가져온 것이다.

"비판가로서 나"라는 개념에 지나치게 집착하는 것은 그 개념이 부정적이고 잠정적인 의미로 사용될 수 있다는 점, 즉 딱딱한 연구가 될 가능성이 있다는 점에서 문제가 될 수 있다. 환원주의적 또는 형식주의적 사고를 가진 사람들이 우리의 연구에 대해서 생각하거나 이야기할 수 있다는 것을 인식하고, 현장 텍스트 및 연구 텍스트와 관련된 질문들을 3차원적 탐구 공간의 관점에서 생각해야 한다. 우리는 이러한 인식을 ***깨어있음***(wakefulness)이라고 부른다.

안전 장치, 문, 들창, 정지 표시 등을 가로지르지 않고 내러티브 탐구를 수행하기 위해서 우리는 비판이라는 용어보다 깨어있음이라는 용어를 의도적으로 사용한다. 깨어있음이라는 용어는 우리로 하여금 위험, 나르시시즘, 유아론적 사고, 단순한 줄거리와 시나리오, 표면적인 인물 등과 관련된 문제들을 지속적으로 생각하도록 한다. 깨어있음은 다양성이 존중되고, 다른 가능성에 대한 호기심을 장려하는 응답 공동체에서 가장 잘 형성된다. 연구 과정에 작용하는 응답 공동체와 함께 있어도, 우리는 스스에게 그리고 다른 사람들에게 탐구 텍스트를 면밀히 검토하도록 권장한다. 그 속에서 우리는 필연적으로 연구에 대한 질문들을 제기한다. 그러나 우리의 입장을 오해해서는 안 된다. 환원주의와 형식주의로부터 의견과 비판이 제기될 수 있다. 그러한 의견에 대해서는 내러티브 탐구의 관점, 특히 특정 내러티브 탐구의 관점에서 대답될 필요가 있다. 우리는 비판을 자각하고는 있어야 하지만 반드시 그것을 받아들여야 하는 것은 아니다.

깨어있음의 정신을 갖고 비판에 반응하라는 의미는 아마도 다음의 이야기에서 잘 드러날 것이다. 최근에 한 초보 내러티브 탐구자가 브라질 시골 여성들의 경험에 대한 연구 계획서에 대해서 이야기했다. 연구 집단의 한 브라질 여성은 브라질 문화도 모르고 브라질 언어도 모르는 탐구자가 무엇을 얻을 수 있다고 기대하는지 물었다. 탐구자는 비록 자신이 브라질 문화 집단 내부의 사람은 아니지만 포르투갈어를 말했었다고 대답했다. 이 이야기는 타 문화 사람에 의한 간문화적(cross-cultural) 연구의 적절성에 대한 논의를 제기한다.

우리가 보기에, 또 다른 종류의 흥미로운 쟁점이 있다. 우리는 이 대화를 깨어있음의 문제로 본다. 즉 언어의 문제를 고려할 필요가 있는 초보 내러티브 탐구자 편에서의 깨어있음의 문제로 본다. 그녀는 자신이 그 문화의 내부자인가 아니면 외부자인가가 어떤 차이를 만들어내는지를 고려할 필요가 있다. 그러나 그녀의 의기양양한 반응 즉, 자신은 포르투갈어를 말했었다는 반응은 그녀가 3차원적 내러티브 탐구 공간에서 연구하고 있다는 사실을 유념하지 않은 것이다. 예컨대, 우리는 언어 사용의 미흡함이 그녀의 연구를 반드시 방해한다고 생각하지는 않는다. 그것은 상황에 따른 문제다. 그녀의 상황은 너무 극적이어서 현장 텍스트와 연구 텍스트가 어떻게 시간, 개인적인 것과 사회적인 것, 그리고 장소의 차원들을 따라 자리매김 되는가를 인식하는데 필요한 좀 더 일상적인 방법들을 은폐하고 있다.

반대의 상황을 예로 들어 보자. 어떤 사람이 자서전적 연구를 하면서 기억 속의 이야기를 말하고 있다고 가정해보자. 여기서 언어는 쟁점이 아니다. 기억을 상기하는 사람에게도 브라질 탐구자가 받았던 것과 동일한 질문을 할 수 있다. 기억에 부여할지 모르는 의미를 결정 짓는 3차원적 탐구 공간에 내포된 조건들은 무엇인가? 만약 그 기억이 유아기적 기억에 대한 성인의 이야기라면, 또는 한 아이의 이야기로 제시된다면, 그 둘은 어떤 차이가 있을까? 더욱이 어린 시절 일기의 기록을 보면서 떠올리는 기억은, 일기의 도움 없이 사건을 회상하는 성인의 기억과는 시간적으로 다르다. 기억이 회상되는 조건 즉, 대화 속에서, 편지 속에서, 연구 면담 과정 등과 같은 조건에 따라 회상되는 기억에도 차이가 있다.

깨어있음

2장에서 우리는 내러티브 탐구를 유동적 연구, 즉 이미 받아들여진(accepted) 탐구와 진술된 전제들에 도전하는 탐구로 특징지었다. 내러티브 탐구는 지속적인 반성, 우리가 깨어있음이라고 부른 것을 필연적으로 수반한다. 내러티브 탐구는 형식주의적 그리고 환원주의적 탐구 양식의 경계에 위치하므로, 탐구자로 하여금 탐구의 전 과정에서 요구되는 결정들에 대해서 방심하지 않고깊이 생각할 것을 요구한다.

현장에 들어갈 때, 우리는 우리 자신뿐만 아니라 다른 사람으로부터 내러티브 탐구를 한다는 것이 무엇을 의미하는가에 대한 도전에 직면하게 된다. 사람들은, 아마 우리 자신조차도, 더 안정된 탐구 형태 속에서 안락과 편안함을 발견한다. 내러티브 탐구자로서 우리가 무엇을 하고 있는가에 대해서 늘 고민함으로써, 내러티브 탐구를 한다는 것이 무엇을 의미하는가를 지속적으로 체득할 수 있다. 앞서 언급했던 것처럼, 우리를 지지하는 공동체, 즉 우리가 현장에서 이야기된 이야기들을 이야기하는 것에 대해서 우리 스스로 의문을 제기하도록 하는 공동체 내에서 내러티브 탐구를 수행하는 것이 유용하다.

앞 절에서 연구 텍스트를 쓸 때, 그리고 형식주의적 또는 환원주의적 탐구처럼 좀 더 안정된 탐구 형식 속에서 연구하는 사람들로부터 비판과 비평을 받을 때, 깨어있음을 유지해야 한다는 점을 강조했다. 그러한 도전들은 앞으로도 수 년 간 지속될 것이다. 우리가 그러한 비판들에 방심하지 않을 때, 우리의 반응은 내러티브 탐구의 가치를 판단할 수 있는 기준을 개발하는데 도움이 될 것이다.

1990년 내러티브 탐구에 관한 우리의 첫 번째 주요 논문에서, "좋은 내러티브를 만드는 것은 무엇인가? 신뢰도, 타당도, 일반화 가능성을 넘어서"라는 제목으로 한 장을 썼다. 거기서 우리는 다음과 같이 기술하였다. "다른 질적 연구 방법들처럼 내러티브 탐구도 신뢰도, 타당도, 일반화 가능성 이외의 다른 기준들에 의존한다. 내러티브 탐구의 용어와 기준을 다른 연구 형태들의 용어에 억지로 끼워 맞추지 않는 것이 중요하다. 내러티브 탐구를 위한 용어와 기준은 내러티브 탐구 연구 공동체의 발전 여하에 달려있다"(Connelly and Clandinin, 1990, p. 7).

우리는 연구 텍스트에서 현장의 인식 가능성을 강조하는 Van

Maanen(1988)의 ***분명함과 있음직함***(apparency and verisi-militude)의 준거, 일반화에 대한 강조에서 벗어난 Lincoln과 Guba의 ***이양가능성***(transferability)의 준거와 같이 내러티브 탐구에 사용되는 몇 가지 가능한 준거들에 대해서 언급했다. 우리는 "***인과관계의 환상***"(the illusion of causality)(Crites, 1986, p. 168)을 피하는 것, 즉 사건을 시간적 순차에 따라 이야기할 때 나타나게 되는 인과관계를 피하는 것이 중요하다고 기술했다. 좋은 내러티브는 ***설명적이고 초대적인***(invitational) 속성을 가지며, ***신빙성***(authenticity) 있고, ***적절성***(adequency)과 ***그럴듯함***(plausibility)의 속성을 갖는다.

내러티브 탐구를 위한 이와 같은 준거들은 앞으로 계속 개발되어야 하며 내러티브 탐구자들이 신중하게 고려해야 하는 것들이다. 그러나 1990년에 우리가 가졌던 질문, 즉 무엇이 훌륭한 내러티브를 만드는가를 되돌아 볼 때, 우리의 관심을 더 적절하게 표현하려면 그 질문을 바꿀 필요가 있다. 이제 우리의 질문은 무엇이 훌륭한 내러티브를 만드는가에 있지 않다. 우리가 보기에 이 질문은 무엇이 좋은 내러티브 연구 텍스트를 만드는가라는 질문을 함의한다. 이제 우리의 질문은 무엇이 훌륭한 내러티브 탐구를 만드는가에 있다. 이처럼 질문을 다시 재구성하는 것은 우리로 하여금 연구 텍스트들과 관련된 질문들을 충분히 생각하도록 할 뿐만 아니라 내러티브 탐구의 전 과정에서 정성을 다하도록 한다.

우리의 응답 공동체 내에서 우리는 우리 자신과 다른 사람들에게 그들의 내러티브 탐구를 판단하기 위해 어떤 기준이 사용되기를 원하는지 말해보도록 요청한다. 종종 내러티브 탐구자들은 Conle(1996)의 ***내러티브적 공명***(narrative resonance)이나 Whelan(1999)과 Huber(1999)의 ***내러티브적 인터랩핑***(narrative interlappings)처럼 그들에게 유용한 새로운 기준들을 발전시킨다. 종종 우리의 대화는 위에서 언급되었던 기준들, 즉 하나의 특정 내러티브 탐구를 판단하는데 지속적으로 통용되어온 기준들로 다시 돌아간다.

내러티브 탐구의 경계에서 지속적으로 연구하면서, 우리는 3차원적 내러티브 탐구 공간에 유용한 기준들을 발전시키려고 노력하고 있다. 그러나 우리의 관점에서 볼 때, 우리가 현장에 있든지, 현장 텍스트를 쓰고 있든지, 연구 텍스트를 구성하고 있든지, 그리고 특정 내러티브 탐구에 적합한 기준에 대해서 고민하고 있든지 간에, 내러티브 탐구의 삶을 특징짓는 것은 ***깨어있음***이다.

에 필 로 그

살아가기, 말하기, 다시 말하기, 다시 살아가기 등은 우리 삶의 특징을 나타낸다. 삶의 이러한 지속적인 특성을 반영한 내러티브 탐구 관련 저서는, 저자들과 그들의 가장 친밀한 독자들이 지금 당장 충분하다고 생각하는 어떤 지점이나 순간에 대한 것이다. 이러한 책은 대부분 어떤 분명한 지점에서가 아니라 저자의 경험 이야기를 의미 있게 만드는 특정 지점에서 출발한다. 이 책도 마찬가지이다. 우리는 우리 연구자의 경험 이야기를 말하는 것으로 시작했다. 다른 이야기를 가지고 시작하는 것도 가능하다. 우리는 중간에 시작할 수도 있으며, 중간에 끝낼 수도 있다.

이 짧은 후기는 결론은 아니며, 다만 우리가 이 책에서 우리의 내러티브 탐구를 어떻게 말했었는지 되돌아보고자 한 것이다. 이렇게 하는 동안 우리는 이 책의 내러티브를 다시 말하게 된다. 우리는 우리 자신과 독자 여러분을 위해서 우리가 어떻게 내러티브 탐구에 대한 행위와 사고를 하게 되었는지를 제시하고자 한다. 이러한 다시 말하기(retelling)는 저자인 우리, 우리 학생들, 그리고 특별한 관심을 가진 독자들이 우리 연구를 내러티브 탐구자로서 다시 살아보도록 해서 우리가 시작했던 곳과 연결은 되지만 이와 다른 방식으로 나아가게 할 수 있을 것이다. 다시 말하기는 말하기와 관련되며, 다시 살아가기는 살아가기와 연결된다.

4장에서, 이 책은 내러티브의 정의에 대한 책도 아니요, 내러티브 탐구의 정의에 대한 책도 아니며, 내러티브 탐구 방법에 대한 책도 아니라고 했다. 이것은 우리가 내러티브 탐구를 어떻게 하는가에 대한 이야기를 말한 책이다. 이 책은 내러티브적으로 사고하는 것에 대한 책, 즉 내러티브 탐구자가 하는 것이 무엇인지에 대한 것을 말해주는 책이고자 했다. 우리는 내러티브 탐구를, 그것을 정의할 수 있는 속성을 통해 명명하려고 하지 않았다. 오히려 우리는 내러티브 탐구를 사람들이 하는 어떤 것으로 보고자 했으며, 이와 유사한 어떤 것을 하기를 원하는 사람들에게 유용한 어떤 것을 말해주고자 했다.

우리가 어떻게 우리의 다시 말하기(retelling)를 하는가? 한편으로 이 과제는 쉽다. 왜냐하면 우리는 단순히 이 책을 조금씩 다시 말하면 되기 때문이다. 그러나 다른 한편으로 이 과제는 어렵다. 왜냐하면 우리는 소위 환원주의적이고 형식주의적 경계와는 다른, 이를 초월한 것을 강조하기 원하기 때문이다. 책 속의 모든 것을 실제로 쓰는 것과 마찬가지로 이것을 쓰는 것은 내러티브 탐구자로서 우리 자신의 다시 살아가기를 하도록 돕는다. 우리 학생들과 독자들도 이와 동일한 경험을 하기를 기대한다. 그리고 이 책에 대한 읽기는 탐구자로서 그들 자신의 내러티브와 어떻게든 연결되며, 우리나 이 책에 있는 것보다 더 많이 그들에게 속해 있는 내러티브 탐구 여정을 만들어낼 것이다.

이 책을 다시 말해가면서, 우리는 이 책을 탐구자로서 우리 자신의 경험을 탐색함으로써 시작했다는 점을 알게 되었다. 우리 각자에게 있어서 탐구자로서의 우리의 역사는 하나의 수수께끼처럼 말해졌다. 왜냐하면 우리 두 사람은 거대 담론의 전통 속에서 훈련받아 왔기 때문이다. 그러나 우리의 이야기가 보여준 것처럼, 우리 둘 다는 거대 담론의 틀을 따르는 것이 우리 자신 및 다른 사람의 경험을 이해하려는 우리의 핵심 관심사로부터 멀어지게 한다는 점을 느꼈다. 우리가 탐구자로서 우리의 이야기를 말할 때, 이를 이끄는 것은 내러티브가 아니라 경험이었다. 우리는 경험을 연구하는 하나의 방식으로 내러티브 탐구를 하게 된 것이다. 우리에게 있어서 내러티브는 우리가 경험에 다가갈 수 있는 가장 적합한 것이다. 경험이 우리의 관심사이기 때문에 우리는 내러티브에 대한 이론적 고려로부터 나오는 전략, 전술, 규칙, 기법 등을 피하고자 한다. 탐구에서 우리의 기본 원리는 경험에 초점을 두는 것이며 경험이 이끄는 곳으로 따라 가는 것이다.

우리는 내러티브에 관심을 가졌던 다양한 저자들의 저술을 읽었다. 우리는 우리의 관심과 경험이 이러한 다른 내러티브 탐구자들의 관심과 일치하는지 알기를 원했다. 우리는 직접적으로든 암묵적으로든 많은 이러한 다른 사람들의 사고 속의 경험과 연계됨을 보았기 때문에, 내러티브에 대한 우리의 견해를 정련하고 내러티브 탐구 공간이라는 것을 구축할 수 있었다.

2장과 3장에서는 우리 자신의 연구, 내러티브 탐구자로서 우리 자신의 경험에 대한 이야기를 했으며, 이를 통해 우리가 내러티브 사고라고 하는 것을 추구할 때 무엇을 하게 되는지를 보여주고자 했다. 우리는 이 일에 가담하면서 우리 자신에 대해서, 그리고 우리 탐구에 핵심이 되었던 것에 대해 많은 것을 배웠음을 알 수 있었다. 우리는 탐구를 하면서 겪게 되는 긴장의 순간, 즉 다른 방식의 탐구 양식을 가진 경계에서 일하는 순간에 초점을 맞추었다. 환원주의적(2장)이고 형식주의적(3장) 경계에서 느끼는 이러한 긴장은, 우리의 탐구에서 시간성, 이론의 위치와 균형, 사람, 행위, 확실성, 맥락, 연구자의 위치 등과 같은 문제를 고려하게 만들었다. 우리에게 있어서 내러티브적으로 사고한다는 것, 즉 내러티브 탐구 생활을 한다는 것은 이들 문제를 지속적으로 탐색한다는 것이다.

4장은 내러티브 탐구자들이 무엇을 하는지를 이해하고자 한 것으로, 여기서는 일련의 탐구 용어를 구성하기 위해 우리 자신의 탐구 경험에 대한 이야기를 다시 했다. 비록 이들 용어들이 무엇을 해야 하는지를 세밀히 말해주진 않았지만, 이들은 우리의 내러티브 탐구를 진척시키기 위한 하나의 공간이라고 할 만한 것을 만들어냈다.

이어지는 5개의 장에서는 현장(field)에 들어가는 것으로부터 연구 텍스트(research text)를 만드는 것에 이르는 내러티브 탐구 과정의 연속선적 모습을 그려 보았다. 내러티브 탐구는 이야기의 수집, 그리고 이에 대한 분석과 해석이라고 흔히 생각된다. 우리는 살아가기로부터 말하기로, 그리고 내러티브 연구 텍스트에서 경험을 다시 말하기로 이어지는 내러티브 탐구의 총체적 의미를 전달하고자 했다. 이야기의 수집과 분석은 내러티브 탐구의 일부분일 뿐이다. 내러티브 탐구자로서 우리의 경험이 의미하는 바를 발견하는 곳은 바로 살아가기와 경험 말하기에서이다. 비록 우리가 몇 가지 쟁점을 논의하긴 했지만, 관계(relationship)가 내러티브적으로 사고하는데 있어서 핵심에 해당한다고 본다. 관계가 내러티브 탐구자들이 하는 것이 무엇인가에 있어 핵심인 것이다.

내러티브 탐구는 경험에 대한 연구이며, John Dewey가 제시했듯이, 경험은 맥락적으로 그리고 시간적으로 관련이 있는 사람들의 문제이다. 연구 참여자들도 관련되며, 연구자로서 우리는 연구 참여자들과 관련된다. 내러티브 탐구는 경험에 대한 경험이다. 관련 있는 사람과 함께 연구하는 것은 관련된 사람이다.

10장에서는 탐구의 전 과정에 걸쳐 우리가 직면하게 되는 윤리, 저작권, 사실과 허구 등과 같은 쟁점을 다루었다. 경험은 현장이나 현장 텍스트에는 남아 있지 않으나 마지막에 마치 처음에 있었던 것처럼 생생하게 총체성과 완결성을 갖는다.

이러한 다시 말하기의 목적은, 우리 삶의 내러티브의 어느 측면에서나 볼 수 있는 다시 말하기와 마찬가지로, 사태를 다시 살아보고 새로운 방향과 새로운 방식으로 수행해 볼 가능성을 제공하려는 것이다. 우리는 이 책이 다른 내러티브 탐구자가 경험을 좀 더 잘 이해하고자 할 때, 계속해서 경계에서 일하면서, 새로운 방식으로 나아갈 수 있도록 하는 데에 기여할 수 있길 희망한다.

책의 서론에 소개된 20여년 전에 체험된 이야기에서 우리는 우리의 탐구 이야기를 거대 담론의 틀과 일치시키고 있는 우리 자신을 보았다. 비록 우리 둘 다는 경험을 연구하는 것으로부터 멀어져 보이는 것으로 인해 애를 먹었으나, 우리는 계속 진행시켰다. Michael은 다양한 검사 도구를 사용하여 여러 문화 간에 걸친 성취도를 평가했으며, Jean은 2개의 검사에 대한 점수를 상관지어 읽기에 있어서 아동들의 성공을 측정하고 예언하였다. 우리가 이용할 수 있는 실제적 대안은 거의 없었다. 이것이 우리가 다루어 왔던 주제에 대해 생각하도록 배워온 방식이었던 것이다.

이제 우리는 대안을 가지고 있다. 우리는 경험을 내러티브적으로 연구하는 방식을 발견하면서, 환원주의적이고 형식주의적 경계에서 연구하고 있는 자신을 본다. 우리는 운 좋게도 현재의 연구에서, 우리의 Bay Street School 연구로 되돌아가서 내러티브 시각으로부터 학교 개혁의 문제를 탐색할 수 있게 되었다. 이러한 탐구의 일부가 이 책을 통해서 기록되었다. 1999년 가을에 시작될 초등학교에서의 다문화주의 교수-학습 경험에 대한 연구에서, 우리는 아동의 경험과 교사의 경험이라는 2개의 주제와 그러한 경험에 대한 문화적 내러티브의 영향을 다시 다룰 것이다. 이 연구에서 우리는 거대 담론의 틀이 아닌 내러티브 탐구의 틀로 연구할 것이다.

참고문헌

Alvarez, J. *Something to Declare.* Chapel Hill, N.C.: Algonquin Books, 1998.

Anderson, K., and Jack, D. "Learning to Listen: Interview Techniques and Analyses." In B. Gluck and D. Patai (eds.), *Women's Words: The Feminist Practice of Oral History.* New York: Routledge, 1991.

Anderson, L. W., and Sosniak, L. A. (eds.). "Bloom's Taxonomy: A Forty-Year Retrospective." *The National Society for the Study of Education Yearbook.* Chicago: University of Chicago Press, 1994.

Bach, H. "A Visual Narrative Concerning Curriculum, Girls, Photography, etc." Unpublished doctoral dissertation, University of Alberta, 1997.

Bakhtin, M. M. *The Dialogic Imagination.* Austin: University of Texas Press, 1981.

Barone, T. E., and Eisner, E. W. "Arts-Based Educational Research." In R. Jaeger (ed.), *Complementary Methods for Research in Education.* (2nd ed.). Washington, D.C.: American Education Research Association, 1997.

Bateson, M. C. *Peripheral Visions: Learning Along the Way.* New York: HarperCollins, 1994.

Bernstein, R. J. "The Varieties of Pluralism." *American Journal of Education,* 1987, *95,* 508–525.

Blaise, C. *I Had a Father: A Post-Modern Autobiography.* New York: HarperCollins, 1993.

Bloom, B. S. (ed.). *Taxonomy of Educational Objectives.* White Plains, N.Y.: Longman, 1956.

Booth, W. C. "Pluralism in the Classroom." *Critical Inquiry,* 1986, *12,* 468–479.

Bowers, L. "Career Stories of Three Mothers as Teachers." Unpublished master's thesis, University of Alberta, 1993.

Bruner, J. *Acts of Meaning.* Cambridge, Mass.: Harvard University Press, 1990.

Carr, D. *Time, Narrative, and History.* Bloomington: Indiana University Press, 1986.

Carr, E. *Hundreds and Thousands: The Journals of an Artist.* Toronto: Irwin, 1966.

Chatman, S. *Coming to Terms: The Rhetoric of Narrative in Fiction and Film.* London: Cornell University Press, 1990.

Clandinin, D. J., and Connelly, F. M. "Studying Teachers' Knowledge of Classrooms: Collaborative Research, Ethics, and the Negotiation of Narrative." *The Journal of Educational Thought,* 1988, *22*(2A), 269–282.

Clandinin, D. J., and Connelly, F. M. "Personal Experience Methods." In N. K. Denzin and Y. Lincoln (eds.), *Handbook of Qualitative Research.* Thousand Oaks, Calif.: Sage, 1994.

Code, L. *What Can She Know: Feminist Theory and the Construction of Knowledge.* Ithaca, N.Y.: Cornell University Press, 1991.

Coles, R. *The Call of Stories: Teaching and the Moral Imagination.* Boston: Houghton Mifflin, 1989.

Conle, C. "Resonance in Preservice Teacher Inquiry." *American Educational Research Journal,* 1996, *33*(2), 297–325.

Connelly, F. M., and Clandinin, D. J. *Teachers as Curriculum Planners: Narratives of Experience.* New York: Teachers College Press, 1988.

Connelly, F. M., and Clandinin, D. J. "Stories of Experience and Narrative Inquiry." *Educational Researcher,* 1990, *19*(5), 2–14.

Connelly, F. M., and Clandinin, D. J. *Shaping a Professional Identity: Stories of Educational Practice.* New York: Teachers College Press, 1999.

Crites, S. "Storytime: Recollecting the Past and Projecting the Future." In T. R. Sarbin (ed.), *The Storied Nature of Human Conduct.* New York: Praeger, 1986

Cuban, L. "Curriculum Stability and Change." In P. W. Jackson (ed.), *Handbook of Research on Curriculum.* Old Tappan, N.J.: Macmillan, 1992.

Czarniawska, B. *Narrating the Organization: Dramas of Institutional Identity.* Chicago: University of Chicago Press, 1997.

Davies, A. "Team Teaching Relationships: Teachers' Stories and Stories of School on the Professional Knowledge Landscape." Unpublished doctoral dissertation, University of Alberta, 1996.

DeCarion, D. "A Narrative Inquiry into Home: A Space Called 'Anywhere.'" Unpublished doctoral dissertation, University of Toronto, 1998.

Denzin, N. *Interpretive Ethnography: Ethnographic Practices for the 21st Century.* Thousand Oaks, Calif.: Sage, 1997.

Denzin, N., and Lincoln, Y. (eds.). *Handbook of Qualitative Research.* Thou-

sand Oaks, Calif.: Sage, 1994.
Dewey, J. *Human Nature and Conduct.* New York: Hart, Holt, and Company, 1922.
Dewey, J. *The Quest for Certainty: A Study of the Relation of Knowledge and Action.* New York: Paragon Books, 1929.
Dewey, J. *Art as Experience.* Toms River, N.J.: Capricorn Books, 1934.
Dewey, J. *Experience and Education.* New York: Collier Books, 1938.
Dewey, J. *Democracy and Education.* Old Tappan, N.J.: Macmillan, 1961. (Originally published 1916.)
Dietrich, C. E. "Narrative of a Nurse-Educator: The Interconnected Beginnings of a Daughter, a Teacher, a Friend, Family—A Personal Source of Practical Knowledge." Unpublished doctoral dissertation, University of Toronto, 1992.
Dillard, A. *The Writing Life.* New York: HarperCollins, 1987.
Dillard, A. *An American Childhood.* New York: HarperCollins, 1988.
Doyle, W. "Curriculum and Pedagogy." In P. W. Jackson (ed.), *Handbook of Research on Curriculum.* Old Tappan, N.J.: Macmillan, 1992.
Edel, L. *Writing Lives: Principia Biographica.* New York: Norton, 1984. (Originally published 1959.)
Eisner, E. W. *The Enlightened Eye: Qualitative Inquiry and the Enhancement of Educational Practice.* Old Tappan, N.J.: Macmillan, 1991.
Geertz, C. *Works and Lives: The Anthropologist as Author.* Stanford: Stanford University Press, 1988.
Geertz, C. *After the Fact: Two Countries, Four Decades, One Anthropologist.* Cambridge, Mass.: Harvard University Press, 1995.
Goldberg, N. *Writing Down the Bones: Freeing the Writer Within.* Boston: Shambhala, 1986.
Goldberg, N. *Wild Mind: Living the Writer's Life.* New York: Bantam Books, 1990.
He, M. F. "Professional Knowledge Landscapes: Three Chinese Women Teachers' Enculturation and Acculturation Processes in China and Canada." Unpublished doctoral dissertation, University of Toronto, 1998.
Hedges, G. "A Narrative Inquiry into Intuition: A Personal Development Process." Unpublished doctoral dissertation, University of Toronto, 1994.
Heilbrun, C. *Writing a Woman's Life.* New York: Ballantine, 1988.
Houston, W. R. *Handbook of Research on Teacher Education: A Project of the*

Association of Teacher Educators. Old Tappan, N.J.: Macmillan, 1990.

Huber, J. "Negotiating the Interface of Embodied Knowledge Within the Professional Knowledge Landscape." Unpublished doctoral dissertation, University of Alberta, 1999.

Jackson, P. W. (ed.). *Handbook of Research on Curriculum: A Project of the American Educational Research Association.* Old Tappan, N.J.: Macmillan, 1992.

Johnson, M. *The Body in the Mind: The Bodily Basis of Meaning, Imagination, and Reason.* Chicago: University of Chicago Press, 1987.

Kerby, A. P. *Narrative and the Self.* Bloomington: Indiana University Press, 1991.

Kermode, F. "Secrets and Narrative Sequence." In W.J.T. Mitchell (ed.), *On Narrative.* Chicago: University of Chicago Press, 1981.

Kroma, S. "Personal Practical Knowledge of Language in Teaching." Unpublished doctoral dissertation, University of Toronto, 1983.

Kuhn, T. S. *The Structure of Scientific Revolutions.* Chicago: University of Chicago Press, 1970.

Lagemann, E. C. "The Plural Worlds of Educational Research." *History of Education Quarterly,* 1989, *29*(2), 185–214.

Lagemann, E. C. *Contested Terrain: A History of Education Research in the United States, 1890–1990.* Chicago: Spencer Foundation, 1996.

Lagemann, E. C. *John Dewey's Defeat: Studying Education in the Research University, 1890–1990.* Chicago: University of Chicago Press, in progress.

Lakoff, G., and Johnson, M. *Metaphors We Live By.* Chicago: University of Chicago Press, 1980.

Lincoln, Y. S., and Guba, E. G. *Naturalistic Inquiry.* Thousand Oaks, Calif.: Sage, 1985

Lugones, M. "Playfulness, 'World'-Travelling, and Loving Perception." *Hypatia,* 1987, *2*(2), 3–19.

MacDonald, A. M. *Fall on Your Knees.* Toronto: Vintage, 1996.

MacIntyre, A. *After Virtue: A Study in Moral Theory.* Notre Dame, Ind.: University of Notre Dame Press, 1981.

Mallon, T. *A Book of One's Own: People and Their Diaries.* New York: Penguin Books, 1984.

Marcus, G. E., and Fischer, M.M.J. *Anthropology as Cultural Critique: An Experimental Moment in the Human Sciences.* Chicago: University of Chicago Press, 1986.

Mickelson, J. R. "Our Sons Are Labeled Behavior Disordered: Here Are Our Stories." Unpublished doctoral dissertation, University of Alberta, 1995.

Minister, K. "A Feminist Frame for the Oral History Interview," In S. B. Gluck and D. Patai (eds.), *Women's Words: The Feminist Practice of Oral History*. New York: Routledge, 1991.

Mishler, E. G. *Research Interviewing: Context and Narrative*. Cambridge, Mass.: Harvard University Press, 1986.

Molloy, S. *At Face Value: Autobiographical Writing in Spanish America*. New York: Cambridge University Press, 1991.

Oakeshott, M. *Rationalism in Politics*. London: Methuen, 1962.

O'Brien, T. *The Things They Carried*. Toronto: McClelland and Stewart, 1991.

Paley, V. G. *White Teacher*. Cambridge, Mass.: Harvard University Press, 1989.

Paley, V. G. *The Boy Who Would Be a Helicopter*. Cambridge, Mass.: Harvard University Press, 1990.

Phillion, J. "Narrative Inquiry in a Multicultural Landscape: Multicultural Teaching and Learning," Unpublished doctoral dissertation, University of Toronto, 1999.

Polanyi, M. *Personal Knowledge*. Chicago: University of Chicago Press, 1958.

Polkinghorne, D. E. *Narrative Knowing and the Human Sciences*. Albany: State University of New York Press, 1988.

Prince, G. *A Dictionary of Narratology*. Lincoln: University of Nebraska Press, 1987.

Propp, V. *Morphology of the Folktale*. Austin: University of Texas Press, 1968.

Richardson, L. "Narrative and Sociology." In J. Van Maanen (ed.), *Representation in Ethnography*. Thousand Oaks, Calif.: Sage, 1995.

Rist, R. "Blitzkreig Ethnography: On the Transformation of a Method into a Movement." *Educational Researcher*, 1980, 9(2), 8–10.

Rose, C. P. "Stories of Teacher Practice: Exploring the Professional Knowledge Landscape." Unpublished doctoral dissertation, University of Alberta, 1997.

Rose, D. *Living the Ethnographic Life: Qualitative Research Methods Series*. Vol. 23. Thousand Oaks, Calif.: Sage, 1990.

Sarton, M. (ed.). *May Sarton: A Self-Portrait*. New York: Norton, 1982.

Sarton, M. (ed.). *May Sarton: A Self-Portrait.* New York: Norton, 1982.

Schafer, R. *Retelling a Life: Narrative and Dialogue in Psychoanalysis.* New York: Basic Books, 1992.

Schön, D. A. *The Reflective Practitioner: How Professionals Think in Action.* New York: Basic Books, 1983.

Schön, D. A. *Educating the Reflective Practitioner.* San Francisco: Jossey-Bass, 1987.

Schön, D. A. *The Reflective Turn: Case Studies in Reflective Practice.* New York: Teachers College Press, 1991.

Schroeder, D., and Webb, K. "Between Two Worlds: University Expectations and Collaborative Research Realities." In H. Christiansen, L. Goulet, C. Krentz, and M. Maeers (eds.), *Re-creating Relationships: Collaborations and Educational Reform.* New York: State University of New York Press, 1997.

Schwab, J. J. "What Do Scientists Do?" *Behavioral Science,* 1960, 5, 1–17. (Reproduced in I. Westbury and N. J. Wilkof [eds.], *Joseph J. Schwab. Science, Curriculum, and Liberal Education: Selected Essays.* Chicago: University of Chicago Press, 1978).

Skinner, Q. (ed.). *The Return of Grand Theory in the Human Sciences—Althusser, the Annales Historians, Derrida, Foucault, Gadamer, Habermas, Kuhn, Levi-Strauss, Rawls.* Cambridge, England: Cambridge University Press, 1985.

Spence, D. P. *Narrative Truth and Historical Method.* New York: Norton, 1982.

Spence, D. P. "Narrative Smoothing and Clinical Wisdom." In T. R. Sarbin (ed.), *Narrative Psychology: The Storied Nature of Human Conduct.* New York: Praeger, 1986.

Stone, E. *Black Sheep and Kissing Cousins: How Our Family Stories Shape Us.* New York: Times Books, 1988.

Sweetland, W., Huber, J., and Whelan, K. *Narrative Interlappings: Recognizing Difference Across Tension,* in progress.

Thompson, P. *The Voice of the Past: Oral History.* Oxford: Oxford University Press, 1978.

Torgovnick, M. De M. *Crossing Ocean Parkway.* Chicago: University of Chicago Press, 1996.

Turner, V. "Social Dramas and Stories about Them." In W.J.T. Mitchell (ed.), *On Narrative.* Chicago: University of Chicago Press, 1980.

Van Maanen, J. *Tales of the Field. On Writing Ethnography.* Chicago: Univer-

sity of Chicago Press, 1988.
Welty, E. *The Eye of the Story: Selected Essays and Reviews.* New York: Vintage Books, 1979.
Whelan, K. "Toward Places of Community: Border Crossing of Possibility on the Professional Knowledge Landscape." Unpublished doctoral dissertation, University of Alberta, 1999.
Wittrock, M. C. (ed.). *Handbook of Research on Teaching: A Project of the American Educational Research Association.* Old Tappan, N.J.: Macmillan, 1986.
Wolcott, H. F. *Transforming Qualitative Data: Description, Analysis, and Interpretation.* Thousand Oaks, Calif.: Sage, 1994.
Zinsser, W. (ed.). *Inventing the Truth: The Art and Craft of Memoir.* Boston: Houghton Mifflin, 1987.

찾아보기

주제

[가]
가설 - 검증 탐구 154
개인 기록(case history) 56
개인적 실천적 지식 150
개인적 이야기 35
개인적 지식(personal knowledge) 71, 226
개인적 · 실천적 지식 34
개인적이고 사회적인 삶 64
개인적인 경험 32
개인적인 내러티브 143
객관주의(objectivism) 90
거대 담론(grand narrative) 21, 26, 68
거대 담론적 사회 탐구 62
거대한 고안물 40
거대한 내러티브 63
경계 넘기(border crossing) 153
경계(boundaries) 67, 255
경험 32, 62
경험의 본질 32
경험의 연속성 60
경험적 이미지(experiential image) 33
경험적 지식 34
계속성(continuity) 67
고지식하고 다소 불합리한 일반화 54
과학 성취도 국제 비교 연구 19
과학 행위 91
관계를 협상하기 146
관계적 탐구(relational inquiry) 126
교수법 53
교육 경험 62
교육 연구 60
교육 전경 63
교육과정 157
교육목표 분류학 68
구성(construction) 45
구술 역사 면담 209
국제교육성취도평가협회 19
기술적 지식(technical knowledge) 90
기술적 합리주의 (technical rationalism) 88

기술적(descriptive) 내러티브 탐구 57
기습적 문화기술지 (blitzkrieg ethno-graphy) 139
기억 260, 261
기억 상자(memory box) 138, 215
긴장감 49

[나]
나(I)의 문서(document) 45
나레이터 52
내러티브 43, 47, 328
내러티브 공간 137
내러티브 교차점 144
내러티브 궤적들(trajectories) 137
내러티브 방법 60, 235
내러티브 사고 60, 75
내러티브 상대주의 169
내러티브 소재 158
내러티브 심리학 62
내러티브 역사 137, 138
내러티브 연구 56
내러티브 이론 56
내러티브 인류학자 45
내러티브 조각 60
내러티브 줄거리 139, 144, 148, 151, 155, 157, 242
내러티브 탐구 31, 35, 52, 71
내러티브 탐구 공간 138
내러티브 탐구의 힘 142
내러티브 탐구자 82, 96
내러티브 텍스트 279, 294
내러티브 통일성(narrative unity) 31, 34, 60
내러티브 통찰 137
내러티브 표현 158
내러티브 현상 60
내러티브 형식 272, 289, 293, 296
내러티브의 구성 145
내러티브적 관심 143
내러티브적 사고 71
내러티브적 정신치료 탐구 53
내러티브적 해석 61
내러티브적인 설명 56
내러티브하게 코딩하기 (narratively code) 241
내러티브학(narratology) 111

[다]
다문화주의 143
다시 말하기(retellings) 143, 327
다시 살아가기(relivings) 143, 327
다시 읽기 243
다차원적인 텍스트 50

[라]
리듬 150

[마]
말하기(tellings) 143, 327

맥락(context) 67, 82
목소리 254, 265, 270
목적을 협상하기 148
문학 52
문학 이론 52
문학적 구성 61
문학적 메타포 62
문학적 형식의 표현 61
미니 내러티브 40, 44

[바]
반성적 성찰 50
반성적 실제 89
반응 공동체(response community) 149
방법론자의 편의주의 감각 61
범주화의 유혹 45
변화 38
본체적인 구조 38
분류학 67
불명료 262, 263, 264
불확실한 정체기(plateau) 233

[사]
사람(people) 67
사이클 150
사회과학 36
사회적 내러티브134
사회적 이야기 35
사회적 중요성 242
사회적 효율성 운동 (social efficiency movement) 26
사회적인 경험 32
살아가기 327
삶을 살아가기(livings) 143
삶의 방식 156
삶의 이야기 145
삶의 형식 156
상호 작용(interaction) 67
상황성(situatedness) 45
새로운 사고방식 35
서명 267, 270
설명적(explanatory) 내러티브 탐구 57
소유권 152
스프 278
시간성(temporality) 31, 45, 62, 67
시간을 초월한 권위 45
시간적 연속석 63
신의 관점(god's-eye-view) 90
실천적 지식(practical knowledge) 90
실천적인 현장 텍스트 지향의 고려 사항 235, 238
실험적 시기(experimental moment) 36

[아]
애매성 45
양적 분석 방법론 149
언어적인 형식 156

역사적 내러티브 63
연구 계획서 230, 232
연구 참여자 서명
(participant signature) 268
연구 텍스트 61, 110, 153, 174, 223, 233, 238
연구 퍼즐(research puzzle) 96
연구의 진실성 151
연구자의 목소리 코드 152
연구자의 자서전 143
연대기(chronicles) 211
연보(annals) 211
연속성 32
예비 내러티브(prenarrative) 134, 144
유동적 탐구(fluid inquiry) 226
유용해질 수 있는 방법을 협상하기 152
은유 291
은유 찾기 290
은유적 스프 279
이론적 고려 사항 235
이론적인 정확성 45
이미지 150
이야기 156
이야기된 경험 145
이행을 협상하기 150
인간 경험 60
인간 행위자(human agency) 42
인류학 연구 현장 42
인류학자 39
인류학적인 탐구 43
인문과학 36
읽기 선호 291
읽기 조사표(reading inventory) 24
임의성(tentativeness) 81

[자]

자서전적인 내러티브 97
잠정성(tentativeness) 58
잠정적 텍스트 244, 245, 246
장기적인 전경 내러티브 140
장소(place) 236
전경 138
전경에서 삶을 살아가는 것 156
전경의 삶 158
전기(biographies) 54
전기적인 텍스트 54
전문적 실제(professional practice) 87
전체의 리듬 157
정당화 226, 227
정신과 의사의 텍스트 53
정체기 233
제5의 시기(the fifth moment) 37
제도적인 내러티브 137, 139
제도학파(制度學派: institutional school) 47
조직 연구자 48
조직 이론 47
조직학(organizational science) 56
준거 틀의 미신
(myth of the framework) 94

줄거리(plotline) 44
즉흥성 41
지능검사 24
지지 반응자 집단 295
지지 작업 295

[차]
청중 269
체험되고 말해진 이야기 64
친밀감 138, 151, 155
친밀성(intimacy) 53
침묵 153

[카]
클라이막스 49

[타]
탐구 경험 145
탐구 현장 145
통계적인 상관관계 24

[파]
패러독스 47
퍼레이드 58
포스트 시대(postera) 93

[하]
학습 41
학습 여정 45
해석적 분석적 고려 사항 235, 240
해석적인 내러티브 설명 57
행동(action) 67
행위 중 반성(reflection-in-action) 88
행위 중 인식(knowing-in-action) 88
현상 231, 233, 234
현장 노트 153, 158, 168
현장 조사 142
현장 텍스트 123, 223, 238
현장에 친숙해지기 154
협상 결렬 151
형식주의(formalism) 93
형식주의자 95
형식주의적 87, 255
형식주의적 경계 256
형식주의적 관점 94
형식주의적 탐구 87
혼합식 자서전 (composite autobiography) 116
확실성(certainty) 45, 67
환원주의적 87, 255
환원주의적 경계 257, 258
환원주의적 용어 259
환자의 텍스트 53
활동 속에서 형성되는 목적 275

1차원적인 표면적 독해 50
3차원적 내러티브 탐구 공간 110, 133, 188, 254, 255, 277, 285
3차원적 탐구 공간 174, 178, 181, 185, 224, 265
3차원적인 공간 144

ergonography 48
Great Society 55

인명

[A]
Annie Davies 173, 186, 187, 188, 193, 194, 196, 197, 198, 203, 204, 206, 207, 217, 219
Annie Dillard 165

[B]
Bernstein 93
Bloom 67, 68

[C]
Coles 31, 98
Czarniawska 31, 106

[D]
Donald Schön 88, 164

[G]
Geertz 31, 82
Guba 324

[J]
Jean 96, 120, 163, 170, 171, 172, 313
JoAnn Phillion 100, 172, 176, 177, 198
John Dewey 31, 68
Johnson 31, 90

[L]
Lagemann 68
Liz 200, 201, 203, 204, 206

[M]
MacIntyre 31
McIntyre 304
Michael 99, 162, 305
Ming Fang He 113, 162, 305

[O]
Oakeshott 90

[P]
Pam 172, 309
Polanyi 71
Polkinghorne 31, 106
Popper 94

[S]
Schwab 71
Skinner 96
Stephanie 163, 172, 308, 313

[T]
Thorndike 68
Tom 173, 200, 201, 203, 204, 207

[V]
Van Maanen 323

옮긴이 약력

소경희 이화여자대학교 사범대학 교육학과 졸업
이화여자대학교 대학원 교육과정 전공(교육학 박사)
한국교육개발원 및 한국교육과정평가원 연구원 역임
University of Pittsburgh 객원 연구원 역임
현 서울대학교 교육학과 교수

강현석 경북대학교 사범대학 교육학과 졸업
경북대학교 대학원 교육과정 전공(교육학 박사)
University of Wisconsin-Madison 연구원 역임
한국대학교육협의회 선임 연구원 및 순천대학교 교수 역임
현 경북대학교 교육학과 교수

조덕주 이화여자대학교 사범대학 교육학과 졸업
이화여자대학교 대학원 교육과정 전공(교육학 박사)
한국교육개발원 및 한국교육과정평가원 연구원 역임
Oregon State University 방문 연구원 역임
현 건국대학교 교육대학원 교수

박민정 숙명여자대학교 사범대학 교육학과 졸업
University of British Columbia 교육과정 전공(철학 박사)
서울대학교 Post-Doc.
현 숙명여자대학교, 서울대학교 강사

내러티브 탐구
- 교육에서의 질적 연구의 경험과 사례 -

2007년 8월 30일 1판 1쇄 발행
2024년 8월 30일 1판 6쇄 발행

지은이 : D. Jean Clandinin
F. Michael Connelly
옮긴이 : 소 경 희 · 강 현 석
조 덕 주 · 박 민 정
펴낸이 : 한 정 주
펴낸곳 : 교 육 과 학 사

경기도 파주시 광인사길 71
전화 : (031)955-6956~8 팩스 : (031)955-6037
홈페이지 : www. kyoyookbook.co.kr
등록 : 1970년 5월 18일 제2-73호

잘못된 책은 바꾸어 드립니다. 정가 14,000원
Printed in Korea. ISBN 978-89-254-0099-0
역자와의 협의하에 인지를 생략합니다.